U0133713

汉译人类学名著丛书

南美洲的恶魔和商品拜物教

〔澳〕迈克尔·陶西格 著

马晨 译

商务印书馆
The Commercial Press
创于1897

总　序

　　学术并非都是绷着脸讲大道理，研究也不限于泡图书馆。有这样一种学术研究，研究者对一个地方、一群人感兴趣，怀着浪漫的想象跑到那里生活，在与人亲密接触的过程中获得他们生活的故事，最后又回到自己原先的日常生活，开始有条有理地叙述那里的所见所闻——很遗憾，人类学的这种研究路径在中国还是很冷清。

　　"屹立于世界民族之林"的现代民族国家都要培育一个号称"社会科学"（广义的社会科学包括人文学科）的专业群体。这个群体在不同的国家和不同的历史时期无论被期望扮演多少不同的角色，都有一个本分，就是把呈现"社会事实"作为职业的基础。社会科学的分工比较细密或者说比较发达的许多国家在过去近一个世纪的时间里发展出一种扎进社区里搜寻社会事实、然后用叙述体加以呈现的精致方法和文体，这就是"民族志"（ethnography）。

　　"民族志"的基本含义是指对异民族的社会、文化现象的记述，希罗多德对埃及人家庭生活的描述，旅行者、探险家的游记，那些最早与"土著"打交道的商人和布道的传教士以及殖民时代"帝国官员"们关于土著人的报告，都被归入"民族志"这个广义的文体。这些大杂烩的内容可以被归入一个文体，主要基于两大因素：一是它们在风格上的异域情调（exotic）或新异感，二是它们表征着一个有着内在一致的精神（或民族精神）的群体（族群）。

　　具有专业素养的人类学家逐渐积累了记述异民族文化的技巧,把庞杂而散漫的民族志发展为以专门的方法论为依托的学术研究成果的载体,这就是以马林诺夫斯基为代表的"科学的民族志"。人类学把民族志发展到"科学"的水平,把这种文体与经过人类学专门训练的学人所从事的规范的田野作业捆绑在一起,成为其知识论和可靠资料的基础,因为一切都基于"我"在现场目睹(I witness),"我"对事实的叙述都基于对社会或文化的整体考虑。

　　民族志是社会文化人类学家所磨砺出来的学术利器,后来也被民族学界、社会学界、民俗学界广泛采用,并且与从业规模比较大的其他社会科学学科结合,发展出宗教人类学、政治人类学、法律人类学、经济人类学、历史人类学、教育人类学……

　　人类学的民族志及其所依托的田野作业作为一种组合成为学术规范,后来为多个学科所沿用,民族志既是社会科学的经验研究的一种文体,也是一种方法,即一种所谓的定性研究或者"质的研究"。这些学科本来就擅长定性研究,它们引入民族志的定性研究,使它们能够以整体的(holistic)观念去看待对象,并把对象在经验材料的层次整体性地呈现在文章里。民族志是在人类学对于前工业社会(或曰非西方社会、原始社会、传统社会、简单社会)的调查研究中精致起来的,但是多学科的运用使民族志早就成为也能够有效地对西方社会、现代社会进行调查研究的方法和文体。

　　作为现代社会科学的一个主要的奠基人,涂尔干强调对社会事实的把握是学术的基础。社会科学的使命首先是呈现社会事实,然后以此为据建立理解社会的角度,建立进入"社会"范畴的思想方式,并在这个过程之中不断磨砺有效呈现社会事实并对其加以解释的方法。

　　民族志依据社会整体观所支持的知识论来观察并呈现社会事实,对整个社会科学、对现代国家和现代世界具有独特的知识贡献。中国古训所讲的"实事求是"通常是文人学士以个人经历叙事明理。"事"所从出的范围是很狭窄的。现代国家需要知道尽可能广泛的社会事实,并且是超越个人随意性的事实。民族志是顺应现代社会的这种知识需要而获得发展机会的。

通过专门训练的学者群体呈现社会各方的"事",使之作为公共知识,作为公共舆论的根据,这为各种行动者提供了共同感知、共同想象的社会知识。现代社会的人际互动是在极大地超越个人直观经验的时间和空间范围展开的,由专业群体在深入调查后提供广泛的社会事实就成为现代社会良性化运作的一个条件。现代世界不可能都由民族志提供社会事实,但是民族志提供的"事"具有怎样的数量、质量和代表性,对于一个社会具有怎样的"实事求是"的能力会产生至关重要的影响。

社会需要叙事,需要叙事建立起码的对社会事实的共识。在现代国家的公共领域,有事实就出议题,有议题就能够产生共同思想。看到思想的表达,才见到人之成为人;在共同思想中才见到社会。新闻在呈现事实,但是新闻事实在厚度和纵深上远远不够,现代世界还需要社会科学对事实的呈现,尤其是民族志以厚重的方式对事实的呈现,因为民族志擅长在事实里呈现并理解整个社会与文化。这是那些经济比较发达、公共事务管理比较高明的国家的社会科学界比较注重民族志知识生产的事实所给予我们的启示。

在中国现代学术的建构中,民族志的缺失造成了社会科学的知识生产的许多缺陷。学术群体没有一个基本队伍担当起民族志事业,不能提供所关注的社会的基本事实,那么,在每个人脑子里的"社会事实"太不一样并且相互不可知、不可衔接的状态下,学术群体不易形成共同话题,不易形成相互关联而又保持差别和张力的观点,不易磨炼整体的思想智慧和分析技术。没有民族志,没有民族志的思想方法在整个社会科学中的扩散,关于社会的学术就难以"说事儿",难以把"事儿"说得有意思,难以把琐碎的现象勾连起来成为社会图像,难以在社会过程中理解人与文化。

因为民族志不发达,中国的社会科学在总体上不擅长以参与观察为依据的叙事表述。在一个较长的历史时期,中国社会在运作中所需要的对事实的叙述是由文学和艺术及其混合体的广场文艺来代劳的。收租院的故事,《创业史》《艳阳天》,诉苦会、批斗会,都是提供社会叙事的形式。在这些历史时期,如果知识界能够同时也提供社会科学的民族志叙事,中国社会对自己面临的问题的判断和选择会很不一样。专家作为第三方叙事对于作为大共同体的现代国家在内部维持明智的交往行为是不可缺少的。

　　民族志在呈现社会事实之外,还是一种发现或建构民族文化的文体。民族志学者以长期生活在一个社区的方式开展调查研究,他在社会中、在现实中、在百姓中、在常人生活中观察文化如何被表现出来。他通过对社会的把握而呈现一种文化,或者说他借助对于一种文化的认识而呈现一个社会。如果民族志写作持续地进行,一个民族、一个社会在文化上的丰富性就有较大的机会被呈现出来,一度被僵化、刻板化、污名化的文化就有较大的机会尽早获得准确、全面、公正的表述,生在其中的人民就有较大的机会由此发现自己的多样性,并容易使自己在生活中主动拥有较多的选择,从而使整个社会拥有各种更多的机会。

　　中国社会科学界无法回避民族志发育不良的问题。在中国有现代学科之前,西方已经占了现代学术的先机。中国社会科学界不重视民族志,西洋和东洋的学术界却出版了大量关于中国的民族志,描绘了他们眼中的中国社会的图像。这些图像是具有专业素养的学人所绘制的,我们不得不承认它们基于社会事实。然而,我们一方面难以认同它们是关于我们社会的完整图像,另一方面我们又没有生产出足够弥补或者替换它们的社会图像。要超越这个局面中我们杂糅着不服与无奈的心理,就必须发展起自己够水准的民族志,书写出自己所见证的社会图像供大家选择或偏爱、参考或参照。

　　这个译丛偏重选择作为人类学基石的经典民族志以及与民族志问题密切相连的一些人类学著作,是要以此为借鉴在中国社会科学界推动民族志研究,尽快让我们拥有足够多在学术上够水准、在观念上能表达中国学者的见识和主张的民族志。

　　我们对原著的选择主要基于民族志著作在写法上的原创性和学科史上的代表性,再就是考虑民族志文本的精致程度。概括地说,这个"汉译人类学名著丛书"的入选者或是民族志水准的标志性文本,或是反思民族志并促进民族志发展的人类学代表作。民族志最初的范本是由马林诺夫斯基、米德等人在实地调查大洋上的岛民之后创建的。我们选了米德的代表作。马林诺夫斯基的《西太平洋的航海者》是最重要的开创之作，好在它已经有了中文本。

　　我们今天向中国社会科学界推荐的民族志，当然不限于大洋上的岛民，不限于非洲部落，也不应该限于人类学。我们纳入了社会学家写美国工厂的民族志。我们原来也列入了保罗·威利斯（Paul Willis）描写英国工人家庭的孩子在中学毕业后成为工人之现象的民族志著作《学做工》，后来因为没有获得版权而留下遗憾。我们利用这个覆盖面要传达的是，中国社会科学的实地调查研究要走向全球社会，既要进入调查成本相对比较低的发展中国家，也要深入西洋东洋的主要发达国家，再高的成本，对于我们终究能够得到的收益来说都是值得的。

　　这个译丛着眼于选择有益于磨砺我们找"事"、说"事"的本事的大作，因为我们认为这种本事的不足是中国社会科学健康发展的软肋。关于民族志，关于人类学，可译可读的书很多；好在有很多中文出版社，好在同行中还有多位热心人。组织此类图书的翻译，既不是从我们开始，也不会止于我们的努力。大家互相拾遗补缺吧。

高丙中

2006 年 2 月 4 日立春

复调人类学的先声（代译序）

章邵增[*]　陈　茁^{**}

一、引　言

《南美洲的恶魔和商品拜物教》一书是著名人类学家迈克尔·陶西格的成名之作。该书英文原著最早发表于 1980 年，此后很快成为人类学民族志的经典作品，而且在人文学科和社会科学的诸多领域，尤其是在政治经济学、拉美研究、宗教学、文学理论等领域，都有着广泛的、持续的影响力。此后，该书被陆续翻译成其他文字出版，如 1993 年西班牙文版出版，2010 年葡萄牙文版出版。而且，2010 年该书的英文版再版，以纪念其出版 30 周年。而如今，该书又得以翻译成中文由商务印书馆出版。在人类学领域，该书不仅仅是南美洲民族志的经典代表作之一，也是 20 世纪末人类学民族志写作方法革新的早期探索，甚至可以说是人类学学科在后殖民主义背景下进行自我反思和重新定位的先声。此书英文原著首次出版距今已四十多年了，今天的我们在人类学学习和研究中，尤其是在中文环境中，如何去重读这样的经典之作？在新的时代背景和世界格局影响下的学术环境之中，这样的经典之作可以给我们怎样的启迪？

陶西格，1940 年生于澳大利亚的悉尼，在澳大利亚长大。1964 年，他从悉尼大学获得了医学学士学位。在澳大利亚从事了一段时间的医疗工作后，陶西格前往英国伦敦，1968 年获得伦敦经济学院社会学硕士学位。自1969 年起，陶西格开始在伦敦大学拉丁美洲研究所担任助理研究员，并赴哥伦比亚从事田野工作，研究哥伦比亚西部地区历史上的奴隶制及其在 20

＊　美国俄勒冈州立大学人类学系助理教授。
＊＊　芬兰赫尔辛基大学人类学系博士生。

世纪的后果。在哥伦比亚的田野工作，不仅使他在 1974 年获得了英国伦敦大学人类学博士学位，也奠定了他此后 40 年在南美洲尤其是哥伦比亚和玻利维亚从事研究的基础。博士毕业之后，陶西格曾在美国密歇根大学和纽约大学工作数年，此后长期任教于美国纽约哥伦比亚大学，并兼任瑞士欧洲研究生院（European Graduate School）教授。陶西格的人类学学术生涯虽然主要在英美两国，但他的学术思想亦深受欧洲大陆哲学家的影响，尤其是马克思和本雅明（Walter Benjamin）等人。他的人生和学术经历，尤其是一生中不断地在不同知识领域、地域和社会之间的转换，成就了他广阔的学术视野和建立在比较基础上的反思视角，甚或塑造了他狂放不羁的个人品性和写作风格。他的学术写作融合了民族志、故事讲述和社会理论，涉及社会生活的多个领域，包括奴隶制与殖民历史、饥荒与农业商品化、马克思经济理论、流行文化、传统医疗、仪式理论、恐惧的文化产品、国家与公共保密性、博物馆与记忆以及哥伦比亚的贫困社区等。在本书之后，陶西格笔耕不辍，其主要著作还包括《萨满教、殖民主义与野人：关于恐惧和治疗的研究》（1987）、《国家的魔法》（*The Magic of the State*，1997）、《我的可卡因博物馆》（*My Cocaine Museum*，2004），以及最新的《非洲棕榈》（*Palma Africana*，2018）等。1998 年，陶西格被授予古根海姆奖（Guggenheim Fellowship）。2007 年，他被柏林美国科学院（American Academy in Berlin）授予柏林奖（Berlin Prize）。

二、本书内容简介

陶西格此书综合了民族志和历史学的研究方法，描述了哥伦比亚农场劳工和玻利维亚锡矿工人在资本主义经济体系和世界市场扩张的过程中，如何继承和发展本土的信仰体系作出反应和抵抗。陶西格指出，传统人类学强调地方文化差异的简单论述并不能正确地反映后殖民时代的文化演变和现实。因此，他力图在更大的区域，尤其在全球政治经济的背景中去把握和解读地方民俗和文化差异。直至 20 世纪中期人类学都在很大程度上把非西方社会看成是与外界隔绝的社区，在这种视角下对异文化的呈现和阐释，虽然与更早的社会进化论人类学相比具有尊重异文化价值的优点，但是明显忽视了16世纪以来西方资本主义政治经济所主导的现代世界体系在非西方世界的扩张及这些地区社会文化产生的不同程度和形式的转变。

在本书的第一部分"拜物教：转义的大师"中，陶西格开宗明义地指出，这本书旨在借助"其他的"生产形式来解释资本主义对社会现实的理解。为此，他首先明确了前资本主义社会中"拜物教"的内涵，并将对资本主义"邪恶精神"的反思向前追溯到亚里士多德、早期基督教教义以及经院哲学对不公正交易的敌意。随后，他又对资本主义生产过程和生产关系进行解构，并指出，与前资本主义社会经济中源于人与物之间有机统一关系的拜物教不同，资本主义社会的商品拜物教（commodity fetishism）源于人与生产和交换产品之间的分裂，也就是人与自然、主体与客体的异化关系。陶西格将后者形容为"现代历史的遗产中塑造我们的经验和概念工具的最强大和最令人不快"的部分，因为资本主义对人的异化使生产本身的目的变成了财富，人不再是生产的目的，相反，生产成为了人的目的。

随后在本书的第二部分"哥伦比亚考卡山谷的种植园"和第三部分"玻利维亚锡矿"中，陶西格将目光集中于"其他的"生产形式，深入介绍了在南美洲文化中普遍存在的"恶魔信仰"及其发展脉络，尤其是这种集中表现为宇宙观的文化观念面对社会生产方式急剧转变时所产生的意义。他指出，南美洲的恶魔信仰及其相关联的宇宙观是由欧洲帝国主义带到新世界，并逐渐融合了基督教和异神教而形成的形而上学体系。这个体系中的恶魔形象和救赎神话，是调和征服者和被征服者之间紧张关系的媒介。而时移世易，几百年后，在恶魔早就被西方意识驱逐的20世纪，商品形式或许已经征服了一部分人的意识，这部分人中却绝不包括刚刚开始经历西方资本主义的南美洲农民。他们重新将征服者——资本主义在当地的生产实践和生产关系——拟人化为恶魔形象，并以围绕恶魔契约的神话传说和宗教仪式来诠释当地社会在使用价值取向和交换价值取向之间的剧烈冲突。不同于此前人类学者们对魔法和宗教的普遍解释方式（即将恶魔信仰及其相关仪式解释为对焦虑和挫败欲望的回应），陶西格认为，"魔法信仰之所以富有启示性和吸引力，不是因为它们是构思拙劣的实用工具，而是因为它们是指导世界最深处节奏的诗意唱和"。南美洲农场工人和矿工的恶魔信仰和仪式，不仅让我们听到了一个正在经历从前资本主义向资本主义秩序转变的社会灵魂深处的声音，也把我们对资本主义全球政治经济体系的理解带到了其极限之处，并提供了探索其生命进程、甚至改变其终点的可能。而同一时期南美洲一些最伟大的文学作品也可以为陶西格的诠释提供佐证。陶西格称，阿斯图里亚斯（Miguel Asturias）和马尔克斯（Gabriel Garcia Marquez）的作品中那魔幻和社会现实主义共存的迷人气息，正是对前资本主义与资本主义对使用价值取向和交换价值取向之间根深蒂固冲突的创造性回应。

这里值得一提的是，此书第三部分即关于玻利维亚矿工的恶魔信仰这一部分，其民族志素材主要是来自其他人类学者此前的著述，陶西格大力借用这些已有的民族志素材，并做了更深入和更具批判性的分析和提升。这些借用的民族志素材大多来自于 20 世纪 60、70 年代出版的英文人类学著作，尤其倚重美国人类学家纳什（June Nash）的经典作品《我们吃矿，矿吃我们》(*We Eat the Mines and the Mines Eat Us*, 1979)，此外也不乏关于拉丁美洲各地农民、工人和土著社区的其他研究。除了此书正文中的引用之外，陶西格还在此书原版序言中向这些同行和先行者致谢。西方人类学者从 20 世纪 50 年代开始尝试历史视角下的人类学（如 Steward et al., 1956；Wolf and Mintz, 1957)，并借助马克思主义政治经济学作为分析框架，试图在这个大视角下把西方资本主义也当作一个文化体系来看待，其中尤以后来沃尔夫（Eric Wolf）的《欧洲与没有历史的人民》(1983)和西敏司（Sydney Mintz）的《甜与权力》(1986)这两部著作广为人知。纳什的《我们吃矿，矿吃我们》一书透过这样的历史视角和政治经济学框架集中关注和解读一个边缘人群——玻利维亚锡矿工人——的组织结构和宗教表达。纳什与陶西格都从马克思主义理论和历史视角出发，但对同一玻利维亚矿工群体的宗教信仰和仪式的解读其实各有侧重（Gross, 1983)。纳什的研究更关注这些矿工的宗教信仰和仪式对他们内部团结和动员所起到的作用，而陶西格则着力于借用玻利维亚矿工们以及哥伦比亚农场工人的宗教信仰和仪式来拓展马克思的商品拜物教的概念及其批判力。显然，陶西格的这个关键着力点，与沃尔夫和西敏司对世界资本主义体系下的商品生产和消费的关注也有着明显的分野（Mintz and Wolf, 1989；Taussig, 1989)。在陶西格本人看来，这样的概念拓展和民族志写作，不仅更忠实于这些南美洲劳工群体的信仰和实践的本义，而且真正走向了对西方资本主义文化体系本身的反思和批判。

概括而言，陶西格主要运用马克思主义理论批判世界资本主义，尤其借重并拓展了马克思的概念"商品拜物教"。他在书中将商品拜物教与在拉美劳工之间广为流传的恶魔信仰进行比对和诠释，并在此基础上试图解构资本主义体系和资本主义认识论。不同于很多早期或同辈人类学家单向地将西方学术概念套用到非西方社会的研究上，他在书中反复提醒读者，马克思提出商品拜物教这个概念从一开始就是对西方资本主义的政治经济学批判和文化反思。但这种批判和反思，却因马克思主义在西方社会广泛的实证主义解读而被削弱甚至遗忘。与之相对应的是另一个被遗忘的事实，即工业资产阶级最初也曾被部分西方知识分子描述为极度不人道的或不自然的。但随着资本主义制度的成熟，这种道德上的愤怒感消失了，"最终，甚至对这种制度的批评也都要在资本主义理解结构所规定的准客观主义的秩序和自然范畴中表达出来"（本书第 29 页）。因此，陶西格的诠释与解构导向把马克思主义理论的批判精神加以还原和重塑，借此提醒读者：长期习惯于资本主义文化的人，因其熟悉感而错误地相信这种文化形式不是历史的、社会的、人文的，而是自然的。这本身就是对资本主义的误读。陶西格强调，南美劳工们的神话体系、宗教信仰与民俗文化在实质上表明，资本主义也是基于文化信仰——资本主义会推动全人类物质生产和福利——这一信念，然而资本主义实际带来的却是贫困、疾病和死亡。尤其危险的是，西方社会笃信资本主义是自然事实而非社会创造，已经使资本主义认识论丧失了对其内在形式的批判能力。

三、本书的学科意义

通过对哥伦比亚农场劳工和玻利维亚矿工的宗教仪式、宇宙观及其共有的恶魔信仰的抽丝剥茧式的展现和诠释，陶西格清楚地表明，处于世界资本主义体系边缘的人们有他们自己的文化信仰，同时也有他们自己的反思和批判。而对于人类学学者，尤其是身处资本主义体系之中并已对之习以为常的西方人类学者而言，尊重和聆听不应该只是出于居高临下的好奇和道德感，而是人类学方法论上的必须，因为处于边缘的人们在文化批判上有着天然犀利的视角。这也是人类学学科发展的需要，即借用他们的视角来反思人类学学者群体的专业文化，来重新定位人类学学科的未来发展。由此，（西方）人类学的研究对象，不再只是他者文化或土著文化，而更重要的是自身，即居于霸权地位的西方资本主义文化，包括西方人类学学术群体自身的专业文化。可以说，陶西格以其对南美洲劳工的独特刻画和呈现，为人类学这一学科对自身的反思种下了一颗种子。尤为可贵的是，陶西格此书跨越了人类学研究中解释传统和政治经济学传统之间的鸿沟，也因此被誉为政治经济学派实验民族志的典范性著作。

"跨界"是陶西格学术思想和写作的一个重要特征。2007 年，柏林美国科学院在授予陶西格柏林奖的致辞中称，作为一名跨学科的思想家和参与式的写作者，陶西格的作品完美地融合了传统人类学民族志、具有文学风格的故事讲述和严肃的社会理论探讨（The American Academy in Berlin，2007）。陶西格的后期作品，尤其是《国家的魔法》一书，不论从思想理论上还是写作方法上也都体现了这种跨界和融合。作为他跨越人类学与政治经济学研究之间壁垒的又一尝试，《国家的魔法》在理论上延续了其在本书中对魔法、资本主义经济与国家社会运转的探讨。他笔下的山和山神是通向"国家魔法"的窗户，这远远超越了弱势群体的人类学，而是将国家作为整体化实体的人类学。在方法上，《国家的魔法》更是融合了近乎小说创作的虚构手法进行写作。这种后现代主义写作一般被称为虚构式批判（fictocriticism），在澳大利亚等国人文学界颇为流行，而陶西格多年来一直在自己的南美洲民族志写作中不断尝试，在美国哥伦比亚大学人类学系的教学中也着力引介。陶西格自己曾明确指出，现代国家本身所处的世界即具有如同小说家一样的融合现实与魔法般状态的特权，而多手法的写作可以反映出这一点，并使读者把注意力转移到写作这个行动本身——这种方式的写作作为"人类学式的"行动或文化行动，可以激起对各种政治经济文化权威尤其是殖民主义和后殖民主义权威的批判和反思（Strauss and Taussig，

2005)。在过去的几十年中,陶西格一直致力于探索不同于传统田野调查和民族志写作范式的方案,他的作品融合了事实与小说、民族志观察、档案史、文学理论和回忆录,因此,甚至有评论说陶西格的后期作品读起来更像是美国"垮掉的一代"(The Beat Generation)风格的小说,而明显区别于传统人类学民族志对其他文化的理性分析(Eakin,2001)。

的确,深究陶西格后期作品的这种魔幻现实主义的写作风格,我们不应该简单地将其归因于受拉美文学创作传统的影响,而应该将目光更多投注于这种方式对民族志方法论及其背后认识论的反思和挑战。在传统的民族志写作过程中,研究者与当地文化群体不可避免地被主体与客体的二元对立所束缚,即便民族志写作者将自身叙事呈现出来,这个写作过程也不可避免地建构了中心(写作者)与边缘(当地文化群体)。记录"他者"的过程,是以西方中心主义的认知论定义"他者"的过程,可以说,作为知识生产过程的民族志写作,与生俱来地带有殖民主义的倾向(Clifford and Marcus,1986;Baud,1997;Juschka,2003)。而陶西格的多元写作在一定程度上模糊了边缘与中心、现实与虚构、过去与未来的对立和分野,是对传统民族志写作过程的反思,也是对新的民族志方法论的开拓性尝试。这种尝试在他最早出版的著作即本书中便已初见端倪。他在书中对资本主义市场逻辑的批判并不仅仅停留在其作为一种政治经济体系这一层面,而是进一步指出资本主义认知论是将世界机械地一分为二,并将所有非西方、非资本主义的人类社会形式异化为"他者"的认知论(Baud,1997)。而纵观陶西格此后数十载学术生涯,不难发现他对宗教学、人类学和政治经济学等多领域的综合解读和多元写作方式在其多部著作中贯彻始终(尤其是《萨满教、殖民主义与野人:关于恐惧和治疗的研究》和《国家的魔法》),他也一直致力于通过理论与方法上的"跨界"来打破二元对立的认知论。也因此,陶西格可以毫不夸张地被列为当代人类学理论和民族志方法创新的探索者和先行者之一。

四、对中国人类学的启示

《南美洲的恶魔和商品拜物教》一书不仅开启了陶西格对南美洲社会边

缘群体长达半个世纪的注视,也是一部对人类学学科的反思和重新定位之作。自 20 世纪五六十年代以来,资本主义体系及其与边缘社会之间的关系越来越多地引起人类学界的关注,而像陶西格一样将目光投注在边缘或外围人民的命运之上的人类学者,则成为挑战资本主义中心论的先驱。陶西格在其论述中多次引用卡尔·波兰尼(Karl Polanyi)对资本主义"虚幻客观性"的痛斥,也与沃尔夫对边缘社会的观察遥相对话。他在该书中的这些理论和方法论的探索性反思,其实还略早于《写文化:民族志的诗学与政治学》(1986)和《作为文化批评的人类学》(1986)。前者因其对人类学学科的殖民主义起源和后殖民主义传统的集体批判,后者因其系统性地探讨和呼吁尝试一种新的人类学,而为后来的学者引为 20 世纪 80 年代人类学新浪潮的标杆。而陶西格此书(以及同时期诸位学者)的探索性尝试,堪称人类学界在后殖民主义背景下进行学科反思和重新定位的先声。

20 世纪末,当全球化的浪潮到达顶峰之时,人类学对全球化及其影响的关注和研究亦空前高涨。有的人类学者敏锐地注意到,在全球化的人类学和人类学的全球化之间存在严重的脱节,人类学用来研究全球化的理论和方法,仍为主流的、标准化的、高度同质化的模式所主导,而更多非主流的人类学理论、思索和实践,尤其是世界资本主义体系边缘地区的人类学,却往往发不出声音。在此背景之下,一个名为"复数的世界人类学"(World Anthropologies Network,WAN)的倡议应运而生。这个倡议以拉丁美洲人类学者[如哥伦比亚学者阿图罗·埃斯科瓦尔(Arturo Escobar),巴西学者古斯塔沃·林斯·里贝罗(Gustavo Lins Ribeiro)等]为主发起,也有亚洲人类学者的呼应和参与,旨在挑战西方尤其是英语人类学的霸权地位,并希望创造一个更具有共享性、异质性和建设性的人类学学术空间,以对全球化的现状和影响作出多视角的、更全面的解读(Kim,2005;Restrepo and Escobar,2005;Ribeiro,2006)。此后,在 2014 年,由美国人类学会执掌的期刊《美国人类学家》(*American Anthropologist*)专门设立了"复数的世界人类学"(World Anthropologies)这一版块,以期世界更多国家和地区以非英语写作的、在美国人类学界鲜为人知的人类学者可以在这个平台开展更开放、更广泛的学术交流与合作(Weil,2014;Dominguez,2015)。虽然"复数的世界人类学"这一倡议和行动,如同人类学发展历程中所有曾经的革命性思潮一样,也受限于特定的历史时期,但还是可以说,这些人类学者在精神上和学理上把陶西格等先行者的探索大大拓展了。与陶西格此书中对南美洲劳工和资本主义市场宇宙观的诠释遥相呼应,埃斯科瓦尔和里贝罗等人在全球化的高峰时期对人类学学科的整体宇宙观以及处在边缘位置的所谓"他者"的主体性进行了更深入的反思和更全面的呈现,并进一步对人类学学科系统性依赖西方资本主义认识论这一后殖民主义本质开始了实际的挑战,以期通过"其他的人类学"来探寻全球化背景之下人类学的"其他可能"。随后的二十来年中,这种反思和求索在后继的人类学学者和学生当中薪火相传,且随着时代主题的变迁而与时俱进。

中文环境下的人类学,有自身独特的发展演变路径,有着不同于西方人类学的且内部也多样化的视角。循着陶西格此书中的思路,中国社会近几百年来也曾长期处在西方主导的世界资本主义体系的边缘甚至被压迫的地位,中国社会和文化应该也有着特别犀利的批判视角,中国人类学者对这个世界应该也有不一样的观察和声音。确实,在20世纪上半叶,人类学在中国初兴之时,就已经有中国人类学者开始反思这种权力关系,试图在反帝国主义、反殖民主义的反思之中艰难地理清与西方人类学的关系(谢燕清,2008)。80年代初即陶西格此书英文原著发表之时,中国大陆人类学(以及社会学)在费孝通等人的领导下重启,此后,翻译和阅读西方人类学经典是中国人类学学者和学生们一项几十年持续不断的集体努力。而中国人类学近些年的发展已远远不止于对西方经典的翻译和借用,其中一个突出的发展是中文海外民族志和世界社会研究(高丙中,2010;龚浩群,2014)。中国人类学的发展,用不同于英语的语言写作,更重要的是立足于西方之外的视角(Wang,2012),不只是简单地为世界人类学增加了一个新的声音,而且与其他非西方国家人类学和西方人类学的内部反思一起,有力地推动着人类学全球知识生产格局的变化。我们是否可以乐观地预期,在新的全球知识生产格局下,不同的研究出发点、视野和语言都能发出声音、参与对话,这种如同巴赫金(Mikhail Bakhtin)所说的对话式的复调音乐,将谱写出怎样的世界人类学的新篇章?巴赫金将对话式的复调定义为"有着众多的各自独立而不相融合的声音和意识，由具有充分价值的声音组成真正的复调……不是众多性格和命运构成的一个统一的客观世界……而是众多的地位平等的意识连同他们各自的世界"（巴赫金，1988）。这样的复调，超越单个民族志作品文本（无论有多经典的民族志作品文本），也超越单个国家或地区的人类学（无论这个国家或地区的人类学阵营有多强大），是基于多元对话的世界人类学知识生产。

　　自陶西格对南美洲恶魔信仰的研究以来的近半个世纪，人类学理论与实践不断反思和去殖民化，复调的声音逐渐唱响。在其中，中国人类学的渐强音，已然开始并将进一步推动世界人类学的复调，推动世界人类学知识生产格局进一步走向前所未有的去中心化和民主化。置身于全球知识生产的新时代，在今天的中国回望陶西格及其他先行的人类学学者，我们可以、也应该重读经典，通过对经典作品的阅读、继承、反思和超越，去探索新的、更美好的人类学。

参考文献

巴赫金：《陀思妥耶夫斯基诗学问题》，白春仁等译，生活·读书·新知三联书店，1988 年。

高丙中：《海外民族志：发展中国社会科学的一个路途》，载《西北民族研究》，2010 年第 1 期。

龚浩群：《全球知识生产的新图景与新路径：以推动"亚洲研究在非洲"为例》，载《中央民族大学学报》（哲学社会科学版），2014 年第 2 期。

克利福德、马库斯：《写文化：民族志的诗学与政治学》，高丙中、吴晓黎、李霞译，商务印书馆，2006 年。

马库斯、费希尔：《作为文化批评的人类学》，蓝达居、王铭铭译，生活·读书·新知三联书店，1998 年。

谢燕清：《中国人类学的自我反思》，见王建民、汤芸主编《学科重建以来的中国人类学》，中央民族大学出版社，2008 年。

Baud, M., 1997. Imagining the Other: Michael Taussig on Mimesis, Colonialism and Identity. *Critique of Anthropology*, 17(1), pp. 103 – 112.

Benjamin, W., 1969. Theses on the Philosophy of History. *In Illuminations*. Edited by Hannah Arendt, pp. 253 – 264. New York: Schocken Books.

Clifford, J. and Marcus, G. E. eds., 1986. *Writing Culture: The Poetics and Politics of Ethnography*. Berkeley: University of California Press.

Dominguez, V. R. and Ross, F. C., 2015. World Anthropology. *American Anthropologist*, 117(1).

Eakin, E. , 2001. Anthropology's Alternative Radical. *The New York Times*, April 21.

Fisher, M. and Marcus, G. E. , 1986. *Anthropology as Cultural Critique*. Chicago: University of Chicago Press.

Gross, Daniel R. , 1983. Fetishism and Functionalism: The Political Economy of Capitalist Development in Latin America: A Review Article. *Comparative Studies in Society and History*, 25(4), pp. 694 – 702.

Juschka, D. M. , 2003. The Writing of Ethnography: Magical Realism and Michael Taussig. Canada: University of Regina, Unpublished Paper Presentation.

Kim, D. H. , 2005. Theory and Practice in the World Anthropology Network (WAN): An Analysis of Its Goals and Future Developments. *Journal of the World Anthropologies Network*, 1(1), pp. 135 – 145.

Mintz, S. W. , 1986. *Sweetness and Power: The Place of Sugar in Modern History*. Penguin.

Nash, J. , 1979. *We Eat the Mines and the Mines Eat Us: Dependency and Exploitation in Bolivian Tin Mines*. New York: Columbia University Press.

Mintz, S. W. and Wolf, E. R. , 1989. Reply to Michael Taussig. *Critique of Anthropology*, 9(1), pp. 25 – 31.

Restrepo, E. and Escobar, A. , 2005. Other Anthropologies and Anthropology Otherwise: Steps to a World Anthropologies Framework. *Critique of Anthropology*, 25(2), pp. 99 – 129.

Ribeiro, G. L. , 2006. World Anthropologies: Cosmopolitics for A New Global Scenario in Anthropology. *Critique of Anthropology*, 26(4), pp. 363 – 386.

Steward, J. H. , Manners, R. , Wolf, E. R. , et al. , 1956. *The People of Puerto Rico: A Study in Social Anthropology*. Urbana, IL: University of Illinois Press.

Strauss, D. L. and Taussig. , M. , 2005. The Magic of the State: An Interview with Michael Taussig. *Fictional States*, Issue 18.

Taussig, M. , 1989. History as Commodity: In Some Recent American (Anthropological) Literature. *Critique of Anthropology*, 9(1), pp. 7 – 23.

Wang, M. , 2012. All under Heaven (Tianxia): Cosmological Perspectives and Political Ontologies in Pre-modern China. *HAU: Journal of Ethnographic Theory*, 2(1), pp. 337 – 383.

Weil, J. , 2014. World Anthropology. *American Anthropologist*, 116 (1)(3).

Wolf, E. R. , 1983. *Europe and the People without History*. Berkeley and Los Angeles, CA: University of California Press.

Wolf, E. R. and Mintz, S. W. , 1957. Haciendas and Plantations in Middle America and the Antilles. *Social and Economic Studies*, 6(3), pp. 380 – 412.

献给南美洲的种植园工人和矿工

耶和华问撒旦说，你从哪里来？撒旦回答说，我从地上走来走去，往返而来。

《约伯记》2:2

历史地描绘过去并不意味着"按它本来的样子"（兰克）去认识它，而是意味着捕获一种记忆，意味着当记忆在危险的关头闪现出来时将其把握。历史唯物主义者希望保持住一种过去的意象，而这种过去的意象也总是出乎意料地呈现在那个在危险的关头被历史选中的人的面前。这种危险既影响了传统的内容，也影响了传统的接受者。两者都面临同样的威胁，那就是沦为统治阶级的工具。同这种威胁所作的斗争在每个时代都必须赋予新的内容，这样方能从占绝对优势的随波逐流习性中强行夺取传统。救世主不仅作为拯救者出现，他还是反对基督的人的征服者。只有历史学家才能在过去之中重新燃起希望的火花。过去已向我们反复证明，要是敌人获胜，即便死者也会失去安全。而这个要做胜利者的敌人从来不愿善罢甘休。*

瓦尔特·本雅明:《历史哲学论纲》

（"Theses on the Philosophy of History"）

因此，古代的观点和现代世界相比，就显得崇高得多，根据古代的观点，人，不管是处在怎样狭隘的民族的、宗教的、政治的规定上，总是表现为生产的目的，在现代世界，生产表现为人的目的，而财富则表现为生产的目的。

卡尔·马克思:《资本主义生产以前的各种形式》

（*Pre-Capitalist Economic Formations*）

---

* 此段中译文出自汉娜·阿伦特编:《启迪:本雅明文选》，张旭东、王斑译，生活·读书·新知三联书店 2008 年版，第 267—268 页。（*后为译者注，下同）

目　　录

30 周年纪念版序言

似乎已经到了一个很好的时机,使我可以在 30 年后为这本 1980 年首
次出版的恶魔之书添加一篇续记,以便仔细考量人类学的本质就是讲故事,
并能使你了解这本书前半部分所描述情况的一些最新变化。

但我首先感兴趣的是"声音"(voice)和写作艺术——这是我们工作的
命脉,但它却很少被提及。在我看来,我们在人类学上所做的工作与哲学一
样,都是诗的一种形式,都是为了找到与我们所写的东西产生共鸣的语言的
文字和节奏。简单来说:人类学研究文化,但在这个过程中也"创造"文化。
意识到这一点,就是要找到在已知和未知之间进行转化的方法,而不抽去未
知事物的奇异感,更重要的是,不要让自己和读者对已知事物的奇异之处视
而不见,那会使我们认为我们自己和我们根深蒂固的生活方式是理所当然
的——比如本书所例举的恶魔契约就使市场经济的观念被凸显出来。

然而,基于这一基本原则,现在的这本恶魔之书在我看来似乎在讲故事
的方式上有所欠缺。相反,它是用一种清晰、枯燥、分析性的散文写成的,它
以无所不知的权威声音与其主题保持距离,这是人们在学术写作中很快学
会采用的一种技巧。当然,偏离这一点将冒着失去读者的巨大风险,因为他
们也习惯于这种作为真理的语言的伎俩。

尽管如此,我还是偶然发现了商品拜物教这个概念——如果我没有弄
错的话,它在英语世界或者至少在社会科学中还是鲜为人知的——用一种
循序渐进的方式分析这个概念是有帮助的。在那些日子里,我可能不太确
定自己是否能以其他方式来处理它,特别是考虑到我正在处理这些奇特的
材料(指的是商品拜物教和恶魔契约的概念)。

把拜物教纳入马克思主义和当时所谓"第三世界"的经济史中,是对经
济还原论(economic reductionism)的一种挑战,这也意味着把文化和宗教
力量本应具有的地位引入其中。这就是第三世界革命对我的意义,切·格

瓦拉(Che Guevara)认为革命可以在不等待"客观条件"成熟的情况下进行。后来的格瓦拉神话本身就证明了神话和民间故事的重要性,巴西导演格劳贝尔(Glauber Roche)拍摄的电影《职业杀手安东尼奥》(*Antonio das Mortes*)也是如此,那年我第一次到哥伦比亚。

因此,在我第一次去哥伦比亚的时候,与所谓的"客观条件"一样重要,甚至更重要的,似乎是马克思主义者所说的"意识",我们这一代学生并不把这个概念看作是经济的反映,而是作为定义现实和改变现实可能性的力量。我们在 1960 年代有过这种经历,在 1970 年代这种经历通过斯图尔特·霍尔(Stuart Hall)这样的人产生了"文化研究"(cultural studies)的概念。商品拜物教的概念帮助我找到了进入"意识"的方式,但我没有进一步去思考"表现"(expression)的形式和感觉,去考察思想如何在情感中起作用,并根据它们被转化为语言的方式描绘出一幅世界图景。今天我要说的是,只有文学,即虚构和与虚构重叠的纪录片形式——我在别处称之为"虚构批评"(fictocriticism)——才能做到这一点。

随着岁月流逝,哥伦比亚的形势越来越严峻——我每年都会回到哥伦比亚——尼采和乔治·巴塔耶(Georges Bataille)的思想引起了我的注意,因为它们似乎都与作为农村贫困人口生活特征的暴力和绝境如此相关。在这本恶魔之书出版七年之后出版的关于萨满教的书《萨满教、殖民主义与野人:关于恐惧和治疗的研究》中,我试图更好地理解 1900 年前后亚马孙河上游普图马约(Putumayo)地区橡胶繁荣的暴力,这种理解使我越来越关注有关恐惧的谈话和写作,同时也越来越敏感地意识到大多数关于暴力的写作是如何使情况变得更糟糕的。

xiii　　我的理论在当时和现在一样:恐惧和绝境的故事有很大的力量塑造现实(很大程度上是通过不确定性实现的),并传递给一连串的故事讲述者。因此,在我看来,想要打破链条的故事讲述者的任务就是站出来,说出一个新故事,并充分了解到链条永远不会停止,迟早有另一个新故事会取代你的。这就是必然与虚构有关的暴力和记忆的世界。然而,对这种状况的认识不仅导致了一种发人深省的悲观情绪,还会导致一种可能性,也许只是可能,那就是在你的替代故事和将要取代它的下一个故事之间存在着一种间歇的张力,这个张力可以创造出一个将暴力转化为治愈力的场域。我称之为"次极性"(penultimaticity),即在结局来临前永久地写作。

后来我才明白,我在甘蔗地里听到的恶魔契约的故事,同样也是一个充满着恐惧和欲望的极端故事,巴塔耶称之为"耗费"(wasting),即挥霍无度,或者用法语说是 *dépense*,它的主人是我们的老朋友——恶魔。

据我所知,如今恶魔已经消失或转入地下,拥有甘蔗地的少数白人家庭——他们大多生活在巴拿马或迈阿密等地——现在控制着考卡山谷(Cauca Valley)的命运,原因是,蔗糖作为生物燃料塑造了一个能够确保生产更多汽车的不断增长的新市场。种植园的化学雾霭淹没了山谷,它从河流中吸取水分,并通过使用机械和化学物品使人们流离失所。这里曾经是一个美丽的山谷,动植物种类繁多,现在却是一个无聊、贫瘠、理性化、毫无生气的地方,一个只为汽车生产蔗糖的地方。

种植园所在的城镇已经成为积聚着暴力团伙中被疏远青年的高压锅,他们互相残杀,也杀害其他城镇的居民和警察。反过来,准军事人员和暗杀者在市民的支持下,由当地商人出钱,杀死团伙成员。

农民和工会的反抗基本上被粉碎了。然而,如果说有什么不同的话,那就是传统农民农场的吸引力日益增强,这种农场建立在宏伟的林木农业基础之上,可追溯到奴隶制时代或 1851 年解放后的时期。这是一种种植芭蕉、可可、咖啡、果树、巨大的遮阴树、药用植物和一些玉米的农业,它不需要化肥或除草剂。

因此,早在 20 世纪 70 年代,在恶魔契约的故事中建构的道德经济已经结出果实,并且已经被现在蓬勃发展的早期绿色运动所证实。以前土地耕 xiv 作方式所蕴含价值的记忆,以及恶魔契约所蕴含价值的记忆,如果说有什么不同的话,那就是它们是在活力和想象力中成长起来的。

对北美和欧洲的人来说,在过去 30 年里,我们一直生活在罗纳德·里根和撒切尔夫人所谓的"新自由主义"所释放的被称为自由市场的冲击之下,现在又目睹了乔治·布什领导下放松经济管制所带来的灾难性影响,恶魔契约比以往任何时候都更加重要。当然,过去 20 年里,同样的自由市场导向在哥伦比亚得到了加强,短期工作合同在那里已经成为了惯例,1970

年甘蔗地里恶魔契约故事中被神话的所有内容在令人毛骨悚然的细节中得到了阐明。过往的故事已然成真了。

　　关注陌生和异域的人类学，可以教会我们更多关于我们自己和我们的经济体系的知识，就像它教会我们异域事物一样。在试图解释陌生和未知事物时，我们绝不能忽视我们自己的现实是多么的奇特。如果商品拜物教能被装扮为使人变成物、使物变成人的东西，那么——以至于我们都视自己为陌生人——在一个拜物教的幻想力量变得具有解放性，甚至恶魔也不得不改过自新的新世界里，它可能会消除我们与他者的距离感。

迈克尔·陶西格

海福尔斯,纽约州

2009 年 7 月

序　言

　　这本书的目的是在当代南美种植园工人和矿工的民间传说中引出恶魔 xv
的社会意义。恶魔是农民进入无产阶级各阶层时所经历的异化的一个极其
贴切的象征，我主要是根据这种经验来展开我的解释。我的历史学的和民
族志的背景让我不禁要问：恶魔形象与资本主义发展有什么关系？对恶魔
之灵的信仰在社会经验中调和了哪些矛盾？在反基督主义（antichrist）的
救赎能力和马克思主义的分析能力之间是否存在结构上的联系？

　　为了回答这些问题，我试图在资本主义高度发展的两个地区，即哥伦比
亚西部的甘蔗种植园和玻利维亚的锡矿山，发掘出西班牙征服以来的恶魔
社会史。这项调查的一个结果（在矿山显现得更清楚些，但与种植园也相
关）是，恶魔象征着政治和经济历史的重要特征。将这一符号的社会史与创
造这一符号历史的符号编码分开几乎是不可能的。

　　恶魔是由欧洲帝国主义带到新世界的，在那里它融合了异教神和以这
些神为代表的形而上学体系。这些体系与欧洲和本土社会经济制度都不
同。在这种情况下，恶魔的形象和救赎的神话开始调和征服与帝国主义历
史中所体现的辩证紧张关系。

　　在种植园和矿山，恶魔在与无产阶级生产有关的民间传说以及仪式中 xvi
所起的作用与在邻近农民地区所起的作用有很大不同。在这两个地区，无
产阶级都来自于周边的农民，他们的商品化体验和对无产阶级化的理解都
受到前资本主义经济观的严重影响。在无产化的过程中，恶魔以一种强大
而复杂的形象出现，并调和了看待经济对于人类之意义的各种对立方式。

　　在西方和南美文化中存在着大量关于某种类型之人的神话，他们把自
己从共同体中分离出来，为了财富把自己的灵魂卖给恶魔，而这种财富不仅
毫无用处，而且也是绝望、毁灭和死亡的预兆。这个与恶魔签订的契约象征
着什么？古老的善恶之战？穷困的无辜和财富的邪恶？更重要的是，传说

中的恶魔契约是对一种经济体系的控诉,这种经济体系是强迫人们以灵魂来换取商品的破坏性力量。在其过多的相互联系且往往矛盾的意义中,恶魔契约在这方面的意义是非常突出的:人的灵魂是不能买卖的,但在一定历史条件下,人类正受到这种作为谋生手段的交换方式的威胁。在讲述这个恶魔寓言的过程中,正义的人面临着善恶的斗争,这象征着市场经济的一些最尖锐的矛盾。个人脱离了共同体。财富与极端贫困共存。经济法则战胜伦理法则。生产,而不是人,成为经济的目标,商品主宰了它们的创造者。

恶魔早就被西方意识驱逐了,但是与它签订契约所象征的问题仍然一如既往地尖锐——无论它们是否被一种新型的拜物教所掩盖,在这种拜物教中,商品被视为自己的价值来源。这本书和恶魔信仰都是针对这种混淆视听的商品拜物教。马克思在《资本论》中提出的商品拜物教概念,是我解构资本主义生产关系中恶魔神灵的基础。以恶魔的形象体现的邪恶崇拜,是一种调节前资本主义和资本主义物化人的生存条件之间的冲突的形象。

xvii   这部书的第一部分讲述了哥伦比亚西部甘蔗种植园中非洲奴隶及其后代的社会历史。我与我的同伴和同事安娜·鲁伯(Anna Rubbo)一起在这个地方待了四年。我们主要作为人类学家进行工作,也共同参与了 20 世纪70 年代初活跃在那里的农民武装政治组织。那段时间的经历和所编纂的民族志是这本书前半部分的基础。没有安娜的帮助,没有参与这场斗争的农民工和散工们的积极协助,这本书是不能完成的。第三章的大部分内容以前都出现在《马克思主义视野》(*Marxist Perspectives*,Summer,1979)中,第六章包含了一篇我在《社会和历史比较研究》(*Comparative Studies in Society and History*,1977 年 4 月)上发表的一篇文章。

第二部分涉及恶魔在玻利维亚锡矿山的重要性,在这里我不得不严重依赖其他人的作品。对我来说特别重要的是琼·纳什,胡安·罗哈斯(Juan Rojas),约翰·厄尔斯(John Earls),何塞·马里亚·阿格达斯(José Maria Arguedas),约瑟夫·巴斯蒂安(Joseph Bastien),和韦斯顿·拉巴尔(Weston LaBarre)的作品,这些作品都列在参考文献中。对这些作者和在下文中提到的许多其他人,我心怀感激。

我要感谢以下机构，它们从 1970 年以来为我在哥伦比亚西部的田野工作提供了资助：伦敦大学、域外地区奖学金项目（the Foreign Area Fellowship Program）、温纳-格伦基金会（the Wenner-Gren Foundation）、国家科学基金会（the National Science Foundation）、密歇根大学拉克姆研究生院（Rackham School）和安娜堡（Ann Arbor）。我要特别感谢北卡罗来纳大学出版社的大卫·佩里（David Perry）的精心编辑。

第一部分
拜物教：转义的大师

因此，正如理性形而上学所教授的那样，人凭借理解万物而成为万物，这种富含想象力的形而上学显示，人通过不理解万物而成为万物；也许后一个命题比前者更为真实，因为当人们理解时，他会扩展自己的思想，接受事物，但是当人们不理解时，他会使物外在于自身，并通过把自己变成物而成为物。

詹巴蒂斯塔·维科(Giambattista Vico)：

《新科学》(*The New Science*)

第一章　拜物教与辩证法的解构

这本书试图解释的是，在工业化世界里，哥伦比亚和玻利维亚的一些农民有关资本主义生产和交换的关系之意义的奇异想法对我们有什么意义，他们每天都被吸收到这种关系中。这些农民表现出的强烈的不自然，甚至是邪恶的行为，是我们大多数商品社会的人在日常经济活动中，乃至在整个世界中已然接受的自然行为。只有当他们无产阶级化，并且只在资本主义生产关系组织的生活方式中，他们的这种表现才会出现。它既不发生在农民的生活方式中，也不是指农民的生活方式本身。

任何解释性的工作都包含不确定和理智自我消解的因素。人们的解释显示了什么样的真相？难道这只是陌生与熟悉之间的调解吗？毫无疑问，这是一个不那么宏大，却更加诚实的解释实践，但是我们发现，在面对这种实践的含义时，用熟悉的术语解释陌生的事物会对熟悉的事物本身提出质疑。解释的真理存在于这种对比的智识结构中，它在现实中本质上是自我批判的。

因此，尽管这部作品关注的是农民对工业资本主义的文化反应，并试图解释这些反应，但它不可避免地也是一项艰难的尝试，试图批判地阐明我们这些长期习惯于资本主义文化的人是如何达到这样一个地步的：这种熟悉感促使我们相信我们的文化形式不是历史的、社会的、人类的，而是自然的——"类物的"（thing-like）和物质的。换句话说，这是在与前资本主义文化的对抗中迫使我们去做的一种尝试，目的是解释资本主义文化遮盖在其社会产物上的那种虚幻的客观性。

时间、空间、物质、原因、关系、人性和社会本身都是人类创造的社会产品，就如同自人类诞生以来所产生的不同类型的工具、耕作制度、衣服、房屋、纪念碑、语言、神话等一样。但是，对参与它们的人来说，所有的文化都倾向于将这些范畴展现为好像它们不是社会产品，而是自然的和恒久不变的东西。一旦这些范畴被定义为自然的，而不是社会的产品，认识论本身就潜藏了对社会秩序的理解。我们的经验、理解和解释——所有这些仅仅是为了认可维持我们现实感觉的习惯，除非我们意识到我们的经验和我们感知现实的基本"建筑板块"不是自然的，而是社会的建构。

在资本主义文化中，这种对作为本质范畴的社会基础的盲目无知使得对所谓自然事物的社会解读令人深感困惑。这归因于与人类事务中市场组织相关的抽象概念的特殊性质：人类及其产品的基本性质被转化为商品，转化为在市场上买卖的东西。以劳动和劳动时间为例。为了使我们的工业生产系统运转起来，人们的生产能力和自然资源必须根据合理化的成本核算组织到市场中：生产和人类生命的统一体被分解为越来越小的可量化的子部分。劳动，一种生命本身的活动，从此成为与生命不同的东西。它们被抽象成劳动时间的商品，可以在劳动力市场上买卖。这种商品看起来很真实。它不再是一种抽象的东西，似乎成为了一种自然且持久不变的东西，尽管它不过是一种约定俗成的东西，或者是一种社会的建构，来自一种组织人与人以及人与自然之间关系的特定方式之中。我把这个过程看作是工业资本主义社会中对象制造（object-making）过程的一个范例：具体来说，劳动时间等概念从社会背景中抽象出来，从而显现为真实的东西。

毫无疑问，一个以商品为基础的社会能够产生这种虚幻的客观性，从而掩盖了它的根源——人与人之间的关系。这相当于一个被社会性地建构出来的悖论，它有着令人困惑的表现，其中最主要的是社会成员对现实的社会结构的否认。另一种表现是分裂的态度，这样一个社会内的成员必然以这种分裂的态度面对从社会中抽象出来的虚幻对象。一方面，这些抽象物被珍视为类似于无行动力之物的真实物体，而另一方面，它们被认为是有生命的实体，具有类似于灵魂或神灵的生命力。这些"物"已经失去了与社会生活的原始联系，吊诡的是，它们看起来既像无行动力的实体，又像有生命的实体。如果说对一流才智的认定是同时持有两种对立观点，并仍可保持其运作的能力，那么现代思维可以真正地说已经证明了自己。但这是文化的见证，而不是思想的见证。埃文思-普里查德（E. E. Evans-Pritchard）向我们介绍了上尼罗河州的努尔人（Nuer），他们的社会不是由商品生产和市场交换组织起来的。

> 尽管我已经谈过时间及时间单位，但是努尔人并无任何与我们语言中的"时间"一词相当的表达方式，因此，他们不能像我们那样谈论时间，好像它是实际存在的某种东西，可以流逝，可以浪费，可以节省，如此等等。我想，他们不曾有过与时间竞争或者必须把活动与抽象的时间推移协调起来的情感体验，因为他们的参照点主要就是这些活动本身，这些活动一般来说具有一种缓慢从容的特点。由于没有任何各种活动所必须要精确遵从的自主性的参照点，各种事件都遵循一种逻辑顺序，但它们并不受一种抽象系统的控制。努尔人是幸运的。[*] （1940:103）

对这些人来说，时间不是从生命活动的组织中抽象出来的，而是嵌入其中的。这不是时钟时间，我们称它为人类时间：时间是社会关系。然而，正如埃文思-普里查德所说，我们既抽象出时间，又实现了时间。对我们来说，如同汤普森（E. P. Thompson）曾用同样的例子生动展示的那样，它是一种抽象，但也是一种物质，它可以流逝、浪费和保存等等（1967）。此外，它也是活生生的：所以我们说要与它们作斗争。由于社会关系的特殊性，时间变成了从社会关系中抽象出来的东西，一种活生生的物质。我认为这只是商品拜物教的一个特别的例子，人与人相互关系的产物不再被视为商品拜物教，而是被看作一种物，在某种重要的意义上，它甚至可以产生人。摆在我们面前的任务是将我们自己从拜物教和虚幻客观性中解放出来，这种拜物教和虚幻客观性遮蔽了社会本身，我们要与混淆和掩盖社会关系的自然以太斗争。这种事物的"自然"外观必须作为一种社会产品来展示，这种社会产品 6 本身可以决定现实；因此，社会可能成为其自我伤害的实施者。

换句话说，与其问标准的人类学问题：为什么在这种情况下，处于异质文化之中的人们对资本主义发展作出如此的回应？我们必须询问与我们社

---

[*] 此段中译文出自 E. E. 埃文思-普里查德：《努尔人：对一个尼罗特人群生活方式和政治制度的描述》，褚建芳译，商务印书馆 2014 年版，第 121—122 页。

会相关的现实。只要我们有智慧去留意,这就是它们对我们非奇特现实的奇特反映强加给我们的问题。以这种方式扭转这个问题,我们允许人类学家的报道人有特权解释和公开他们自己对影响他们社会力量的批评,这些力量源于我们自己。通过这一步,我们摆脱了将奇特的民间智慧定义为只是虚构或迷信的态度。与此同时,我们对自己文化中的核心神话和范畴的迷信和意识形态特征开始变得敏感,这些范畴赋予我们的理智产物和日常生活以同样的意义。正是由于这种敏感产生的不适,我们才被迫意识到寻常之物和我们以之为自然的东西。我们被迫将自然的面纱放置一旁,这是我们在社会发展过程中蒙上的一层阴影,它掩盖了它与自然发展过程的一个区别,这个区别就是人类意识的参与。因此,我们被引导着去挑战我们在自然界中铸造的社会常态。这是我们的实践。

我的写作动机,既来自20世纪70年代初在哥伦比亚西南部四年实地工作和参与实践的影响,也来自我的信念,即将历史和社会关系的人类品质的社会化条件转化为自然事实,会使得社会变得麻木不仁,使它丧失了对其内在形式的一切固有的批判。然而,这种在现代社会中无处不在的转化在"社会科学"中尤为突出。在"社会科学"中,自然科学模型本身已经成为一种自然反映,它在制度上被作为解释社会生活的指导策略,但最终只会使它僵化。因此,我的工作是质疑这一做法,传达自然科学范式下掩盖的社会经验的一些"感觉",并在此过程中构建一种批评,旨在反对实证主义教条对社会生活的僵化,这种僵化在我看来是对社会伪装表象的不加批判的反映。

面对这种现代理解模式,我们很容易陷入唯心论的其他形式,也很容易 7 陷入对过去不加批判的怀旧情绪中,因为在过去,人类关系不被视为依赖于市场策略的对象关系。因为我正在处理的民族志主要涉及有时被称为前资本主义的社会,这些危险成为了相当紧迫的问题。因为这种社会形态很容易被资本主义制度下规训和磨练的思维方式所迷惑。与资本主义社会自身呈现的形象相反,前资本主义生活之所以能够通过展示世界及其救赎进程的神灵和幻象而吸引(或恐吓)人们,是因为其明显的唯心主义和其世界的魔力。此外,前资本主义社会承载了必须满足我们对失落的黄金时代的已经异化的渴望的重负。

面对现代资本主义社会心理结构中所暗示的无法令人满意的、确实出于政治动机的解释范式——它的机械唯物主义,以及它在宗教和怀旧中的异化形式——有什么对策可以启发现实,而不是以某种微妙的方式复制它的统治思想、主导情绪和自身魅力? 在我看来,这个问题既是必要的,也是乌托邦式的。提出挑战是至关重要的,但如果认为我们可以想象不通过实际行动改变社会基础结构,从而能够脱离自身的文化,那就是乌托邦。出于这个原因,我所说的消极批评是知识层面上所有可能的、恰当的和需要的东西。这意味着我们坚持一种不懈地意识到其过程和范畴的解释模式,因此,我们的思想作为不断升级的自我批评的过程而暴露自身,在这个过程中,自我意识最终在引发我们探究的具体现象领域确立了自己,并导致了对它的第一次经验的抽象和扭曲。但是,如果我们所支持的理解模式是这种不断扩大的具体的自我意识描述网络,那么它也必须被清楚地理解,正如弗雷德里克·詹姆逊(Fredric Jameson)所坚持的那样:这种自我意识必须对我们在这个过程的任何阶段所运用的抽象概念的社会根源和历史性非常敏感(1971)。

这种自我意识预示着我所使用的文化概念和感知理论,如同悉尼·胡克(Sidney Hook)早期对马克思主义认识论所作的解释,他写道:"在感知中看到的东西,既取决于感知者本身,也取决于感知的前因。而且,由于心灵与世界的碰撞有着长期的历史发展,它所看到的、它的选择性反应、它的注意力的范围和方式都将被解释为不仅仅是物理或生物事实,也是社会事实"(1933:89)。当然,如果不是盲目的话,正是市场社会中社会关系的特殊和具体的特征,促成了这种不敏感性,因此,心灵注意力的范围和方式仅仅被解释为物理或生物事实,而不是社会事实。换句话说,社会事实在我们的意识中起作用,它否定自己,并在生理和生物上消耗自己。

在弗朗兹·博厄斯(Franz Boas)的人类学中,我们找到了对我所希望使用的文化概念的进一步支持。在强调博厄斯的一篇早期论文时,小乔治·斯托金(George W. Stocking, Jr.)写到,这篇论文"将从传统意义强加于经验之流的角度来看待文化现象。它们被认为在历史上受到学习过程的制约和传播,它们是我们认识外部世界的决定性因素"(1968:159)。但是,博厄斯的概念被剥夺了现代历史意义所赋予的张力,这种张力是学习过程的条件。这不仅仅是因为我们的认识受到历史的制约,眼睛在这里成为历史的器官,同时,感觉是一种活动形式,而不是外在物质的被动复刻,而且影响这种活动的历史也显示了我们对视觉和历史本身的理解。现代历史的遗产中塑造我们的经验和概念工具的最有力和最令人不快的无疑是人与自然、主体与客体的异化关系,以及社会阶级、商品生产和市场交换形成的关系。我们对任何具体现象产生的抽象必然会反映出这些异化关系,但是在意识到这一点及其影响,并将其提升到我们的意识中时,我们可以选择继续不假思索地将这些范畴伪装成自然的表现形式,也可以选择将它们作为人类相互关系不断发展的产物,尽管它们在一个以商品生产为基础的社会中已经被其物化的表象所掩盖了。

认识到这一选择是具有历史敏感性的辩证法家的首要任务,他们必须继续寻找一种方法来摆脱社会印记对社会事实的确认,这种社会印记类似于不可改变的自然事物的物质的和自主的实体。马克思在分析商品既是一种物又是一种社会关系的过程中与这一悖论作斗争,由此引出了作为对资本主义文化批判的商品拜物教的概念:商品的有生命的表象为人的类物(thing-like)的表象提供了证据,一旦指出人和社会的定义是受到市场激发的,这种表象就会消失。同样,卡尔·波兰尼在他的商品化虚构(commodity fiction)的概念中痛斥市场心态和看待世界的市场方式。他说,土地和劳动力是为出售而生产的东西,这是虚构的。"劳动只是人类活动的另一个名称,它与生活本身是一致的",而"土地只是自然的另一个名称,它不是人类生产的"(1957:72)。然而,在一个市场化组织的社会里,这种虚构就变成了现实,波兰尼所使用的命名系统也失去了意义。社会在它的市场形式中产生了这种虚构的现实,正是通过这些抽象或象征,我们被迫去运行和理解这个世界。

但是,要克服现实化的市场组织所强加的物化思想,仅仅意识到社会产品的物化表象是社会关系的象征是不够的。因为在这样的社会中,象征获得了特殊的性质,其所指的社会关系远非透明。除非我们也能意识到物中所象征的社会关系本身是某种扭曲的和能够自我隐藏的意识形态结构,否则我们所能达到的就是用同样单纯的客观唯心主义（"象征性分析"）取代单纯的机械唯物主义，后者只是用象征来代替社会关系。分析家在象征、集体表象和充满我们日常生活的物中看到的社会关系往往是关于社会关系和人性的惯例，社会谎称这是它的真实自我。我认为埃米尔·涂尔干（Emile Durkheim）和像玛丽·道格拉斯（Mary Douglas）这样的新涂尔干主义者尤其清楚这一点，他们把象征和集体表象分析为"社会结构"的产物，使结构具体化，并且不加批判地接受社会对自身的扭曲投射。关键在于，我们可以放弃机械唯物主义，并意识到事实和物在某种程度上是社会关系的象征。然后我们用这种方式寻找这些象征的意义。但是，除非我们意识到这样所指的社会关系本身就是象征和社会结构，它们是由思想范畴定义的，而这些思想范畴也是社会和历史的产物，否则我们仍然是所要理解的象征的受害者和辩护者。为了剥离我们的社会现实中伪装和虚构的品质，分析家有更艰巨的任务，那就是通过现象来获得表象，这与其说是象征，不如说是它们与历史上产生的并强加给它们的思想范畴相互作用的结果。马克思将我们的注意力引向这一点，他写道，"给劳动产品打上商品烙印，因而成为商品流通的前提的那些形式，在人们试图了解它们的内容而不是了解它们的历史性质（这些形式在人们看来已经是不变的了）以前，就已经取得了社会生活的自然形式的固定性"*（1967，1：75）。 10

　　政治经济学家巧妙地调解了他们那个时代的自我验证的范畴，他们以经济分析为幌子，为一个象征系统赋予了声音和力量。以货币为象征的价值意义，为他们预设了市场机制产生的符号和抽象物的普遍且自然的有效性。他们预设了一个商品化的世界，并将其视为社会生活的自然方式一直延续至今。受历史和社会的制约，人们总是相信自己感知的是真实的。不付出巨大的努力，就无法将其感知看作是一场认可历史表达自身象征的思想运动。但是，对于能够站在这种相互确认的象征系统之外的批评家来说，商品世界的货币形式是隐藏在社会关系中的象征，这种社会关系深埋于被认为是自然现象的社会的抽象概念之中。

---

　　* 译文引自《马克思恩格斯文集》第五卷，人民出版社 2009 年版，第 93 页。

　　因为本书涉及的文化不是市场组织的，而是市场主导的，所以我们有机会采取同样的批评立场。在资本主义制度的边缘，某些人类现实变得更加清晰，这时的我们更容易抛开对现实的商品化的恐惧。马克思展示了人类学家掌握的这种潜力，认为这是一种巨大的力量源泉，可以削弱商品生产在参与者头脑中产生的意义联系。马克思在关于商品拜物教的著名章节中，抨击了资产阶级思想的主要原则，他写道："一旦我们逃到其他的生产形式中去，商品世界的全部神秘性，在商品生产的基础上笼罩着劳动产品的一切魔法妖术，就立刻消失了。"*

　　因此，借助这些"其他的生产形式"，这本书试图解释资本主义对社会现实的理解。我的策略是，将我们对非幻想现实的某些奇妙和神奇的反应视为对现代生产方式批判的一部分。如果由于这种强调，我们忽略了西方文化史上直至中世纪末期的，许多以经济思想为特征的相似信仰和道德谴责，那么，强调这些异国农民反应的观点就是错误的。从亚里士多德到早期基11　督教教父的教导，再到经院哲学，都对高利贷、牟取暴利和不公正的交易充满了相似的敌意。然而，这种敌意正在加剧，并在中世纪晚期与恶魔信仰联系在一起，与此同时，资本主义正在崛起。

　　处于资本主义发展门槛上的社会必然会从前资本主义的信仰和实践来解释这种发展。这在参与转型进程中的农民、矿工、海员和工匠的民间信仰中最为绚丽多彩。他们的文化如同他们的工作一样，将灵魂与手有机联系在一起，他们创造的魔法世界看起来和进入他们的物质产品的关系一样，充满了强烈的人情味。商品生产碎片化的新经验对这种有机联系提出了挑战。然而，这种生产方式的意义及它现在所带来的矛盾不可避免地被吸收到该群体文化预先确定的模式中。诚然，这些模式将会改变，但要一直等到商品经济创造一种新的认识论时才可以实现，在这种认识论中，灵魂本身要么成为商品，要么成为深度异化的神灵并开始觉醒。直到一种新的资本主义神灵取代了前资本主义世界中赋予生命意义的想象力的创造物，直到新的"游戏规则"被吸收，这种商品产生的虚构将受制于完全不同的幻想形式。

---

　　*　译文引自《马克思恩格斯文集》第五卷，人民出版社 2009 年版，第 93 页。

简而言之,资本主义的含义将受制于前资本主义的含义,在这种对抗中显示的将是一种把人视为生产目的,而不是把生产作为人之目的的冲突。

虽然这种反应内在的洞察力似乎不可避免地会随着时间的推移而消失,资本主义结构和常识的逐步制度化最终会将新条件视为自然条件,但某些思想体系以及巨大的社会运动使它们保持着活力,并作为一种重要的世界力量发挥着作用。现代的马克思主义和马克思主义革命运动代表了早期前资产阶级对资本主义制度扩张"合理化"的愤怒。从这个意义上说,托尼(Tawney)称马克思为"最后一个经院学者"是有道理的。在强调马克思主义和前资本主义对市场经济繁荣的共同的敌对态度时,我们必须不能忘记,它们也有共同的认识论特征,以及反对资本主义的道德主义和对生产者伦理的赞美。这种共同的认识论基础很容易被忽视,因为正是这种思想和文化水平被认为是最理所当然的,尽管它顽强地渗透和指导着理解,包括对马克思主义本身的理解。 12

马克思主义在西方已经普遍得到理解,它本身也深受现代思潮的影响,这种思潮被轻率地叫作实证主义,更轻率但更生动地被称为庸俗唯物主义。通过机械的本体论和认识论概念,现实被理解为按照数学规律相互作用的物质原子,这种说法逐渐削弱了马克思主义的批判动力,马克思主义最初是基于黑格尔传统对现实的综合和辩证的理解,尽管它被"逻辑的内容是历史的"这一观点所尖锐地限定。如果我们想要探究资本主义可能在其新劳动力中产生的敌意和非自然的感觉的全部意义,我们必须回到这种辩证的和历史的方法的传统中,这一传统强调了意识在社会发展中的作用,以此来增强批判意识的社会发展。

如果今天在人类学使命中有一个在智识和道德上都值得称赞的总体目标,那就是"人的研究"(study of man)。就是说,对其他社会的研究不仅揭示了它们受我们影响的方式,而且还为我们提供了一些重要的尺度,来评估和理解我们社会形态中固有的和从我们的社会形态中产生的神圣和无意识的假设。正是考虑到这一点,下面的内容论述的就是南美洲正在经历无产阶级化的痛苦的农民向我们揭示的关于自然和人的观点。

第二章　恶魔和商品拜物教

13　　在南美洲两个相距甚远的农村地区,随着农民成为无地的有偿劳动者,他们召唤恶魔作为维持或增加生产的过程的一部分。与此不同,根据自己的习俗在自己的土地上劳作的农民却不会这样做。不管这些农民多么贫困和艰苦,也不管他们多么渴望增加产量,只有当他们无产阶级化时,恶魔才会显得如此重要。尽管上帝的形象或自然的生育神灵支配着农民生产方式中的劳动精神,但恶魔和邪恶却在这两个地区弥漫着资产阶级生产方式的形而上学气息。本书试图解释这种巨大反差的意义和含义。

甘蔗种植园在哥伦比亚热带考卡山谷南端迅速扩张,他们雇用了一些流离失所的非裔美国农民作为工资工人,其中一些人据说与恶魔签订秘密契约,以增加他们的产量,从而获得更高的工资。据说这种契约会对资本和人类生活产生有害的后果。此外,人们认为把通过恶魔契约所得的工资用在土地或牲畜等资本货物上是毫无意义的。因为这些工资从根本上来说是无益的:土地会变得贫瘠,动物不会成长并会死去。同样,作为种植园财产清单中的生命力的甘蔗也变得不育:甘蔗收割者砍下的甘蔗不会再长出新的甘蔗了,他已经签订了恶魔契约。此外,许多人还说,签订契约的始终是
14　一个男人,他会过早地痛苦死去。在新的工资劳动条件下,短期货币收益被所谓贫瘠和死亡的长期影响所抵消。

与之相似,流离失所的印第安农民在玻利维亚高地作为锡矿工人赚取工资,他们为恶魔创造了工作组仪式,并认为恶魔是矿山和矿物的真正所有者。据说,他们这样做是为了维持产量,寻找丰富的矿脉,并减少事故(Nash,1972;Costas Arguedas,1961,2:303-304)。尽管他们相信恶魔能维持生产,但也视它为一种贪吃的神灵,一心想要毁灭和死亡。在哥伦比亚甘蔗种植园,恶魔是生产或增产的支柱,但这种生产被认为最终会破坏生命。

应该指出,在这两个领域和两个行业中,政治斗争和左翼意识都很强。

在最近的劳动力压迫和重组之前,考卡山谷种植园工人中很大一部分人隶属于有进取心和技术娴熟的工会。罢工和占领很常见。玻利维亚矿工的战斗精神是一个传奇。矿工工会自 1945 年成立以来一直控制着整个玻利维亚的劳动运动(Klein,1969:19);例如,纳什指出,由于持续的政治斗争,圣何塞(San José)矿山的工人构成了拉丁美洲工人阶级中政治化最彻底的部分之一(1971:223)。

解　释

恶魔信仰及其相关仪式是否最好被解释为对焦虑和被挫败的欲望的回应?这种对魔法和宗教的解释非常受欢迎,并在人类学中享有极高声望的血统。马林诺夫斯基(Malinowski)扩展了泰勒(E. B. Tylor)和弗雷泽(J. G. Frazer)的观点,认为魔法是伪科学,当知识的差距和理性的局限在前科学文化中压倒人们的时候,魔法被用来缓解焦虑和沮丧。简而言之,魔法主要是通过其所声称的功能或效用来解释的。

然而,这种解释方式是不可接受的,因为它预设了大部分需要被解释的东西——构成所探讨信仰和仪式的丰富详细的动机以及细节和意义的精准配置。此外,它还积极地转移人们对这些现象内在含义的注意力。如果我们询问关于恶魔信仰和仪式的问题,这一点就变得显而易见了:为什么在这种特定的环境和事件中,选择了这一特定的观念以及它所蕴含的明显的含义和丰富的嵌入式神话,而不是另一套观念和实践?一旦我们提出这个问题,也就提出了一种不同的解释模式。我们所关注的信仰从意义世界的冲突演变而来,从一种致力于创造性地将新经验组织成一种连贯的图景的文化中演变而来,这种文化图景因其对世界的影响而变得富有活力。魔法信仰之所以富有启示性和吸引力,不是因为它们是构思拙劣的实用工具,而是因为它们是指导世界最深处节奏的诗意唱和。魔法把语言、符号和可理解性带到了它们最外面的极限之处,去探索生命,从而改变它的终点。

恶魔信仰的另一个似是而非的解释是,它们构成了平等主义社会伦理的一部分,这种伦理使那些比其他社会群体获得更多金钱和成功的人失去了合法地位。将成功归因于对恶魔的忠诚，这对未来的企业家施加了限制。这与普遍认为嫉妒是巫术的动机十分吻合，也与乔治·福斯特（George Foster）把拉美农民的共同体称为"有限商品"（limited good）的形象十分吻合（1960-1961；1965）。根据他的观点，这些共同体的世界观认为，生活中的美好事物是有限的，甚至几乎没有；因此，如果一个人获得了比惯常更多的好东西，那么这个人实际上是把这些好东西从其他人身上夺走的。似乎很有可能，存在着一种与恶魔信仰相关联的平等主义意识形态，但这并不能很好地解释有关信仰的具体性质。就像将这些信仰归结为焦虑等情感的解释一样，都是有缺陷的，任何使用功能或后果的解释几乎都没有告诉我们这些文化为应对新的社会状况而详细阐述的隐喻和动机。举一些最初的问题来说，我们可以看到，在考卡山谷的工资工人中，据说只有男性签订了恶魔生产契约。关于这种性别差异，"有限商品"的形象能告诉我们什么？更重要的是，对于恶魔契约只发生在无产阶级劳动条件下，而不发生在农民生产方式中这一事实，它能够给予什么样的批判性解释？在玻利维亚锡矿，恶魔仪式可能在抑制矿工之间的竞争中发挥作用，但这是一个非常复杂的问题，

16　不该掩饰这一点，即这些仪式关系到有争议的社会阶层的全球政治经济关系以及工作的性质和意义。

　　这一点没有普遍的应用范围，但可以注意到，我所不满意的功能主义解释与资本主义和资本主义认识论有着密切的关系——这种文化形式似乎与恶魔信仰相冲突。这种解读模式的关键特征是将一系列社会关系和知识复合体简化为一种有效的形而上学抽象物。正如马克思和恩格斯在《德意志意识形态》（*The German Ideology*，1970：109-114），以及许多其他作家如路易·杜蒙（Louis Dumont，1977）自此所做的论证那样，这种令人满意的探究方式远远领先于功利主义者，并随着资产阶级在 17 世纪英国革命中的胜利脱颖而出。马克思和恩格斯认为，解释是以单一的有效的标准来进行的，因为在现代资产阶级社会中，所有的关系实际上都服从于一种抽象的货币-商业关系。他们写到，在像演讲和爱情这样的交际场合，人们的实践关系不应该有它们特有的含义，而应该是一些第三种关系的表达和表现——那就是效用。因此，这些关系被视为效用的伪装。它们不是被解释为自己，而是

被解释为它们给掩盖自己利益的个人所带来的利益。这可以被看作是对内在含义的挖掘，也可以看作是对个体化关系的简化，这与马克思对资产阶级世界观和实践的社会行为的批判以及福斯特对拉美农民的假设非常相似。正如钱德拉·贾亚瓦德纳（Chandra Jayawardena）在他对福斯特的概念的评论中指出的那样，在农民的心目中，生活中所有美好的事物都存在于有限和短缺的供应中，这只不过是稀缺资源原则的断言，它作为公理被纳入了最初在资本主义组织中发展并应用于资本主义组织的现代经济理论中（1968）。

应该补充的是，在哥伦比亚和玻利维亚令人关切的局势中，工人和农民敏锐地意识到经济馅饼是可以扩大的并且正在扩大。在他们看来，有限的东西不是"好的"。他们反对的是如何扩张，而不是扩张本身。鉴于西方发达经济体最近对"零增长"和"盲目增长"的担忧，这一点值得详细阐述，尤其是因为人们经常断言农民和"原始"经济体是基于零增长模式的。不管这是不是真的，它提醒我们注意增长的特征和增长的速度或停滞一样重要。在这个问题上，我们的先驱亚里士多德清楚地认为，发展模式而不是增长率，才对社会福利至关重要。正像艾瑞克·罗尔（Eric Roll）在评论亚里士多德对赚钱和"资本主义"的批判时所解释的那样："交换的自然目的，即对需要的更充分满足被忽视了；金钱的积累本身就成了目的"（1973:33）；这不是在呼吁零增长，而是对经济增长特征和原因的关注。因此，我们就有了这样一种对立：一方面是"更加满足大量的需求"，另一方面是把金钱积累本身作为目的。从这个角度来看，增长对于一个以使用价值或需求满足为基础的经济来说是合法的，就像对于一个以货币利润和资本积累为基础的经济一样。令人担忧的不是增长本身，而是一个为自身利益而积累的社会的特征和巨大的人类意义。

与其将恶魔信仰降低为对物质利益、焦虑、"有限的善"等的渴望，为什么不把它们所有的活力和细节看作它们自己的权利，以此视为人们对自己认为是邪恶和破坏性的经济生活方式的回应？让我们一起探讨这一观念，即它们是一种失去生命的生活方式的集体表现，它们是渗透历史意义的复杂表现形式，并在这种历史的符号中记录着失去对生产资料的控制和被生产资料控制的意义。如果没有意识到这些信仰发生在一种生产和生活方式被另一种生产和生活方式取代的历史背景下，以及恶魔戏剧性地代表了这种异化的过程,那这将是一个不可饶恕的疏忽。在这样做的时候,恶魔不仅代表了生活物质条件的深刻变化,也代表了与这些变化相关联的真相和存在的辩证混乱中的不断变化的标准——尤其是与之根本不同的创造、生活和成长概念,通过这些概念,新的物质条件和社会关系被定义。

因此,恶魔信仰表明,新生无产阶级的文化在一个重要方面与商品形成的过程相对立。在调节这一过程所固有的对立时,这种信仰甚至可以激发必要的政治行动来挫败或超越这一进程。

18　　我想要阐明的解释是,恶魔信仰形成了对立双方的动态调解,并出现在历史发展中的一个特别关键和敏感的时点。这些信仰可以被认为是两种截然不同的理解方式或评价人与物的世界的不同方法之间的中介。追随马克思,我把这些评估模式称为使用价值和交换价值。马克思接受了亚里士多德的反对意见,并将其与黑格尔的逻辑学结合起来创造了一种新的理论。他通过不断发展的世界历史模型塑造了他对资本主义及其超越性的批判性描述。在探索这些适用领域,即使用价值和交换价值的独特的形而上学和本体论时,我们将不可避免地被引导去对比前资本主义的民间神秘主义和资本主义神秘化的形式,马克思讽刺地将之称为商品拜物教。

对雇佣劳动和资本主义发展的态度

显然,在考卡山谷的甘蔗种植园和玻利维亚高地的锡矿中,恶魔是农民无产阶级化和农民世界商品化过程中固有的东西。它象征着对社会基本意义变化的反应,而这种意义铭刻在前资本主义意识中。新生无产阶级和他们周围的农民亲属将市场关系的世界看作与邪恶的神灵密切相关。尽管这有可能增加他们的收入,但他们似乎仍认为这种新的生产方式会导致贫瘠和死亡。因此,对于他们来说,这种新的社会经济体系既不自然也非善行。相反,正如恶魔的象征如此醒目显现的那样,它既是不自然的,也是邪恶的。这种情况下赋予恶魔的意义与基督教神父给它的定义——"阻挡宇宙进程的人"并无不同。正如李约瑟(Joseph Needham)指出的那样,这与为谋取私人利益而不考虑其内在品质的观念很接近(1956)。可以说,这种充满激情的深度和敏锐度的观念并不是由于某种神秘智慧而突然产生的。相反，它产生于共存生活方式下的生活环境中：一种农民生产方式，在这种生产方式中，直接生产者控制生产资料并自己组织生产，与一种既不掌握劳动材料 19 也不控制劳动组织的资本主义生产方式并行。日常生活中，这种实际的和非抽象的比较为批判性评价创造了素材。在这种批判性比较的具体情况中，恶魔信仰出现了，因为种植园和矿山的雇佣劳动情况与新生无产阶级所来自的共同体截然不同的情况形成了鲜明对比，这些新生无产阶级出现在这些共同体中，并仍相互间保持着个人联系。

　　世界各地的农民和部落居民对作为雇佣劳动者参与市场经济漠不关心或公然敌视，这让无数渴求本地劳动力的观察者和企业家感到震惊。研究欧洲工业革命的历史学家以及研究第三世界经济发展的社会学家迫切关注的一个主题是，工人对现代工资劳动状况的态度似乎是不合理的。这些人对他们（通常是被迫）作为工资工人参与现代商业企业的第一反应，即使不是普遍的现象，但也往往是对工资激励和理性的经济人刺激的漠不关心。这种反应一次又一次地挫败了资本主义企业家。

　　马克斯·韦伯称这种反应为"原始传统主义"（primitive traditional-ism），他的大部分研究试图解释资本主义计算精神对这种反应的超越。他在 1920 年指出，这种原始传统主义一直延续到现代（1927：355）。但在上一代人之前，将西里西亚（Silesia）农业工人的工资翻一倍，同他们签订合同修整土地来激励其更加努力，被证明是徒劳的。他们只是减少了一半的工作量，这足以让他们的收入和以前一样多。马林诺夫斯基指出，特罗布里恩（Trobriand）的白人商人在吸引采珍珠的本地劳动力方面面临着无法克服的困难。唯一具有任何购买力的外国商品是烟草，但是当地人不会将 10 宗贸易的估价定为 1 宗的 10 倍。想要得到真正好的珍珠，商人就必须提供当地的财富物品，而商人试图制造这些臂壳、礼刃等的行为遭到了蔑视。马林诺夫斯基认为，特罗布里恩人蔑视欧洲人幼稚的对珍珠的占有欲，和"最大的贿赂和经济诱惑，白人商人的个人压力和对财富的竞争欲望，（不能）迫使当地人因为强加给他的东西而放弃自己的追求。当花园繁花似锦的时候，我的一个商人朋友对我说，'那些该死的黑奴就是给他们塞了卡洛马（*kalo-*

ma)和烟草,他们也不会游泳'"(1965,I:19-20)。

20　　在西喀麦隆白克瑞人(Bakweri)的"嫉妒平等主义"中,德国和英国的香蕉种植园发现很难获得其劳动力。据说白克瑞人对此漠不关心,认为此举浪费土地,而且他们对挣钱也毫无兴趣。如果他们确实积累了财产,那只不过是为了在夸富宴仪式上毁坏它。那些与种植园有所关联并从工作中明显变得富裕的少数人,被认定是一个新的巫术协会的成员。据称,他们杀害了自己的亲戚,甚至自己的孩子,将他们变成僵尸,强迫他们在遥远的山上工作、驾驶卡车等。据说他们的女巫主人在那里拥有一座现代化城镇。*sómbî* 这个词意味着质押或典当;因此,在种植园经济的新条件下,人们相信亲属可以成为抵押品或典当品,以便使少数人获得财产,通过刺激这些新兴女巫的贪婪,早期资本主义经济被认为正在摧毁人们的青春和生育能力。但是在 20 世纪 50 年代中期,当白克瑞人的村庄承诺合作种植香蕉,并且成功做到这一点时,这种巫术就停止了。白克瑞人用他们新的财富来购买魔法并发展治愈宗教,这些宗教聘请了班扬人(Banyang)中昂贵的驱魔师。然而,当香蕉价格在 1960 年下跌时,迹象表明女巫们又回来了。长老告诫说,不要从地上捡钱,因为钱被分散开来用以引诱人们去水边,在那里"法国人"会把他们当作僵尸来建造新港口(Ardener,1970)。

这些以及许多类似的对资本主义的早期发展的反应,为使用价值取向的创造性抵制提供了戏剧性的证明。一位人类学家最近在总结他对现代帝国主义下劳工承诺问题的研究时写道:

　　　　他们被招募为种植园工人,经常表现出不愿意稳定工作。他们被诱导种植经济作物,不会对市场变化作出"适当"反应:因为他们主要对获取特定的消费项目感兴趣,所以,当作物价格上涨时,他们的产量会少得多,当价格下跌时,产量会多得多。引进新工具或通过工厂来提高本地劳动生产力,可能只会缩短必要的劳动时间,这些收益更多地是通过延长休息时间而不是提高产量来实现的。所有这些和类似的反应都

21　　　表达了传统家庭生产的持久品质:即生产使用价值。目标明确,活动并不连续。(Sahlins,1972:86)

　　基于使用价值生产的传统家庭生产方式的这种持久性，导致了我们对基于交换价值生产的系统的奇怪和非理性的反应。重要的是，这些反应应该以这种方式来具体说明，而不是隐藏在由传统、非理性和原始等范畴定义的模糊领域中。

　　这些反应给我们带来的是使用价值取向和交换价值取向之间激烈的冲突。随着金钱经济和资本主义的蔓延，将会加剧与这两种模式相关的神秘解释和修辞。

　　两种模式的对立体现在流行文化中，激发了我们这个时代一些最伟大的文学作品。例如，阿斯图里亚斯和马尔克斯的作品中充满了迷人的魔幻，这些魔幻涉及中美洲的联合水果公司（United Fruit Company）和哥伦比亚的香蕉种植园，进一步证明了我们这里所关注的诗歌和政治因素的融合。正是这种魔幻的气息使文学评论家和马克思主义者如此困惑，他们无法理解魔幻和社会现实主义的共存。但是，阿斯图里亚斯和马尔克斯反复指出，正是这种共存构成了第三世界资本主义发展的"强风"（strong wind）和"飞叶风暴"（leaf storm）中的现实。在这种情况下，生产的魔法和魔法的生产是不可分割的。这并不能证明传统的力量，也不能证明原始的和前资本主义社会的辉煌神话和仪式。相反，这是对使用价值取向和交换价值取向之间根深蒂固冲突的创造性回应。使用价值生产的魔法吸收、放大和抵消了交换价值实践的魔法，在这个精心策划的戏剧性冲突中嵌入了一些粗糙的原始马克思主义概念。

　　正如克里斯托弗·希尔（Christopher Hill）在 17 世纪中叶英国革命期间关于激进思想的讨论中显示的那样，这种原型的马克思主义（proto-marxism）在英国的大众阶级中也发挥了强大的力量。当然，我所指的概念通常是使用宗教术语表达的。然而，尽管缺乏科学隐喻，他们还是设法以今天所缺乏的方式和强度面对资本主义发展的根本问题。希尔写道，"挖掘者 22 对于 20 世纪的社会主义者有话要说"。17 世纪拒绝尊崇新教伦理的许多其他激进分子同样有话要说（1975：15）。

　　今天，资本主义发展初期产生的批判性观点已经过时，它已经被顺从地接受资本主义制度在自然和道德上值得赞扬的观点所取代。鉴于这种历史上引发的健忘症和文化麻木，重要的是我们要注意到今天第三世界的新生无产阶级给我们的批评，他们的劳动力和产品被世界市场无情地吸收，但他们的文化在抵制这种合理化。

头脑冷静的现实主义者会不屑地认为，这种文化抵制并不重要，但是至少有两位有影响力的社会理论家认为，摧毁前资本主义生产和交换的形而上学是成功建立现代资本主义的必要条件。韦伯认为，与生产和交换相关的迷信是经济生活理性化的最大障碍之一（1927：355），他在《新教伦理与资本主义精神》中重申了这一点。"劳动力本身必须被……当作一项天职。但是，这样一种态度绝对不是天然的产物。它是不能单凭低工资或高工资刺激起来的，只能是长期艰苦教育的结果。今天，已经占据了统治地位的资本主义，在各工业国家中都可以相对容易地招募到劳动力。而在过去，这在任何一个国家都是极其困难的问题。"（1958：62）

正如马克思观察到的，只有在特殊情况下使用外部经济条件的直接力量和强制力量，向资本主义生产方式的转变才会完成。必须在工人阶级中发展一套全新的传统和习惯，直至常识认为这种新的条件是自然的。"单是在一极有劳动条件作为资本出现，在另一极有除了劳动力以外没有东西可出卖的人，还是不够的。这还不足以迫使他们自愿地出卖自己。在资本主义生产的进展中，工人阶级日益发展，他们由于教育、传统、习惯而承认这种生产方式的要求是理所当然的自然规律。"*（1967，1：737）

商品拜物教

23   如果这些"不证自明的自然法则"侵害了本书所关注的新生无产阶级，那么我们有理由问，为什么我们认为我们的社会形式和经济过程是自然的。在提出这个问题的答案可能需要的纲要时，我将会勾勒本书所关注的一般问题。

我们在一开始需要一些历史观点。人们很容易忘记，工业资产阶级最

---

*　译文引自《马克思恩格斯文集》第五卷，人民出版社 2009 年版，第 846 页。

初被西欧雄辩的少数人描述为极度不人道的,从这个意义上说,也就是不自然的。随着资本主义制度的成熟,这种道德上的愤怒感消失了,最终,甚至对这种制度的批评也要在资本主义理解结构所规定的准客观主义的秩序和自然范畴中表达出来。在最好的情况下,这种批评通常集中在资本主义的结构和功能,它所精心制作的确保剩余价值的系统,利润的不平等分配,等等。那些暴露于资本主义初期的敏感人士,那些经常将资本主义与过去的时代相提并论的批评家,他们的批判性见解也包含了这种批判,但这种批判是在一种形而上学中进行的,而这种形而上学一刻也不能接受或默许资本主义对其产生的人和工作的新定义。1851年,约翰·罗斯金(John Ruskin)写道,工业产品的完美既不值得祝贺,也不是英格兰伟大的标志,"唉,如果理解得对,这些完美无缺的作品是英国奴隶制的标志,比遭受蹂躏的非洲人和希腊人奴隶的痛苦和屈辱要多一千倍"(1925,2:160)。这并不是说新系统必然会让人们变得更穷,而是"这种将操作者变成退化的机器"导致了人们对自由不连贯的渴求。最重要的是,正是自我异化的感觉毒害了资本主义下的生活,激发了阶级斗争,"不是因为上层阶级的蔑视而痛苦,而是他们无法忍受自己对自己的蔑视;因为他们觉得他们被责难的劳动确实是一种堕落的劳动,并使他们不像人"。这让罗斯金非常震惊。在他看来,这个系统成了对自身活生生的批判。"从我们所有的工业城市发出的、比高炉更响亮的巨大呼声实际上就是这样——我们在那里制造了除人以外的一切;我们漂白棉花、制造钢铁、提炼糖、塑造陶器;但是照亮、强化、提炼或形成一种单一的生活精神,从来不会进入我们对优势的估计中来。"(Ruskin,1925,2:163)罗斯金对工业资本主义和自由放任主义的批评所包含的浪漫主义是保守主义和空想社会主义批评家汇聚的焦点,它详细阐发了关于原始资本主义或前资本主义历史的怀旧神话,以此作为反对资本主义意识形态和促使人们参与政治行动的一种方式。科学历史理论和科学社会主义是针对这种浪漫主义的观念而发展起来的。然而,它们的发展通常是非常片面的:它们给乌托邦式的意识形态以如此广阔的空间,以至于它们在事实上认可了资产阶级的理想,同时似乎又否定了它们。对本质上是资产阶级的"进步"概念和自然科学模型化的社会不加批判的认可甚至吹捧,就是这种现象最显著的表现。

早期说服同时代人相信新经济体系是有害的努力之所以紧张,源自一个关键因素:越来越多的人认为这个体系是自然的。罗斯金作品中的愤怒和绝望不仅源于资本主义下可能被称为生命的"客观"特征,更突出的是,这些特征被其成员视为自然秩序的一部分。为了应对这种局面,像罗斯金这样的作家开始歌颂中世纪社会,其理想主义和宗教原则,其合作而非竞争的基础,以及其没有工业剥削和苦差事的社会状况。尽管他们很清楚中世纪存在着政治胁迫,但他们仍认为,对现在来说,关键的教训在于工人应对材料、工具和时间拥有更多的掌控权。在他关于哥特式风格的文章中,罗斯金建议他的同时代人不要嘲笑老雕塑家的无知,因为他们的作品"是每一个敲打石头的工人拥有生命和自由的标志;思想的自由是第一等事,现在却没有法律、宪章、慈善机构可以保障它,但这一定是今日全欧洲为她的孩子们重获新生的首要目标"。在许多情况下,马克思本人在对资本主义进行科学、理性的批判性分析时发现,在资本主义与前资本主义的对比中,他能最好地把资本主义对它所代表的人性的残酷扭曲讲清楚。

把中世纪和资本主义社会进行对比不仅仅是一种浪漫化的修辞手段。25 除了这种对比中固有的关键教训之外,世界各地的农民和工匠对资本主义组织的内在意义也表现出了类似的反应。为了理解这种反应,分析农民经济学的使用价值体系和资本主义市场基础之间的显著差异是有帮助的。最重要的是,有必要理解现代资本主义市场体系中产生的一种营销心理,在这种心理中,人们往往被视为商品,商品往往被视为可以支配人的生命实体。这种社会形成的悖论之所以出现,是因为不同于以前将人直接联系在一起进行生产和交换的组织形式(通常以他们对生产资料的控制为基础),市场在人与人之间相互作用,通过抽象的商品关系规律来调节对社会关系的直接意识。

农民生产方式在根本上不同于资本主义生产方式。在资本主义制度下,无产阶级劳动力缺乏像农民那样的对生产资料的控制。农民使用现金,而不是资本,为了购买而出售,而资本家使用现金作为资本来购买,以便获利出售,从而增加资本,并以不断增长的规模重复循环,以避免企业死亡。

农民生产者生活在一个旨在满足一系列确定性需求的系统中;相反,资本主义和资本主义制度的目标是无限的资本积累。

为了实现这一目标,资本主义在其产品和生产资料上加盖了市场认可的印章——价格。只有把构成其产品的所有各种特性和创造它们的手段"翻译"为一种共同的"语言",即货币,资本主义活力的发动机——市场——才能运作。因此,被称为"商品"的资本主义制度下的商品和服务与前资本主义制度大不相同。虽然它们实际上可能是相同的物品,但在社会和概念上大不相同。以亚里士多德著名的例子来说,无论是为了穿还是为了积累资本而出售以获取利润,鞋子在物理上只是一个鞋子。但是作为一种商品,鞋子除了具有提供舒适、行走方便、赏心悦目等实用价值外,还具有其他特性。作为一种商品,鞋具有交换价值的功能:它可以为它的所有者和销售商创造利润,超出了它为最终购买和使用它的人所拥有的使用价值。就其交换价值而言,鞋子与任何其他商品在质上是一样的,无论它们的使用价值属性——它们的物理特征、符号属性等——多么不同。根据这种基于市场和货币普遍等价的抽象,一座宫殿等于一定数量的鞋子,就像一双鞋等于动物毛皮的一定比例一样。尽管如此,这种社会必要的虚构似乎是荒谬的,但却是一种常见的现象,它构成了社会赖以生存的虚构身份的自然性基础,并保证了其关于物和客观性的概念。

根据市场的理论、现象学及其行为,社会活动的调节是由人们在一个基于价格和利润率的产品的相互作用组织的环境中,冷冰冰地计算他们的利己优势来进行的,社会的有机概念在这里为两个协同过程所消解:集体性和互助性让位于个人私利,商品而不是人主宰着社会。商品交换率调节和决定着人们的活动。因此,人与人之间的社会关系被掩盖为物与物之间的社会关系。此外,商品价格不断变化,超出了人们的预见和控制;因此,个人更容易受到市场即时变化的影响。人们之间不再直接联系在一起,而是通过市场的中介来引导商品的流通和关系。他们的生计取决于商品建立的关系,市场成为了人们精神一致性的保证。市场建立的生计基础,实际上变成了一种持续存在的日常仪式,如同所有仪式一样,它将原本没有联系的意义连接成一个连贯的、看似自然的联系网络。现在占主导地位的是理解人类、社会关系和整个世界的商品范式。

　　就劳动而言,这种范式转变所带来的地位和意义的嬗变是非常重要的。只要劳动的价值被判断为商品,那么,劳动作为一种商品就成为雇主变相的利润来源,这似乎是价值的平等交换。但是劳动力不仅仅是一种交换价值,它还包含劳动力的数量。资本家在购买作为交换价值的劳动力商品时,所获得的是将劳动力的使用价值作为人类的智慧和创造能力进行配置的权利,以生产出比工资再转化为商品的使用价值更多的使用价值。这是马克思的表述,重要的是我们要清楚地理解他所论证的两个层面。

27　　　资本主义制度确保了社会制度,通过这些制度,被剥夺生产资料的自由工人的工作时间可以被操纵为超过生产生活所需商品的必要时间,例如,在一天 12 小时的工作时间里,工人在 6 小时内生产的商品与所获得工资相当。但是,确保创造剩余价值的隐秘机制是劳动力作为交换价值和劳动力作为使用价值的往复运动,而这种情况表面看起来只不过是等价交换。在这个例子中,这个算法显示了 6 小时的劳动剩余时间,如果我们只坚持简单地论证计算,我们往往会忽略这一点以及劳动的非商品性质的极端重要性。商品化的过程掩盖了这样一个事实,即在资本主义制度的模型中,劳动作为使用价值是利润的来源。通过购买劳动力商品,资本家将劳动力作为一种使用价值融入商品生产的无生命成分中。"活劳动必须抓住这些东西,把它们从死亡睡眠中唤醒,将它们从仅仅可能的使用价值转变为真正有用的价值。"(Marx,1967,1:183)

　　这一过程的最终结果和意义是,商品本身似乎是价值和利润的来源。人类劳动及其产品的商品定义掩盖了人类的创造性和价值的社会基础,以及市场体系对这种创造性的开发。

　　这种变相剥夺的数量可以通过雇主积累的剩余劳动时间来测量,但是却无法测量这种剥削的质量。原子化和奴役感作为市场体系的现象学是难以捉摸的,因为它被认为是自然的。对新兴资本主义体系的理论家来说,它看起来是高效、自然和良好的。令人震惊的是,还有另一种观点,他们不相信异化是自然的。罗斯金在 19 世纪中期写道:"最近,我们已经对劳动分工这一伟大文明的发明进行了大量研究并加以完善。只是我们给它起了个错误的名字。实际上，并不是劳动被分割，而是这些人——被仅仅分成不同部分的人——被分裂为生活的碎片和碎屑，所以一个人身上剩下的所有小智慧不足以制造一根针或一枚钉子，但他们在制造针尖或钉头时耗尽了自己。"(1925,2:162-163)生产者心理上被分工的市场安排所分割，也与他们的产品分离。他们的劳动创造并进入了他们产品的形式中，然后从他们手中分离出来。在前资本主义社会中，生产者在产品中的体现被有意识地加以承认，但在资本主义制度中，这种体现被"驱逐"出去是很重要的。这令人愤慨，却也是革命性的。拉蒙·森德(Ramon Sender)在他关于西班牙内战爆发的无政府主义小说《七个红色星期天》(*Seven Red Sundays*)中，描绘了一名刚从监狱中获释的工人匆忙赶到他的旧楼建筑工地，并在这家完工的剧院颂赞一番。"什么——哦！多么好的墙，高贵的线条，弯曲的钢铁和玻璃！灯光是如何在山墙的圆眼睛里歌唱的！"经理拒绝他进来。"但是我在这个岗位上工作了六个多月。"经理指着门说："如果你确实工作了，他们会付钱给你——滚出去。"工人指着里面的楼梯，"我要上去，我看到了一切，我要进去道别，或者如果我愿意，我会留在这里。所有这些……更多的属于我而不是你"(1961:20-21)。

　　马塞尔·莫斯(Marcel Mauss)在讨论毛利人(Maori)的交流时得出结论，这种社会形式的根本基础是一种互惠，这种互惠关系与这样一种信念相关联，即生产和交换的物品包含了作为该物品来源的人和自然物的生命力["豪"(*hau*)]。事实上，如果不承认这一点，那么互惠就得不到保障，繁殖力本身就会受到伤害(1967)。

　　然而，在资本主义社会，人内嵌于产品中这个过程，被按照资产阶级私有财产规范被驱除。这种内嵌是通过工资或销售价格"支付"的，就像任何商品的"所有权"在销售时被转让一样。在资本主义的字典里，购买或出售意味着索取或失去对被转让物品的所有依恋。产品与生产者、生产的社会环境以及自然的关系被永远打破了。商品除了人类的社会活动之外，还具有自主性，在超越这种活动时，商品之间的关系征服了人，人的命运被一个物的世界——他们自己创造的世界——所主宰。

但是这种统治是神秘的。目前还不清楚发生了什么。事实上，这看起来是如此自然，以至于关于支配地位的问题很少出现，从这个意义上说，商品形式已经真正征服了那些被赋予悠久资本主义传统的人的意识，但却似乎没有征服我们所关注的农民的意识，这些农民是刚刚开始经历资本主义的人。相反，他们将征服拟人化为散发着邪恶力量的恶魔形象。

29　　通过这种方式对资本主义文化作出回应，他们生动地证明了长期以来存在的意识形态的遗留物，它攻击市场交换是不自然的——这种社会形式破坏了社会团结的基础，因为它允许创造力和对需求的满足被一种制度颠覆，这种制度把追求利润置于人前，使人成为经济的附庸，成为工作过程的奴隶而不是主人。正如马克思指出的那样，即使在他后来不那么多愁善感的著作中，古代社会的问题始终是，什么样的社会和经济形式最能满足人的需求，不管古代社会现在看起来多么压抑和狭隘，当人类成为生产目标时，它又是多么令人满意和高尚。

使用价值和交换价值的区别对应于这些不同形式的经济过程：一方面，我们的目标是满足自然需要；另一方面，我们还有积累利润的动力。这种区别通常可以追溯到亚里士多德提出的经济学说，他认为正确使用一件物品（例如，走路所使用的鞋）和对物品不正确的使用、生产和交换以获得利润之间存在明显区别。这种观点并不反对交换本身，也不是一个仅仅基于呼吁道德要求的观点。相反，它是根据合理的观点提出的，它认为盈利不利于维持生计的经济基础，也会破坏整个美好社会。使用价值和交换价值之间的区别，满足自然需要和满足利润动机之间的区别，是西方经济论历史上，尤其是中世纪学者的著作中一个永恒的主题。马克思本人非常受惠于亚里士多德对这一问题的观察，他在这方面的许多赞扬的评论就证明了这一点。当路德把高利贷和早期资本主义的表现归咎于恶魔的行动时，他只是在发泄许多人对利润动机高涨和社会关系服从于商品经济规律的愤怒和痛苦。对他们来说，这肯定不是一种自然现象。

然而，在成熟的资本主义体系中，这种虚构获得了真实的印记。工业企业的基本要素——土地、劳动力和货币——在市场上组织起来作为商品处理。但从使用价值的角度看，这些元素都不是商品。波兰尼写道："对他们来说,任何产品都必须是为出售而生产这一假设绝对是不真实的。劳动只是与生命本身相伴的人类活动的另一个名称,反过来说,它不是为了出售而 30 生产的,而是出于完全不同的原因。"他最后总结说,"劳动力、土地和货币的商品化完全是虚假的"(1957:72)。

确实是虚假的!但是,如何解释这种虚假的持久性和力量呢?是什么让它如此真实?劳动如果"只是与生命本身相伴的人类活动的另一个名称",它怎么会被视为与生命无关的东西呢?在玻利维亚的锡矿和考卡山谷的种植园里,这种虚假被理解为一种令人不安的危险和违背人性的状态,它被认为不亚于恶魔的形象,而对于生活在发达资本主义文化中的我们来说,这种文化习俗已经成为了自然状态的一部分。

很明显,答案在于生活活动的市场组织是如何塑造现实并定义经验的。现实和理解它的方式在基于原子论唯物主义认识论原则的商品术语中被定义。人是个体化的,所有的事物也是如此,有机的整体被分解为它们假定的物质成分。不可再分的原子通过它们的内在力量和数学表达的因果规律相互勾连,以此构成了这种宇宙论的基础,并在此基础上体现和维持了社会现实的商品虚构。笛卡尔和伽利略的著作中概述了这种机械的和原子论的现实观,在牛顿的物理学和形而上学中找到了其最完美的表述,因此,牛顿可以完全公正地被称为"现代科学之父",他也是给资本主义最终带来合法性和认可的人,因为只有科学才能赋予这种认可。

如果按照这种观点,我们把我们的经济认作是自然的,那么我们岂不是在构筑一幅我们社会的图景?就像那些商品体系的新来者一样,他们把商品经济理解为恶魔在运作,如果他们认为资本主义生产的维持或增长与恶魔有某种关联,从而产生对生产过程崇拜,我们是否也有自己的拜物教形式?在这种形式中,我们将商品归结为一个如此坚固的现实,使它们获得了自然存在的外观,以至于它们是如此自然而似乎拥有了自己的生命。

以充斥着资本主义流行文化的《纽约时报》(1974 年 4 月)的金融部分为例。我们读到了"经济气候"、"疲软的美元"、"未来收入的繁荣"、"现金流"、国库券"援助"、"失控"和"飞驰"的通货膨胀、"利率上升"、"熊市"和"牛 31 市"、制造厂(factories)被称为"工厂"(plants)、随着投资"货币增长",以及如何"投资有助于你的工作"，等等。积极的情绪占主导地位。"伦敦英镑牢牢收于 2.402 美元，大大高于 2.337 美元的开盘价"，"市场疲软普遍存在，反映了 15 个最活跃的股票的表现"，"尽管汽油短缺，供应不确定，周一交易的 15 个最活跃的股票中，有 10 个可以归类为面向旅游的"，"个人投资者还能在市场上找到快乐吗？""今天有很多方法让你的资本投入进去"。据报道，一位芝加哥银行家说："一种普遍的感觉似乎持续存在，那就是人们认为经济、金融和商业生活的自然秩序肯定出了问题。"铜的价格和铸币的价值不成比例；一位重要生产商的发言人说："尽管我们的售价让我们损失惨重，但无论我们愿意与否，我们都有合同义务和其他义务要履行。"乔（Joe）在纽约和他在意大利的工厂之间分配时间，他不能浪费时间和银行打交道。这就是鲍勃（Bob）的切入点。乔说："就我而言，鲍勃是化学银行。"因此，"我们的人就是你的银行——化学银行。当商人的需求是财务时，他的反应是化学反应"。

这些隐喻是马克思所说的商品拜物教在发达资本主义文化中的常见表现，资本和工人的产品是用人和生物的术语来描述的。货币作为生息资本最容易助长这种拜物教。资本似乎有一种自我扩张的内在属性，它扩散到所有的经济生活中，因为在资本主义中，货币是人和所有对象之间的普遍等价物和中介。

商品拜物教的概念旨在向我们指出，资本主义社会在意识面前表现为一种不同于其本质的东西，尽管这种意识确实反映了社会的表面和具体的构造。拜物教指的是将生命、自主性、权利，甚至支配地位赋予无生命的物体，并预先假定这些品质会从赋予这种品质的人类行动者身上流失。因此，在商品拜物教社会中，社会关系被肢解了，它似乎被分解为简单事物之间的关系——市场上交换的劳动产品——从而使剥削社会学伪装成系统性人工制品之间的自然关系。明确的社会关系被简化为魔幻的物的关系。自然的以太——命运和物质——隐藏和掩盖了人类社会组织、市场的历史人类意义以及无财产工薪阶层的发展。人不再是生产的目的，相反，生产成为了人的目的，而生产是为了财富。工具和生产机器不再普遍被认为能将人从苦力中解放出来，相反，人成为了工具和既定生产过程的奴隶。正如凡勃伦(Thorstein Veblen)观察到的那样,工业已经成为商业的代名词,被愚弄的人们去问,"什么对商业有好处?",而不是问"商业有什么好处?"。

在调查 18 世纪和 19 世纪英国经济学家和政治家对资本和利息问题的看法时,马克思讽刺地指出,在他们看来,它变成了"创造价值和产生利息的货币财产,就像梨树产梨一样……因此,我们得到了资本的拜物教形式和拜物教资本的概念……以最明目张胆的形式对资本进行神秘化"(1967,3: 392)。在《资本论》同一章的其他地方,马克思详细引用了经济学家和 19 世纪中期的经济期刊。马克思强调了他们对货币的观点所强烈暗示的生物学隐喻。"货币现在处于孕育之中。""正如树木的生长过程一样,以货币资本的形式产生货币似乎是资本的本性。"

本杰明·富兰克林(Benjamin Franklin)的《给一个年轻商人的建议》(*Advice to a Young Tradesman*,1748)也可能会成为马克思讽刺的对象。富兰克林说,"切记,金钱可以再生增殖。钱能生钱,生出的钱又可再生,如此生生不已。5 先令可以周转变成 6 先令,再周转变成 7 先令 3 便士,如此周转下去直到变成 100 英镑。钱越多,每次周转再生的钱也就越多,收益也就增长得越来越快。谁若把一口下崽的母猪杀了,实际上就是毁了它的一千代"(引自 Weber,1958:49)。

与此同时,这些美妙的幻想与经济人的世界观系统地交织在一起,后者被认为是理性的象征。理性和幻想的这种相辅相成的结合怎么能如此系统地共存? 是什么使这些生物隐喻具有说服力? 答案就在资本和资本主义生产方式生产的商品所体现的社会关系的独特性之中。

马克思从各种角度详尽地论证说,这些社会生产关系以这样一种方式影响着他们的日常意识,即整个生产过程和劳动者剩余价值的产生——资本运作的环境——被忽视到这样一种程度,即资本再生产和扩张的社会过程很容易成为商品本身固有的品性,而不是社会过程的一部分。这种社会条件化的外表是一种神秘感,可以说整个社会环境都在一起掩盖着自己。在这个去情境化的过程中,利润似乎不再是社会关系的结果,而是物的结果:这就是物化的含义。

33

当马克思将生息资本公式与他所说的商人资本进行比较时，就非常清楚地表明了他的观点。

> 在生息资本上，资本关系取得了它的最表面和最富有拜物教性质的形式。在这里，我们看到的是 G—G'，是生产更多货币的货币，是没有在两极间起中介作用的过程而自行增殖的价值。在商人资本 G—W—G' 上，至少还存在着资本主义运动的一般形式，虽然这种运动只处在流通领域内，因而利润只表现为让渡利润；但不管怎样，利润仍然表现为一种社会关系的产物，而不是表现为单纯的物的产物。*（1967，3：391）

马克思的著作中贯穿着同样的观点，例如，在《政治经济学批判大纲》的这段话中，马克思表达了对他认为是拜物教的粗糙的唯物主义的反感。"经济学家把人们的社会生产关系和受这些关系支配的物所获得的规定性看作物的自然属性，这种粗俗的唯物主义，是一种同样粗俗的唯心主义，甚至是一种拜物教，它把社会关系作为物的内在规定归之于物，从而使物神秘化。"**（1973：687）

当诉诸自然到了极端荒谬的地步时，某些无生命的物就被视为有生命的，这仅仅是这种可能普遍趋势的一种特定历史表现，任何文化都将社会范畴外化到自然上，然后转向自然，以证明其社会规范是自然的。涂尔干看到了在原始社会意识形态中援引生物决定论原则的尝试，马克思在达尔文主义的起源、接受和运用中也发现了同样的现象。"达尔文的全部生存斗争的学说，不过是把霍布斯一切人反对一切人的战争的学说和资产阶级经济学的竞争学说，以及马尔萨斯的人口论从社会搬到生物界而已。变完这个戏法之后……再把同一种理论从有机界搬回历史，然后就断言仿佛已经证明了这些理论具有人类社会的永恒规律的效力。"***（引自 Schmidt，1971：47）

---

　* 译文引自《马克思恩格斯文集》第七卷，人民出版社 2009 年版，第 440 页。
　** 译文引自《马克思恩格斯全集》第三十一卷，人民出版社 1998 年版，第 85 页。
　*** 译文引自施密特：《马克思的自然概念》，吴仲昉译，商务印书馆 1988 年版，第 39—40 页。

对于牛顿物理学和人类的角色，我们也可以提出同样的观点，这些人服从于自我调节市场的非个人的控制，这如果不是资本主义经济的"太阳系"的话就是其中心机构。牛顿的计划赢得了资本主义市场最重要的理论家和颂扬者亚当·斯密的无限钦佩。对斯密来说，牛顿的系统"在任何地方都是可以想象到的最精确和最独特的，并且确定了每个个体现象的时间、地点、数量和持续时间"。在他看来，这似乎完全符合日常经验世界。"他所采用的结合原则，比如想象力，也不会发现任何与之相伴的困难。"牛顿学说的结合原则不仅适用于重力和物质的惰性，而且"与从一个中心以射线传播的所有其他性质相同"。所有这些都相当于"发现了一大串最重要、最崇高的真理，所有这些真理都通过一个资本事实紧密联系在一起，我们每天都在经历着这种现实"（1967：107 - 108）。对于威廉·布莱克（William Blake）来说，牛顿是市场社会及其对技术和帝国的压迫性使用的象征，他抨击斯密认为如此契合的那些"结合原则"。正如玛格丽特·雅各布（Margaret Jacob）最近指出的那样，科学历史学家经常认为新的机械论哲学在英国取得了成功，因为它提供了对自然最可信的解释。不管它是否这样做，牛顿主义与资本主义市场宇宙论的对应关系才是它被接受的最好原因。"牛顿有序的、提供指导的、有数学规则的宇宙为一个稳定繁荣的政治制度提供了一个模型，这个政治制度由人类的自身利益统治。"（1976：17 - 18）正是自然中的市场社会和市场社会中的自然的这种往复式的复制，使牛顿主义取得了胜利，并完善了机械的"结合原则"，使之成为一个神圣的、科学上不受影响的万物的真理。伯特（E. A. Burtt）提醒我们注意牛顿形而上学的下列现象学特征，这些特征对我们讨论商品拜物教及其相关哲学有着直接的影响。

这些人类残余的灵魂，不规则地分散在质量原子中，这些质量原子在时间和空间上机械地在以太蒸气中游走，并仍然保留着笛卡尔我思的残余。它们也必须被简化为机械产品和自我调节的宇宙时钟的一部分……无论在哪里，万有引力的普遍公式都被当作真理来教授，还有一种暗示，作为周围信念的一种光环，即人类只是弱小和局部的旁观者，而且是无限自动引擎的无关紧要的产物……它由在一个在未知时间和空间中漫无目的游荡的原始质量组成，一般来说，它完全没有任何可能满足人类本性的主要利益的品质。(1954:300 - 301)

关键的一点在于，在商品拜物教中，我们遇到了一个通用公式，这个通用公式适用于作为整体的以及指导社会意识的资本主义文化的联合原则，根据马克思的说法，这个公式根植于生产和交换的关系之中，因为它们在一天工作的世界中给自己留下了深刻的印象。简而言之，这个公式指出，社会关系在一个物和自身的关系中是完善的，本体论不存在于关系的完全形态之中，而存在于物本身之中。伯特将原子化的自我封闭的东西称之为"原始质量"，它成为了分析的主要对象，因为它们的意义和属性似乎只存在于自身内部。现在，真正的探索和理解建立在将整个现象简化为最简单部分的结合原则上，最终的因果关系可以在基本物理原子不变的运动中找到。这种对"物"的支配倾向于抹杀人们的意识，并抹去他们对关系和过程，特别是社会经济活动和关系的生物逻辑和社会逻辑进行道德评价的能力。这并不是说在这种观点中，物本身不能与其他物发生联系并和谐地联系在一起。牛顿的行星计划和斯密的自我调节市场是形成和谐总体的微粒互相关联的杰出例子，就像现代系统理论今天所做的那样。然而，约束关系被视为独立于物的外部关系，其身份和权力仅在物自身中被赋予。

36　　然而，从另一个角度讲，这是一种严重的欺骗，因为这些表面上自我约束的强有力的事物仅仅是将它们捆绑到更大整体的关系的体现和具体化。它们的身份、存在和自然属性源于它们在无所不包的有机组织模式中的位置，在这种模式中，物被理解为只是组织总体的部分表达。然后，物的性质和活动可以被整体地和"结构地"解释为他们作为有机整体的一部分，而不是机械因果关系和微粒碰撞的产物。如果把注意力集中在单一之物上，就像任何分析中都要集中于某一点上一样，那么这个物就被视为包含了它的关系网络和它自身的周围环境于自身之内；这个物是一个关系系统。

另一方面，如果原子主义观点盛行，就像在我们的文化中一样，那么，孤立的物本身必然表现出活力，因为实际上它是一个活跃过程的一部分。如果我们"思考"生活系统的各个部分，忽略它们所处的环境，然后观察到这些东西在移动,那就可以从逻辑上来说,这些物很可能被认为或被谈论为好像它们拥有自己的自主能力一样。如果被视为纯粹的物,它们会因此看起来像真的有生命似的——拜物教。例如,资本经常被比作结出果实的树;物本身就是它自身增长的源泉。因此,物化导致拜物教。

拜物教:前资本主义和资本主义

与这种人对物的从属关系相反,前资本主义社会中的人和他们创造和交换的产品被认为是相互交织在一起的。在这些社会中,这些产品也可能获得像有生命的品质。因此,产品可能会成为拜物的,但他们这样做的原因与上述基于商品交换的社会完全不同。在前资本主义生产方式中,商品的价值和功能没有市场和商品的定义,生产者之间以及生产和消费之间的联系是可以直接理解的。产品看起来充满活力,或者被赋予生命,正是因为它们似乎体现了它们所来自的社会环境。

例如,莫斯在分析毛利人的交换时说,似乎在交换的商品和服务中存在着一种生命力("豪"),迫使他们相互交换。根据莫斯的说法,毛利人认为物品本身被认为是人或代表一个人,交换物品实际上就是在交换自己的一部分(1967)。保罗·拉丁(Paul Radin)在《作为哲学家的原始人》(*Primitive Man as a Philosopher*)中讨论了毛利人的人格概念,以及从其他原始文化中获得的例子,他指出了对自我多重维度的坚持及其对过去和未来的延伸。各种元素可以暂时脱离身体,并与其他个体所脱离的元素和自然发生联系。他最后分析指出,在这样一种哲学中,自我只有与外部世界和其他自我相关联时才能被理解。自我和现象世界之间隐含着某种联系,这种联系采取吸引或强迫的形式。"自然不能抗拒人,人也不能抗拒自然。一个纯粹机械的生命概念是不可想象的。身体的各个部分,器官的生理功能,就像自然界中物体所采取的物质形式一样,对于它们背后的作为本质的心理-精神实体来说,仅仅是符号或拟像"(Radin,1957:273-274)。

换句话说,在前资本主义社会的经济学中所发现的拜物教源于人与产品之间的有机统一感,这与资本主义社会的商品拜物教形成鲜明对比,后者源于人与生产和交换的产品之间的分裂。这种分裂的结果是人从属于他们生产的东西,这些东西看起来是独立的和自我赋权的。

因此,我们在本书中关注的恶魔信仰可以解释为土著人对这种传统拜物教被新拜物教取代的反应。正如在旧的使用价值体系中所理解的那样,恶魔是两种截然不同的生产和交换系统之间冲突的调停者。这不仅因为恶魔是种植园和矿山造成的痛苦和破坏的恰当象征,也因为市场经济扩张的受害者是从个人角度而非商品角度看待经济,并在经济中看到对互惠原则最可怕的扭曲,这一原则在所有前资本主义社会都会受到神秘制裁的支持,并受到超自然惩罚的强制执行。矿井和甘蔗地里的恶魔反映了工人文化坚持农民生产方式的基本原则,尽管这些原则正逐步被资本主义条件下的日常雇佣劳动所破坏。但是,在资本主义制度渗透到经济生活的各个方面以及生产方式的革命完成之前,下层阶级将会坚持把人们在现代经济活动中的联系看成它们原本的样子——不对称的、非互惠的、剥削性的,破坏人与人之间的关系——而不是所谓的强大之物固有力量之间的自然关系。

第二部分
哥伦比亚考卡山谷的种植园

农民们！甘蔗使人堕落，把人变成野兽，然后杀人！如果我们没有土地，我们就无法考虑孩子和家庭的未来福祉。没有土地，我们这些边缘农民就没有健康、文化、教育和安全。在所有这些地区，人们发现大多数人的地盘都受到可怕的绿色怪物的威胁，这就是地主之神：伟大的甘蔗。

农民海报

考卡山谷南部，1972

第三章 奴隶宗教和自由农民的崛起

对任何关于拉丁美洲黑人奴隶宗教的讨论都需要考虑到两个一般性的说明。第一，白人害怕黑人的超自然力量，反之亦然。第二，宗教与魔法密不可分，两者都渗透到日常生活中，包括农业、矿业、经济、医疗、婚姻事务和社会关系。例如，宗教裁判所认为来自三大洲的神秘艺术不是无聊的幻想，而是超自然力量的运动，其中包含了与恶魔或明或暗的契约。非洲奴隶带来了他们的秘教和巫术，印第安人带来了治疗或杀戮的神秘力量，殖民者也相信魔法（Lea，1908：462）。

欧洲人的魔法传说与遭到鄙夷的非洲人和印第安人的魔法传说结合在一起，形成了一种各族人所未知的共生、转化和适应的形式。这个过程在关于疾病和治愈的信念中最为明显。欧洲人缺乏有效的医疗资源，他们的治疗在很大程度上依赖于对宗教和魔法的信仰：弥撒、对圣徒的祈祷、念珠、圣水以及牧师和民间诊疗师创造的奇迹。天主教牧师对非洲奴隶的教导集中在治疗上，这最大限度地利用了基督教万神殿创造奇迹的力量（Sandoval，1956）。相反，欧洲人利用的魔法与宗教并无区别。事实上，欧洲人将非洲和印第安宗教看作一种魔法，而且还是邪恶的魔法。古斯塔夫·奥特罗（Gustavo Otero）在评论征服的最初几天时说道，"正是在这种恍惚状态下，征服者成为了被征服者"（1951：128）。这种不安分魔法的反作用力的辩证法在流行文化中一直持续到今天。

殖民和奴役无意中给殖民地社会的弱势群体带来了一种特殊的神秘力量，这种神秘的邪恶力量体现在基督徒对恶魔的恐惧中。征服者的类似摩尼教的二元论宇宙观与非洲奴隶和印第安人的多神教或万物有灵一元论共存，征服者像上帝对待恶魔一样站在被征服者面前。因此，西班牙裔美国人的流行宗教上被打上了这一重要秩序的种族和阶级二元论的烙印，随着社会阶层和阶级权力的不断变化，这种二元论很容易受到反复无常颠倒的影响。

宗教裁判所成立于 17 世纪初的卡塔赫纳（Cartagena），其原因包括教父们把该殖民地评价为"西班牙领地中最邪恶、最罪恶的，信仰濒临毁灭"（Lea，1908：456）。女性奴隶在卡塔赫纳主教和审判官本人等尊贵人物中充当治疗师，而其他人则在他们的神秘力量被定义为邪恶时受到鞭挞，特别是当巫术流行病肆虐时。男性巫师（brujos）成为逃跑的奴隶营［帕伦克（palenques）］的重要领导人，这引起了当局持续的关注（Borrego Pla，1973：27，83；Tejado Fernandez，1954：117-132）。作为撒旦的调停者，这些领导人据说是通过一种嘲笑基督教洗礼，否认上帝、圣徒和圣母玛利亚的仪式来获得皈依者，并在此时此地获得财富和权力以便在来世得到拯救。这种信仰体系表达了社会颠倒的幽灵。在至高无上的上帝目的论的命令下，由阶级、肤色和性别定义的社会形态等级在与撒旦结盟的对地狱的恐惧和希望中产生了镜像。

黑人因其好战的反基督教情绪而臭名昭著，这种情绪在奴隶制度的必要条件下被残酷地仪式化为鞭打的形式；在这种时候，并不罕见的是这些受害者哭诉"我谴责上帝！"（Medina，1889：106；参见 Palmer，1975）。他们还破坏了教堂的象征——例如，在一个社会里，一个女奴隶主可能会用她持诵念珠的时间来衡量鞭挞的持续时间，这一点也不奇怪（Meiklejohn，1968：216）。

写于 1622 年的一篇文章中记载道，首席审判官将矿区的大部分巫术和偶像崇拜归咎为矿主不加注意的物质主义，他们"只为利润而活……只注意奴隶们完成他们的日常劳动，不关心其他任何事情"（Medina，1889：120）。表面上看，这种巫术不仅能杀死和残害人们，还能摧毁地球上的果实，这一说法与南方考卡山谷种植园工人的所谓恶魔契约有关。该契约将提高他们的生产力和工资，但会使甘蔗园变得贫瘠。然而，同样的劳动者在自己或邻居的种植园周围的土地上工作，或在太平洋海岸丛林中成为独立的自给自足者，据说都拒绝了这种契约。萨拉戈萨（Zaragoza）矿区是哥伦比亚最大的农民起义的地区，据观察家称，这场起义试图消灭白人并摧毁矿井（Vázquez de Espinosa，1948：341）。

弥合鞭挞和放弃主人的上帝的呼声的间歇时刻是奴隶恶魔的缩影。在非洲文化和人类自身的消耗战中,它可以成为慰藉和力量的象征。在恶魔信仰中,奴隶征服了敌人的敌人。极具讽刺的是,通过尝试性的镇压,教会间接地认可了恶魔信仰,并赋予它权力。轻信的西班牙人承认对奴隶神灵力量的崇拜,无意中向他们的奴隶们传递了一种强大的工具。西班牙人相信恶魔催生了异教徒非洲人,而奴隶则是他的部下。毕竟,16 世纪和 17 世纪是西欧女巫崇拜、反宗教改革和宗教裁判所斗争最激烈的年代——在这个时代,整个基督教都在恶魔和魔法师对自然的操纵威胁面前瑟瑟发抖。

欧洲人含混但顽固地将奴隶风俗和宗教、非洲身份等同于恶魔(参见 Genovese,1974:159 - 284)。但是对于非洲奴隶来说,恶魔却不一定是复仇的邪恶神灵。它也是一个欢乐的人物和一个强大的魔术师。正如梅尔维尔·赫斯科维茨(Melville J. Herskovits)指出的那样,西非人把欧洲恶魔理解为他们神圣的魔术师,他们的道德哲学抵制传教士所主张的善恶二分(1958:253)。今天,在哥伦比亚太平洋海岸几乎孤立的河流沿岸,解放后的黑人只能自己谋生,他们有不止一个而是几个恶魔,这些恶魔引诱而不是威胁。拉波索河(Raposo River)黑人中的地狱观念只是模糊地对应了基督教的观念;有些人把它放在天上(Pavy,1967:234)。黑人发现他们的灵魂被定义为恶魔,他们不乐意将邪恶归于"恶魔",至少一开始不是这样的。即使 44 这样做,这种归属也可能意味着对新秩序的敌视。

威廉·博斯曼(William Bosman)在描述阿善提人(Ashanti)的仪式时写道:

> 魔法师和魔法贩子在黑人中并不奇怪:他们相信这些人,但他们的方式不同于我们欧洲荒谬的固执己见者;没有恶魔的帮助,任何魔法师都无法完成壮举。因为恰恰相反,黑人并不怀疑这是上帝的礼物,虽然实际上这是一种彻头彻尾的欺骗,但是他们对欺骗一无所知,并把它当作凌驾于人类力量之上的奇迹;但为了不让恶魔参与荣誉,他们把这一切归功于上帝。(1967:157 - 158)

　　然而,西班牙人把它归功于恶魔!受洗礼和皈依的纯粹形式特征的困扰,这阻碍了而不是持续了教导,杰出的耶稣会神父阿隆索·德·桑多瓦尔(Alonso de Sandoval)17 世纪初在卡塔赫纳的职位上写道:"他们崇拜恶魔……生病时,他们会叫耶稣和玛利亚的名字"(1956:71,82)。至于"几内亚",他写道,在那里恶魔有如此大的影响力,有如此多的帮手,以至于那些倾向于基督教信仰的人死于巫术或毒药。然而,根据他自己的证词,如果不加强潜在新信徒的异教前提,就不可能改变宗教信仰。

　　基督教的传播带来了几乎无法克服的矛盾,这些矛盾使得各地的殖民者难以控制社会。当局限制或压制了一些最公开流行的宗教表达方式——例如宗教兄弟会(cofradías)和委员会(cabildos)组织的节日和葬礼——这增强了奴隶和自由黑人的团结,鼓励解放,并在新世界保持了非洲传统(Acosta Saignes,1967:202-205;Bastide,1971:99)。然而,矛盾的是,最初允许形成这种组织的原因之一是为了进一步控制黑人人口(Bastide,1971;Ortiz,1921)。

　　基督教化零星的记载表明,在整个奴隶制时代,信仰的转变和巩固只不过是一种形式而已。事实上,桑多瓦尔(1956:198)重复了一个普遍的观点:奴隶主认为基督教化的奴隶比那些没有被教化的奴隶更易反叛、更贫穷,而且他们的报酬也会更低(Sandoval,1956:198;参见 Bowser,1974:79;King,1939:16-17)。白人不仅不愿意购买基督教奴隶,还试图阻止他们皈依基督教,有时还告诉他们洗礼是有害的。何塞·托离比奥·麦地那(José Toribio Medina)宣称,奴隶主不愿花费冗长的调查时间和高昂的处罚费用,因此他们乐意看到他们的奴隶在宗教法庭统计名单上消失(1889)。一种地下或准非洲宗教似乎已经兴盛起来,至少在早期,它与对基督和圣徒奇迹般力量的热情信仰融合在一起——这些强大的灵魂可以被求助于救助尘世。

　　1771 年,哥伦比亚西南部考卡地区首府波帕扬(Popayán)的主教强烈抱怨说,他试图对奴隶进行教导,阻止他们在周日和节日时工作,但遭到了奴隶主的坚决反对。他认为,作为矿业投机者的牧师与他们奴隶群的剥削者的联系过于紧密(King,1939:217)。18 世纪,考卡矿主们对奴隶们在节日期间休息的权利——除了星期天,每周有至少一次的节日休假权利提出了激烈争论。然而,在一项关于新格拉纳达(New Granada)奴隶健康的研究中,大卫·李·钱德勒(David Lee Chandler)得出结论,对于许多奴隶来说,教会坚持休息日"一定要有……延长了他们的寿命"(1972:238)。在休息日,奴隶也可以获得购买自由的资金,但是许多考卡奴隶主的反应是,这会减少奴隶食物和衣物配给。在这种情况下,节日可能会让奴隶们走向教堂,并增加了他们反对奴隶主的宗教理由。

牧师供不应求,很少有人关注基督教化的奴隶。诺曼·米克尔约翰(Norman Meiklejohn)写道,"因此,哥伦比亚的很多黑人对基督教的真正含义和道德戒律都毫不知情"(1968:287;参见 Pons,1806,1:160)。然而,这种"无知"可能不能仅仅用牧师短缺来解释。黑人流行宗教很难认可奴隶制及其所有隐含的含义,奴隶们也不可能满足于上帝眼中的平等而不是他们自己眼中的平等。但是,只有随着殖民霸权和教会力量的瓦解,对基督教的激进解释才能充分显现出来,就像 19 世纪 40 年代以来激进自由主义者信奉的基督教教义一样。

拉蒙·梅尔卡多(Ramón Mercado)是卡利(Cali)人,在 1850 年至 1852 年间担任考卡地区自由党领袖,他认为,正是真正意义上的基督教在被压迫阶级中激起了骚动,这是由于他们的处境和当局滥用教义造成的。奴隶主和他们的牧师教导了错误的基督教教义,这最终促成了他们的灭亡。梅尔卡多的指控不是针对基督教本身,而是针对奴隶主和教会,因为他认为基督教天生是解放的,却被他们的说教"简化为一个可怕上帝的观念,颂扬大地主,灌输对特权阶级的盲目尊重……与地狱永恒惩罚的威胁作斗争,自由意志主义威胁着他们的霸权……并把穷人和被贬低阶级的一举一动都定为罪恶"(1853:xi - xii,lxxix)。正如梅尔卡多敏锐观察到的那样,实行偶像崇拜在统治者和被统治者那里是有争议的。奴隶主在考卡地区拥有的权力比在其他任何地方都要大,最终导致了一种倾向于暴力的宗教狂热。

在动荡不安的法国大革命和西班牙独立战争刺激下,奴隶主恶魔般的上帝在主要阶层中催生了一种与神圣事业对立的愿景——建立在自然神圣道路上的一个激进的天主教乌托邦、无政府主义和平等主义。梅尔卡多满怀信心地支持人民,他宣称,"我们必须将他们对人民犯下的罪恶带入基督教的视野。人民知道他们的权利是固有的、不可剥夺的和神圣的,不应受统治者的支配"(1853:lxxix)。

解放、自由放任和区域性脱离

这些预言的意义来自 19 世纪考卡山谷最大的奴隶庄园——阿尔伯莱达家族(Arboleda)的记录。这些记录尚未完全分类和编入索引,它被存放于哥伦比亚波帕扬考卡中央档案馆(Archive Central del Cauca)。除非另有说明,以下所有引文都来自这里。1695 年,该家族的创始人哈辛托·德·阿尔伯莱达(Jacinto de Arboleda)只留下了 47 名奴隶(Jaramillo Uribe,1968:22)。1830 年,他的后裔塞尔吉奥·阿尔伯莱达(Sergio Arboleda)和朱利奥·阿尔伯莱达(Julio Arboleda)是共和国最富有的人之一,大约有 140 名奴隶在太平洋海岸的矿场和考卡山谷南部边缘的金矿和庄园之间轮岗。

47 这个国家幅员辽阔,居民稀少,难以有效控制奴隶逃跑,18 世纪后期,逃亡和起义成为一种主要的社会力量,伴随着自由黑人越来越无所依靠和整个殖民地普遍的不满浪潮,最终导致了 1781 年的公社战争(the war of the *comuneros*)。在考卡山谷发现了大规模起义的密谋,其中一些密谋包括与印第安人结盟,还发现了奴隶小屋的秘密社团(Jaramillo Uribe,1968:68 - 71)。

1761 年,在山谷最南部接近阿尔伯莱达家族领地的地方,一名矿主和他的儿子被奴隶杀害了(Arboleda,1956,2:306 - 307)。在靠近阿尔伯莱达家族大片庄园的帕洛河(Palo River)森林深处的帕伦克的安全区域,逃脱的奴隶在 18 世纪最后四分之一的时期开始种植高质量的烟草,并一直持续到奴隶制度的废除。他们以不法分子的身份生活,秘密生产了该山谷大约 12% 的农作物。警察不敢进入该地区。逃亡的人与附近修道院的放荡修道士有着友好的关系,据说他们与黑白混血妇女生活在一起,并与烟草走私团伙合作,不断与政府及其烟草专卖商发生冲突(Harrison,1951:33 - 40,132 - 140,200 - 202)。

19 世纪 20 年代中期,作为英国政府的观察员,陆军上校汉密尔顿(J.

P. Hamilton)在考卡山谷旅行,并住在当地最大的阿尔伯莱达庄园。汉密尔顿认为他们的奴隶比山谷中其他庄园和矿场的奴隶身体更好、更健康,并且还认可了牧师主持的忏悔。"如果黑人会策划叛乱,很有可能被牧师在忏悔椅上发现。"(1827,2:130)他的猜测被证明是错误的。19 世纪 40 年代早期,阿尔伯莱达庄园的奴隶加入了奥班多(Obando)叛军,该叛军正横扫哥伦比亚西南部,承诺立即废除死刑,并洗劫了这些庄园。奥班多的头衔包括"钉在十字架上的基督保护者",他以"联邦主义和宗教"为口号高举反抗的旗帜。1941 年,他下令释放所有加入他部队的奴隶,如果资金不够的话,他们的所有者可以从政府的解放基金或自己的资源中获得补偿。但是反抗最终失败了。

1843 年,省政府估算因奴隶逃亡或死亡以及牲畜征用而造成的损失为40 万比索(peso)。奴隶主担心种族战争再次爆发,并试图在 1843 年通过一部针对黑人的残酷刑法典(Helguera,1971:192 - 193)。对叛乱和奴隶价格暴跌的更为有效率的反应是将奴隶贩卖到国外。朱利奥·阿尔伯莱达带领 99 名成年人和 113 名儿童越过安第斯山脉来到太平洋海岸,以大约 3.1万比索的价格卖给奴隶贩子(Helguera and Lee Lopez,1967)——这是黑人永远不会忘记的迁徙。无论阿尔伯莱达家族在奴隶时代的大部分时间里享受着怎样的和平,他们至今都留下了痛苦的记忆。黑人通常说,庄园的内部墙壁永久地吸干了被鞭打和折磨的奴隶的鲜血,这是任何绘画都无法隐藏的。在耶稣受难日的午夜,人们声称听到驮着朱利奥·阿尔伯莱达的骡子的咔哒声,他徒劳地在为他的罪行寻求忏悔。

1851 年,在山谷奴隶主的热情支持下,阿尔伯莱达家族领导了一场反对废除奴隶制的内战,但最终失败了。面对激进自由主义和阶级仇恨情绪的高涨,他们认为劳动力终会消失。他们是对的。除了极少数的农民在勘探以外,南部考卡山谷的金矿开采很快就停止了。然而,尽管他们屡次失败,奴隶不断丧失,阿尔伯莱达家族仍然保持着他们以往庄园经营的样子——这是一次在他们的财富和地位以及在两个重要且紧密相连的城镇卡利和波帕扬之间基础上的重新调整。最重要的是,朱利奥的弟弟,杰普奥(Japio)大庄园的所有者塞尔吉奥·阿尔伯莱达已经为废除奴隶制制定了应急方案——这一政策受到了摇摆不定的国家政府的鼓励。1852 年 1 月奴隶制废除了,杰普奥大庄园和它的坤脱罗(Quintero)分部已经为过渡做好了准备,将一类新的工人,即合同劳工(concertados)制度化。黑人在庄园里工作一定天数,以换取一小块几公顷的土地。就在奴隶制废除前,大约 40％的成年奴隶已经变成了合同劳工。

　邻近的奴隶主乔奎恩·莫斯克拉(Joaquin Mosquera)曾于 1830 年担任哥伦比亚总统,他在 1852 年写道,“到目前为止,全面废除奴隶制并没有引起任何严重的骚动;但是我确实看到了令人担忧的困难,因为煽动者一致建议不要与他们以前的主人签订工作合同,也不要离开他们的土地,而是要接管他们”(Posada and Restrepo Canal,1933:83 – 85)。

　这种事件很常见。吉尔莫(Gilmore)说,在考卡山谷西北方的乔科省(Chocó)矿区,“财产所有者担心他们的财产被社区征用”。关于西南部的巴尔巴科斯(Barbacoas)煤矿,著名地理学家奥古斯丁·科达奇(Augustin Codazzi)报告说,“不正当或恶意的煽动者向那些无知和粗鲁的人(黑人和黑白混血)灌输了他们不应该为白人工作的想法,后者的土地应该分给他们”(Gilmore,1967:205)。

　三个月后,莫斯克拉报告说,他在卡洛塔(Caloto)地区的矿井就像一座被地震摧毁的城镇。他花了两个星期与前工会就矿井重组进行谈判,其中大部分以“低廉的价格”出租给了当地的白人商人和黑人。小屋和芭蕉被家族免费分配给了奴隶;牧场是租来的。他写道,“黑人现在是我财产的所有者,我所保留的只是一种自治权,只允许我拥有以前收入的五分之一”。整个山谷的土地所有者也面临着同样的困境(Posada and Restrepo Canal,1933;Holton,1857:381 – 382,420,511)。

　1853 年,阿尔伯莱达家族回到他们被获胜的自由党暂时没收的庄园,完善了契约(concertaje)制度。他们将 330 公顷原始森林分配给了坤脱罗的黑人,并为他们提供了“面包、衣服和屋顶”。黑人必须清理森林,在庄园中种植作物,每月用 5 到 10 天的劳动力支付租金(terrajes)。为了进一步努力克服劳动力供应的下降,阿尔伯莱达家族开始了一项资本密集型生产:白兰地蒸馏,它成为了庄园的主要收入来源,相对于山谷中的其他庄园来说,它在经济上取得了巨大成功,但随后开始稳步下降。

阿尔伯莱达家族试图通过限制公共集会和在租来的土地上工作来严格限制他们的佃户。这取得了相当大的成功,但这从未增加他们迫切需要的劳动力供应。在几年后的 1878 年,塞尔吉奥·阿尔伯莱达描述了他的问题。奴隶制持续的时候,他考虑过庄园和帕洛河边的森林,这是他自己的逃亡奴隶长期以来的避难所。但是当 1851 年自由主义者没收庄园之时,奴隶们被释放了,他和他的兄弟被迫逃往秘鲁,"当我在 1853 年返回时,无政府状态占据了上风,政治动荡一直持续到 1854 年,这些森林笼罩着巨大的恐惧,以至于没人敢尝试与佃户达成协议。我自己也不敢进入那里"。随着 1860 年革命开始,即使给予优厚的条件,自由黑人也拒绝了工资工作。在他们的抵抗中,黑人利用了国家政治动荡,这使得考卡山谷的租金比共和国任何其他地方都要高。在保守党或自由党的旗帜下,长期不和的精英们为争夺国家权力进行了野蛮的斗争,在这个地区,新成立的自耕农的阴郁的阶级敌意打破了权力平衡。

这个新的农民阶级背负着数百年来对奴隶制的对抗,他们在前主人之间普遍存在的不团结的经济环境中找到了岌岌可危的自由。财产所有者徒劳地试图将他们的财产商业化,并在经济萎缩时收回他们的财富,经济萎缩将考卡山谷与新市场隔离开来,而农民则依靠丰厚的土地维生。

随着共和国越来越多地参与世界市场上的自由贸易,国家市场变得支离破碎,内陆的每一部分都与欧洲进行着主要的商业往来。从利物浦向西部省份运送货物比从波哥大运送货物更便宜(Safford,1965:507 - 508)。虽然一些地区,像马格达莱纳(Magdalena)山谷的烟草产区,被自由贸易的潮流所吸引,但考卡山谷却成了经济停滞不前的地方。

1857 年,塞尔吉奥·阿尔伯莱达观察到考卡的经济状况远比世纪初时更为糟糕。矿山、公共建筑、沟渠、桥梁、教堂和私人住宅都成了废墟。不可能找到重建的工匠。被遗忘的庄园的残骸象征着农村。金矿开采已然崩溃。自 1852 年奴隶制被废除以来,农产品的价格翻了一番,因此,即使工资有所增加,日工劳动者也比以前更加贫困。然而,他接着指出,"如果我们失去了内部贸易,但我们将获得外部贸易。如今,外国进口量是以前的六倍"。

本国工业无法与外国竞争,当地资本被转用于购买外国商品。他劝告其他的土地所有者们投资农业和热带出口货物——"烟草、香草、香蕉、撒尔沙植物、糖和千余种其他产品"。但是仍然存在两个问题:劳动力短缺和财产无保障。下层社会鄙视工资劳动,并且"私有财产的神圣权利"得不到保障,这是第一次遭到奴隶制废除的反击(1972:328-331)。

商业信心也完全缺乏。塞尔吉奥·阿尔伯莱达认为奴隶制已经产生了一种与职业道德对立的道德氛围。尽管新帝国主义造就了这种遗产和资本投资的扭曲,但他强调,社会不安是由于基督教的削弱造成的,只有基督教才能遏制懒惰和无知的人群。"我们必须回到天主教的帝国,在此组织基督教家庭……重建财产权……并建立一支新的永久军队。"(Arboleda,1972:207)几年前,奴隶主曾借口他们的奴隶太无知,不让其信奉基督教。现在,他们的一位主要理论家正在进行一场反对资产阶级民主的类似辩论,声称只有当无知的大众是基督徒时,他们才能和睦相处。

庄园和教堂的统一联系被切断了。以前的奴隶退守到附近的丛林中,形成了独立耕种的自给自足的群体,他们可以自由地创造自己对基督教的理解。像阿尔伯莱达这样的地主赖以控制平民的基督教并没有减弱;相反,它的民间成分正在被解放。教会的潜在功能一直是围绕一个共同的意识形态基础来协调不同的阶层和阶级,神秘主义和官方教义在这个基础上凝结在一起。神秘的宗教、奇迹、祖先和圣徒的精神以及对邪术(*maleficium*)的恐惧,一直占据着黑人的灵魂。现在,正如地主对教堂功能的看法正在改变一样,黑人也在改变,他们不再需要作为主人们神圣家族的一部分,在主人的教堂里服从主人的上帝。

不仅仅在耶稣会士管理它的时候即是如此,杰普奥大庄园从成立之初就不但是一个生产中心,也是一个仪式性的场所。事实上,它的礼拜堂是我们洛雷托圣女(Lady of Loreto)教堂副教区的中心。和主人的"大房子"一样大,它是用砖和瓦建造的,这不同于其他所有用土坯和茅草建造的庄园建筑。镶嵌着令人惊叹的珠宝、穿着锦缎的圣徒、银王冠以及金和珊瑚项链,礼拜堂和宗教装饰品的价值达到了庄园总资本的15%,其中包括奴隶。

1753年,行政长官接到指示,要特别注意宗教仪式——强迫他们每天晚上接受指导、祈祷和唱歌。1830 年,来访的牧师被约定每月举行一次弥撒,为奴隶举行洗礼、葬礼和婚礼,并每年进行忏悔和第一次圣餐。他每年领取 70 比索的津贴,相当于行政长官的三分之二,并且每人都要支付圣礼的费用。19 世纪 40 年代初起义后,他就不再来了。

奴隶制废除后,塞尔吉奥·阿尔伯莱达质疑教会继续向他征收初果税(First Fruit's tax)的权利——通常每七蒲式耳(bushels)或七只动物中就缴纳一个——宣称礼拜堂是归自己所有,并强烈谴责宗教职能的改变。他说,虽然奴隶曾经存在时因宗教付出的代价让他收获颇丰,但现在教会不再能控制黑人了。

教区牧师以一种在前奴隶制时期无法想象的语气进行回应。他透露道,1833 年后,奴隶主不再为圣礼费用捐款,直到奴隶制废除前,牧师们一直被迫每月做弥撒。他继续尽着最大努力,但由于缺乏礼拜者,这已经变得不可能了。奴隶们几乎没有空闲时间养家糊口,因此他们不得不在星期天耕种他们的食物供应地。他斥责地主把礼拜堂的装饰品安放在他的房子里,这样牧师在组织礼拜时就可以永远由他摆布了。他说,说礼拜堂属于阿尔伯莱达家族,说他们建造了礼拜堂并支付了装修费用的这种说法是完全错误的。相反,这些是耶稣会士在拥有杰普奥大庄园时留下的。墓地被洗劫一空,以便塞尔吉奥·阿尔伯莱达能够扩大庄园的庭院。最后,与阿尔伯莱达所说的相反,不能将黑人的战斗和普遍的不道德行为归咎为节庆日。所有者应该得到责备,因为他蒸馏的白兰地是庄园的主要产品,只要能够赚钱,他就毫无顾忌地出售。

当主奴关系破裂时,教会和宗教获得了新的意义。地主们再也不能主张神权了,鉴于神学的霸权作为支持领主统治的力量,所有的革命学说和行动都必然成为宗教异端。同样,社会下层阶级把地主塑造成反基督者的形象,并对他们的信仰进行最严重的诽谤。文化保留了强烈的宗教倾向;但是现在,在围绕土地、工作和自由的社会斗争的煽动下,一种摩尼教意识正在浮出水面,用以支持自由党和保守党之间的狂热分裂,这种分裂从 19 世纪中期开始就破坏了哥伦比亚社会。自由党给了奴隶制最后一击。黑人对他们最激进的原则给予了热情支持,就像阿尔伯莱达仍然致力于保守事业一样。尽管该党的领导层出了名地变化无常,但在奴隶制的旧中心地带,社会条件确保了激烈的意识形态分裂深深扎根于此。

难对付的佃户:游手好闲者和反叛者

53　　尽管塞尔吉奥·阿尔伯莱达一再坚持认为,可以从他的佃户那里获得基本的租金和劳动力,但他被迫发展其他手段来获得劳动力并进行控制。他把大片牧场租给富裕的牧牛人,其中许多人是牧师。如果主人允许,牧牛人可以安置自己的佃户。这一措施提高了收入,或许更重要的是,这一行为促进了社会对大片地产的控制。他还建立了一支白人组成的劳动精英队伍,他于 1857 年在给庄园管理者的指示中说,黑人在磨坊工作得太慢,把动物都毁坏了;只能雇佣白人在那里工作。他指示说,一旦这些白人被证明合格,将按固定工资签订三年的合同,他们就能得到一块土地来耕种和建造小屋。对他们不收租金,但接到召唤时他们必须工作。如果不这样做,他们就会被抛弃,庄园也不会为他们对土地所做的任何改进买单。没有阿尔伯莱达的允许,他们不能为任何人工作。

阿尔伯莱达强调说,黑人的工作日应该按计件工资,而不是按时间来组织,并且不工作总比欠钱好。在种植和收获像大米这样容易食用的作物时,只有来自庄园外的男人才被雇佣,"但是不要让人们知道你是故意这样做的"。他还补充说要压低女性的工资。

黑人佃户有两种类型:一种是通过每周工作一天来向种植园支付租金,另一种是由 180 名佃户组成的更具特权的群体,他们每年支付少量现金——这笔钱只需五到八天的劳动就可以赚到。如果这些佃户也支付给其劳动报酬的话,对种植园会更为有利,但是阿尔伯莱达缺乏必要的权力。这个现金支付团体还提供了报道人,他们对困扰种植园的持续盗窃事件进行了调查。

通过在森林茂密的地方种植多年生植物,如可可树,并在草原上设置围栏,阿尔伯莱达进一步试图把不安分的农民控制起来。因此,整体的、紧密居中的奴隶种植园让位于一系列同心圆的权力领域,并与中心权力有着千差万别但又相互重叠的关系。租用土地的大型牧场主、白人、自由合同工、付现金的佃户和出卖劳动力的佃户发现自己处于一个相互对立的网络中。

奴隶占到了种植园总财产的一半多一点。现在,工资劳动账单是种植园运营成本的一半。白兰地和可可的年度销售结果所带来的利润是可观的,然而这被证明是不稳定的。在19世纪60年代早期和1876年,种植园在内战期间被没收,塞尔吉奥·阿尔伯莱达在内战中扮演了一个关键和失败的角色。

在1867年和1871年,当权力平衡再次向他倾斜时,阿尔伯莱达对他的行政长官的指令很好地说明了土地控制的反复斗争。他在1867年主要关心的是黑人佃户。他们将被分成几个社区,并被连续要求缴纳税费。一个大租户将有权监督每个社区的租金征收。根据指示,每年9月需要特别警惕,以阻止佃户未经许可砍伐森林和种植的玉米,并保护那些支付租金的人。佃户拖欠租金应立即驱逐,不得转租或带他人入住。工匠们要准备自己的食物。"我这么说是因为经验告诉我:首先,不管你是否养活他们,他们收费都一样;第二,几乎所有人在食物得到保证的情况下,一个月内工作的产量都不到食物价值的一半,而在一年的工作结束时,这项任务才刚刚开始。"

一些农民愤怒地回应。1867年,阿尔伯莱达收到一封关于蒸馏白兰地的权利的信:

阿尔伯莱达先生:

你以为你是谁?幸运的是,你认为你还和你的兄弟格拉那丁·卡里古拉(Granadine Caligula)以及你的强盗大军在奎那马约(Quinamayo)牺牲穷人吗?你认为我们会再容忍你的恶作剧吗?警惕吧,复仇博士;像你这样一个有这么多赚钱方法的男人从贫穷的女人那里偷走了制造白兰地的权利——这是革命期间你和你的哥哥抢劫我们之后她们唯一的谋生手段。你是一个公开的小偷,一个刺客,臭名昭著,毫无羞耻!脱下裤子,穿上灌木。你来这里做什么?抢劫我们。不要以为我们已经忘记了你所做的一切坏事。复仇的时刻即将到来。我们永远不会忘记圣卡米洛(San Camilo)和帕尔米拉(Palmira)的行刑队,也不会忘记皮恩多莫(Piendomo)的绞刑架,也不会忘记你哥哥让囚犯饿死的命令。你认为你会让我们也饿死,放弃女人的收入吗?如果你这么认为,那是你错了,因为这里没有人害怕。小心,别让白兰地成为你还债的方式。小心,别让你邪恶和罪恶的生活像你兄弟(在1862年被暗杀)那样结束;每个恺撒都有他的布鲁图。抢劫政府300000比索或更多总比为了白兰地向妇女开战好,因为这太荒谬了。当心,否则人民会履行他们的职责,因为我们是自由和独立自主的;你不再能像哥特人(保守派的国家元首)1861年那样抢劫杀人。

——一些戴面具的人

到1871年,阿尔伯莱达关于佃户的指令变得更多,甚至更具侵略性。擅自占地者继续占用土地,许多租户拒绝服从。阿尔伯莱达指示他的行政长官进行一次人口普查,没有证件的人不付房租,就驱逐他们。他建议小心行事。他说,同时驱逐所有难缠的佃户并不现实。最危险的反叛者应该先被赶走,给其他人一个教训。所有擅自占地者将被驱逐,并摧毁他们的住所,所有小佃户在杰普奥的土地上种植玉米的一切开垦活动都将停止。作为报复,农民焚烧甘蔗地,破坏了阿尔伯莱达家族扩大甘蔗种植的努力,以此以对抗土壤枯竭。

到19世纪70年代末,利润大幅下降。他们一直这样做,直到20世纪初家庭的消亡和大规模商业农业的开始,当时一条铁路将考卡山谷与太平洋海岸相连,从而与国际市场相连。黑人农民的顽固态度使得他们几乎不可能在经济危机中生存下来。1882年,阿尔伯莱达试图出售房产。他的儿子阿方索(Alfonso)在19世纪70年代中期接管了管理之职,他绝望地给他的父亲写信来诉说偷窃、缺乏劳动力、武装叛乱、拒绝支付租金以及农民对地主的持续仇恨。"这些庄园现在什么也不生产······唯一的希望是佃户,但他们拒绝支付。还有芭蕉!你必须在每棵树下设一个警卫,这样它们才不会被偷。"可可生产不断受到盗窃的威胁。黑人在所有的植被中开辟出小路,不断推倒栅栏,甚至封锁进出庄园的交通。政治形势危急:乌尔塔多

（Hurtado）的自由党派系"攻击了我们的领地，偷走了我们的武器，现在正 56
与寡头政治对抗"。帕洛河沿岸阿尔伯莱达的土地上的黑人都有武器，并站
在乌尔塔迪斯塔（Hurtadistas）的一边，但很难当傀儡。阿方索在 1879 年
写道："帕洛河周围的黑人一直在武装起来。这里没有保护土地所有者的力
量，也没有其他办法让他们明白道理，如果他们继续为所欲为，那么我们就
必须呼吁自由党政府看看他们是否会使用武力。因为这些攻击寡头政治执
政者的黑人也是对现政府的威胁。"

黑人武装和战斗是有个人原因的，因为阿尔伯莱达家族正试图把他们
赶出帕洛河沿岸的避难所。从 18 世纪开始，这个地区逃跑的奴隶营地就成
了阿尔伯莱达家族的一个烦恼。随着庄园的生产逐渐停止，阿尔伯莱达家
族现在转向这些肥沃的土地，孤注一掷地试图打破小农的独立性，并出售他
们的土地。

黑人一直害怕再次被奴役。当阿方索开设了一些大米和芭蕉商店时，
一个谣言流传开来，说他和政府将要带走黑人的孩子，并把他们卖到另一个
国家，就像朱利奥·阿尔伯莱达在 1847 年所做的那样。"从这里"，他写给
他父亲，"你可以估量出他们对我们的仇恨，你可以推断出从矿藏中偷可可
的行为来自于编造这些谎言的可可购买者。最糟糕的是，黑人相信这些故
事并感到震惊"。

阿方索想用美国的现代机器改装工厂，但不断的革命威胁使企业瘫痪。
1882 年，随着奎宁（该地区唯一的出口产品）繁荣的崩溃，货币停止流通。
他能为工厂找到的几个工人激怒了他，因为他们懒惰而且经常过节日。"即
使每天从游手好闲者身边走过，也不可能找到工人。"

转型期的矛盾

现在，随着市场有选择地将国家领域分割成区别对待的卫星区，考卡山
谷发现自身处于商业世界的边缘。尽管庄园相对于山谷中的其他庄园取得
了商业上的成功，但它最终还是屈服了。重商主义和奴隶制已经让位于建
立自由市场的尝试。然而，奴隶们不能被迫从事雇佣劳动。难缠的佃农、连 57

绵不断的内战以及出口市场的限制使得大规模商业化农业难以为继。地主们夹在两种生产方式之间，试图诉诸被自由契约劳动冲淡的"新封建主义"。但是由于土地丰富，奴性文化已经被超越，事实证明，在国家和出口市场受阻的情况下，自由合同工的成本太高。

　　亲历者一次又一次地描述了山谷诱人的前景和普遍的毁灭；问题在于确保通往太平洋的市场出口，以及克服下层阶级所谓的懒惰和粗暴的性格。1853 年，共和国第三任总统、考卡最杰出的儿子之一莫斯克拉（T. C. Mosquera）将军指出，考卡省的大部分地区是黑人或黑白混血儿。但是，尽管白人"聪明、积极、勤劳、有道德"，而黑人则"劳动能力弱、耐力差、多疑"（1853：77，97）。但哥伦比亚地理学家费利佩·佩雷斯（Felipe Pérez）指出，问题不在于懒惰，而在于平等。土壤惊人的肥沃意味着"不劳而获"；因此，"人们原谅自己不为他人服务，这种在穷人中占主导地位的社会平等精神，淹没和折磨着旧矿业封建制度的贵族野心"（1862：2，12 - 13）。佩雷斯坚持认为，"所有必要的是，今天存在的无所事事的人不要再无所事事，社会和谐就是让工作和商业得到最好的保障"（同上：139）。

　　但是"所有必要的"都是不可能的。莫斯克拉指出的黑人"劳动能力弱、耐力差、多疑"的特点，以及佩雷斯所描述的人们不为他人服务的社会平等精神在新形成的黑人农民生活方式中有着物质基础。他们沿着肥沃的河岸和潮湿的森林寻求庇护，种植芭蕉、一些玉米和一些商业作物，如可可和烟草。捕鱼和淘金是辅助活动。佩雷斯敏锐地提到了山谷中各种农业和畜牧业的衰落，他在 1862 年前后反复指出芭蕉和可可是两种非常重要的作物。这些主要是农民作物，它们被发现于树木繁茂的河岸、沼泽地区和黑人农民居住的树木茂密的地区，这些农民"难以抵御疟疾的侵袭"（García，1898：28 - 29）。这种类型的地区有着丰富的野生动物，居民在此狩猎并将它用作肉类来源（Pérez，1862：140）。帕劳（E. Palau）认为，可可的"特权区"在帕洛河周围，而帕洛河则是黑人农民的风暴中心。芭蕉和初熟的可可树套种在一起作为遮阴之用。根据加西亚的说法，在 19 世纪末，整个山谷中最好的芭蕉种植地也在那里（García，1898：23）。帕劳将芭蕉描述为"印第安最有用的树"（1889：32）。它是一种半年生植物，无论一年中的什么时候，每八到十二个月结一次果,像所有的农民作物一样,它只需要很少的劳动力。今天,在生态环境大致相似的情况下,一个自给自足的农民地块只需要不超过一百天的相对较轻的劳动。埃瓦里斯托·加西亚(Evaristo García)估计,一公顷芭蕉可以满足 24 名成年人的主食需求。他描述了在穿越山谷的旅途中,他将如何进入树木繁茂的地区,在芭蕉和许多其他有用植物环绕的茅草屋中寻找"埃塞俄比亚种族"的居民。一些家庭拥有一小群牛、马和猪。在他看来,他们可以如此容易地生存,这使得农民们不愿意在牛和糖庄园里劳作。因为这个原因,他写到,直到本世纪末,很少有大的地产在运作(García,1898:29)。

从许多意义上说,这些黑人农民是不法分子——自由的农民和林务人员靠他们的智慧和武器生活,而不是依靠土地和公民身份的法律保障。一些观察家并没有丧失对黑人国家的恐惧。德国旅行家弗莱德里奇·冯·申克(Freidrich von Schenk)在 1880 年写道:"在包围考卡山谷的树林里,生活着许多黑人,人们可以把他们比作西印度群岛的黑奴。"他们在森林里寻找孤独,"在那里他们又一次慢慢回归到他们非洲出生地的习俗,就像人们在海地内陆通常看到的那样……这些人极其危险,尤其是在革命时期,他们结成帮派,作为勇敢的战士参加战斗,为自由的英雄向他们承诺的战利品服务"。随着 1860 年革命,自由党的力量摧毁了阻止黑人的最后限制。山谷中的大部分庄园已经破产,并因"狂热"黑人的持续攻击而遭受重创。他写道,"考卡山谷的自由黑人只会在极度贫困的威胁下工作,即使如此,仍有可能继续他的毁灭性破坏"(1953:53-54)。最糟糕的是那些住在山谷南部的黑人。

农民们特别重视那些最常用于养牛的不可分割的共有土地。尽管地主在 19 世纪晚期声称这些是他们自己的私有财产,并且在 1914 年山谷对外开放后更为活跃,但农民认为它们是公有的且不能让予。事实上,它们更像无主土地。在那里——由于高地印第安人在政府的批准下拥有公有土地,考卡山谷的黑人则非正式地拥有公有土地,如果说有何不同的话,那就是会招致政府的反对。黑人农民被敌对的贵族追赶,被剥夺了政治代表权,被剥夺了土地使用权的保障,也被剥夺在了官方管理框架内建立任何代议

59

制村庄结构的可能性,这使他们形成了一个立于社会之外的新的社会阶级。从内部来看,他们的社会组织似乎无限灵活,能够进行无止境的排列和组合,他们的亲属结构仍然证明了这一点。作为一个阶级,他们并没有从多年来嵌入庄园习俗的、确保最低限度的保障和保护、世袭的仁义道德中演变而来。因此,新农民包含了两个不同传统的方面:奴隶和非法奴隶(palenque-ro)。农民被暴力排斥在社会之外,被迫挑战社会制度和观点。在攻击庄园时,他们攻击了被认为使他们痛苦的原因:他们非常清楚只要庄园存在,他们的主人就会为了寻求他们的劳动力而迫害他们。

奴隶制度废除后不久,警察和"善良爱国的公民"获得了广泛的权力来逮捕所谓的流浪汉,并强迫他们从事庄园工作。结果,考卡平原变成了强盗和恐惧的土地(Harrison,1952:173)。1858 年,米格尔·波姆博(Miguel Pombo),一位主要的政府官员,描述了有必要制定更严格的法律来打击懒惰的增加和过高的食品成本。农民们不再把他们的食物带到镇上的市场,也不顾他们的庄稼。波姆博建议将他们置于警察和地主的控制之下,强迫他们工作。这些措施包括饥饿和鞭打,也适用于所谓的闲散和醉酒的日工[*El Tiempo*(Bogota),1858 年 9 月 7 日:1,参见 Lombardi,1971;Estado del Cauca,1859]。

不断被骚扰的状态无法达到企业家们所期望的目的。很久以后,在1874 年,烟草业的负责人向帕尔米拉镇的官员抱怨说,由于体力劳动的缺乏和配置,产量正在下降。他们敦促说,"必要的是强制、迅速、有效和安全的手段"。

60　　自 1860 年以来,商人在山谷形成了一个日益壮大的商业阶级,并开始充当小农种植作物和承包商收集产品出口的中介。许多哥伦比亚商人都参加了,其中包括后来的共和国总统拉斐尔·雷耶斯(Rafael Reyes)。作为考卡山谷的商人和土地所有者,最有可能成功的中介类型是拥有外国信贷的来源和准确的市场信息的人。雷耶斯的密友圣地亚哥·埃德尔(Santiago Eder)就是这样的人,他是美国公民,于 1860 年与近亲属在伦敦、纽约、巴拿马和瓜亚基尔(Guayaquil)等地的商行中担任领事,并在谷地南部建立了自己的公司(Eder,1959)。埃德尔把出口烟草、靛蓝、奎宁、橡胶和咖啡以及进口成品的国内外商业网络编织在一起,建立了山谷中规模最大、效率最高的甘蔗种植园。它的成功很大程度上归功于机械化。与此同时,杰普奥的管理者无奈地推荐美国的一家现代化工厂作为缓解劳工问题的一种方式,埃德尔正在安装一家"路易斯安那一号"(Louisiana No.1)工厂,这远远优于杰普奥所计划的工厂。由于他们远离自由派和保守派之间自相残杀的冲突,且作为外国人和美国领事的身份使得他们的产业免于被没收,1914年这个山谷向太平洋开放之时,他和同他一样的人控制了该地区的经济。废除死刑后,塞尔吉奥·阿尔伯莱达立即倡导了这种发展。但是,前奴隶主们没有能力从事对外贸易,他们的意识形态狂热,以及他们不断试图用难以管理的佃农维持庄园农业的做法毁了他们。

宗教和阶级战争

自19世纪40年代以来,保守党和自由党之间冲突激烈的地区及国家内战已经撕裂了哥伦比亚社会,最近一次的"暴力"发生在1948—1958年。事实上,这些政党与其说是政治组织,不如说是"世袭仇恨",这种政治文化旨在培养一种绝对主义的世界观,在这种世界观中,所有的争论都是以准宗教和说教式的术语进行的(Dix,1967:211-212)。实际上,所有关于暴力的解释都集中在竞争精英和恩庇(patron-client)关系上。恩主作为一种封建军阀或首领(*caudillo*),通过他的代理人或庄园主(*gamonal*)组织动员他的佃户和农民,与另一个恩庇派系作战。农民对政党的强烈忠诚被解释为对其恩主的依赖,这种忠诚代代相传,并通过家庭生活的初级社会化得到加强。

霍布斯的社会和人性观是资产阶级异化和物化经验的典范,它把政治意识形态解释为机会主义庄园主自我利益的机械表达。然而,它在杰普奥的社会史中几乎没有得到支持。在考卡山谷南部,农民没有追随他们从前的领主。他们没有盲目追随精英强加给他们的神秘意识形态,也没有在没有道德信仰的情况下被迫进行斗争,而是迫使精英们对农民无政府主义作出回应,这种无政府主义是由对地主的仇恨所激发的,是由千禧之梦煽动的。但英雄主义的刺激永远被含混不清的教义所削弱,这在很大程度上是造成首领现实政治混乱的社会基础。无政府主义在奴隶制废除之时和在1876—1877年战争中千禧一代的狂热中最为明显。缺乏活力的资产阶级使社会斗争倾向于民粹主义形式——"人民"对抗贵族。尽管很接近,农民却不能自己构成一个阶级,但这并不能证明排除阶级冲突和阶级结盟的理论是正确的。

弗兰克·萨福德(Frank Safford)敏锐地指出,缺乏详细的区域研究,对19世纪哥伦比亚的党派关系和内战的传统职业和经济阶级的解释肯定是不够的。甚至他也承认,在考卡地区,"自由主义成了阶级冲突的工具,它代表了在反对大地主的斗争中没有土地或被剥夺财产的人,而且往往由上层阶级中的下层领导"(1972:361;参见 Bergquist,1976)。

这些阶级斗争具有宗教性质。奥兰多·福尔斯·博尔达(Orlando Fals Borda)在总结了大量的学术观点后写道,"1853年后的内部冲突表面上是为了控制预算或修改宪法,实际上是基于宗教原因而起的"(1969:108)。这两个政党开始被摩尼教的术语定义。"支持或反对教会,站在上帝或魔鬼一边"(同上:105)。与通常的假设相反,保守党并不垄断宗教热情。正如保守党所承认的那样,自由派极端分子提倡一种浪漫的基督教社会主义。一位著名的保守党人描绘了在废除死刑之时发生的起义:"我看到蛊惑人心的社会主义在一些地方出现了,比如美丽的考卡山谷,它还伴随着16世纪再洗礼派想要建立社会主义的致命狂热。我看到共产主义的胜利在那些为了满足自己的复仇而煽动共产主义的人身上引起了恐慌,忘记了一旦他把革命运动强加给被误导的群众之后,就不会使任何煽动者去遏制它。"(Gilmore,1967:206)

1850年,大主教管区的官方期刊《天主教》(*El Catolicismo*)在一篇题为《福音的共产主义和蒲鲁东的共产主义》("The Communism of the Gospel and the Communism of Proudhon")的主要文章中警告说,无政府主义者滥用福音来说服人们相信"共产主义是耶稣基督的基本原则"。它公然抨击激进的政治家是财产的敌人,"他们宣称共产主义是上帝的律法",并断言"自由主义者绝对尊重共产主义的神圣权利,以及蒲鲁东的神圣教义"(Gilmore,1967:207 - 208)。激进的自由主义者在本世纪中叶提出了一种令人困惑的自由社会主义形式,他们之所以获得"各各他派(Gólgotas)"的称呼,是因为他们的演说家习惯于将耶稣称为各各他山的殉道者。他们的发言人之一何塞·马里亚·桑普(José Maria Samper)宣称:"社会主义只不过是救世主在各各他山上落下的眼泪。"(Gilmore,1967:202)自由民粹主义深深植根于狂热的反教权主义,并继承了法国大革命和独立战争的意识形态(Giménez Fernandez,1947)。美国驻哥伦比亚外交官毫不怀疑内战根本上是宗教性质的。保守党是教会党,教会对民政事务的控制是"哥伦比亚人民唯一重要的内部政治问题"(Shaw,1941:598)。

1860 年的革命最终导致政府与教会的完全分离,神职人员被剥夺了选举权。许多牧师被禁止入境。超过四分之三的教会财产被没收。教育受到政府的控制,但是考卡的主教们意识到自由派之间的分歧越来越大,开始公然组织自己的学校。教会规定在公立学校上学和不遵守其政治原则将受到开除教籍的惩罚。政府随后强行关闭了波帕扬天主教协会,考卡山谷的类似协会被独立于政府的团体关闭。在塞尔吉奥·阿尔伯莱达的领导下,他所在的政党——考卡保守党,"为了捍卫我们的宗教信仰",发动了 1876 年的战争。以"宗教万岁,奥尔金神父和保守党万岁"作为战斗口号,并口呼至圣三位一体、波帕扬主教和教皇庇护十一世万岁——后者于 1864 年谴责了自由主义——他们袭击了帕尔米拉。仅仅依靠十字架和念珠武装的牧师领导着叛乱部队,他们被叫作"波帕扬主教"和"帕斯托(Pasto)主教"。在山谷北部洛斯昌科斯(Los Chancos)最著名的战役中,7500 名战斗人员中有 400 人阵亡,保守党由塞尔吉奥·阿尔伯莱达指挥(Briceño,1878:241)。他的士兵举着横幅,上面有教皇庇护十一世和基督的照片(Eder,1959:267 - 286;Shaw,1941:597;Briceño,1878:228)。

自由派军队于 1876 年 12 月洗劫了考卡山谷的主要城镇卡利,这清楚地揭露了其阶级、政党和宗教(Eder,1959:283 - 299)。两万居民中大约有三分之二是黑人和混血人,他们被描述为充满强烈共产主义信仰的流浪者。与这些群氓不同,其余三分之一是主要来自西班牙的财产被毁的居民,他们都属于保守党。自由派军队的领袖大卫·佩纳(David Peña)据说是一个共产主义幻想家、一个神秘的精神错乱者、一个盲目信奉法国大革命和哥伦比亚民主俱乐部的刺客。据称,他发起了流放主教的运动。然而,他是一个虔诚的天主教徒。他被人们视作为荣誉而战,是为了消灭所有各各他派(保守主义者),这些人将在复仇的洪流中被赶出他们出生的城市。他的军队和被激起的暴民摧毁了自由党和保守党的财产——敌我不分使自由党政府反对他。但是这几乎无能为力,因为他掌握着巨大的力量和下层阶级的忠诚。八个月后,武装的黑人团伙仍在街上游荡。他领导了一场带有智利色彩的下层民粹主义热潮,反对财产所有者阶层和对其支持的政府机构。

一位在波哥大(Bogota)教过几年书的瑞士教授于 1884 年访问了考卡山谷,同年圣地亚哥·埃德尔告诉美国大使,"该山谷淹没在政治和宗教宗派主义之中"(Eder,1959:304)。对教授来说,典型的考卡人是"一个宗教狂热分子,为了胜利,他会牺牲一切:家庭、生命和财产。正因为如此,他们在所有冲突中都是残暴的,他们不懂得同情。这里是所有革命的摇篮,它们通常也在这里结束"(Rothlisberger,转引自 Eder,1959:265)。

1875 年,塞尔吉奥·阿尔伯莱达收到他儿子的一封信,当时他是杰普奥大庄园的管理者。

64 　　在主要由黑人主持的地方民主俱乐部的最后一次会议上,他们说保守党的目标是进行一场新的革命,以便重新奴役所有的黑人。保守党被认为是在宣称"对所有黑人实行奴隶制或绞刑"。更重要的是,他们声称保守党不是真正的信徒,而是假装天主教来行欺骗;唯一真正的天主教徒是自由党。我路过一家小商店……听到了一句黑人谚语:"在蒙多莫(Mondomo),我们会把绳索套在他们的脖子上,用鞭子伺候他们(向天空做个手势),然后让他们悬挂着。"……我非常担心你。你不能回来。

自由派坚守上帝的真正含义,就像保守派站在恶魔一边一样。宗教思想和神秘情感构成了其他政治理想的核心。在这个充满宗教和魔法的社会里,奴隶制的创伤仍然刺痛着现在相对独立但不断受到迫害的自由民的灵魂，这很难改变。

从杰普奥来的信毕竟是寄给考卡最受欢迎的保守领袖、保守党军队的指挥官，也是教会最热情、最聪明、最严苛的奉献者之一——1888 年在他的葬礼祭文中他被称为"神圣事业的领袖"。这封信反映了社会中的道德危机，其起因是反天主教和法国革命的理想，并受到经济停滞和政治动荡的刺激。早些时候，塞尔吉奥·阿尔伯莱达反对"看不见的手"的自由经济理论。如他所说，他什么也看不到，除了一种无法抑制激情的暴力的利己主义纽带之外。唯一的希望在于教会对一个等级森严的社会行使统治权。神圣的起源和无限的智慧将阻止教会变得专制。的确，阿尔伯莱达同意教会的宪法是君主专制的，但是教会的法律是道德的，因此是保护和管理民主的。"简而言之"，他在 1857 年为应对经济危机在波帕扬发表的最著名的演说中总结道，"教会是世界自由的创始人。对她来说，既没有种族也没有阶级，没有臣子也没有国王，既没有自由也没有奴役。她认识了他们，并把他们留在自己的位置上。上帝面前人人平等。这就是天主教神职人员。神职人员可以拯救我们，除了神职人员没有人能拯救我们"（1972：364）。

考卡奴隶主们曾用这种基督教教义作为反对废除奴隶制的论据。《圣经支持奴隶制》（"Slavery is supported by the Holy Scriptures"）最早出现于 1847 年在卡利传阅的一份报刊中，其中引用了保罗在《以弗所书》中所写的著名书信（Jaramillo Uribe，1968：264）。

黑人害怕再次被奴役，害怕教会中的天主教是再次奴役的宗教。然而，他们也有自己的宗教传统：民间信仰、乡村仪式和魔法。就像早期殖民时代的帕伦克一样，他们的领导人包括巫师，比如何塞·塞内西奥·米纳（José Cenecio Mina），他是千日战争（the War of One Thousand Days，1899 - 1902）期间的游击队指挥官，后来非常精明强干地领导了黑人来反抗侵占他们土地的阿尔伯莱达家族。农民们认为，当被追捕时，他可以把自己变成一种动物或植物，而且不会被子弹击中。他们沉浸在对他的回忆中，为他们民间英雄的力量以及他们从更大的社会、上层阶级和国家那里获得的文化自主权而欢欣鼓舞。

哥伦比亚的黑人并没有发展出像伏都教（voodoo）、萨泰里阿教

(santería)或康丁布尔教(candomblé)这样清楚明确的融合教派。然而托马斯·普莱斯(Thomas Price)在 20 世纪 50 年代初研究了哥伦比亚黑人的民间宗教后写道:"那里发展出了西班牙天主教徒和非洲习俗的一种混合的复合体,人们认为这是完整的天主教,因此特别不受那些希望驱逐'异教'元素的牧师的影响。这种复合体是他们整个生活方式的一个基本的、功能性的方面,他们对精神和实际需求进行的这种调整是天主教和新教传教士所不能动摇的。"(1955:7)

黑人农民的这种"小传统"与城市和文人的"大传统"有关,这主要是通过激进自由主义者实现的,如前省长拉蒙·梅尔卡多所孜孜不倦阐述的激进天主教教义。

对梅尔卡多来说,欧洲启蒙运动的意识形态潮流和拉丁美洲独立战争带来的社会变革对旧制度构成了爆炸性的威胁,这些旧制度在考卡依旧存在。像塞尔吉奥·阿尔伯莱达一样,他在道德危机中看到了社会动荡的根源。但对他来说,这场危机源于下层阶级的理解,即人类进化的本质正在被否定。在新的社会条件下,劳动者将不再服侍贵族、军队或神职人员并遭受剥削。根本上,他认为基督教既有革命的潜力,也有反抗的可能性。革命的——也是真实的——基督教在中世纪之前就作为平等和博爱的宗教而诞生了。教义的反抗形式起源于中世纪和封建主义,在这种形式中,教会与贵族联合起来反对平民百姓,据称后者被定义为没有理性的牲畜或物件。但是,尽管基督教的革命含义可能因此被转移,但它们仍然准备在时机成熟时爆发,用以阐明社会斗争,并刺激行动。"我们所说的本能来自古代基督教革命。这是从高处照射而来的光,用以照亮和解开他们称之为罗马世界的不平等和令人恐惧的可憎的黑暗混乱。基督教革命是神圣的爆炸,是平等的天启,是建立在特权和奴隶制基础上的社会的天赐真理。"(Mercado,1853:3)

如梅尔卡多继续所说的那样,一个新时代正在来临,并无情地注定存在于理性和人的本质的行进过程中,这两者都体现在基督身上——他是自由主义信条的化身。这种救世主般的愿景在上帝征服邪恶的神圣冷酷中预见到了社会平等。现实之神,统治阶级的虚假之神和腐败的神职人员有组织地否定人类。现在,组成社会秩序的两种力量应声而起,用以对抗吞噬它的宇宙矛盾。平等对抗特权。自由探索对抗独裁主义。自然对抗文化伪饰。理性对抗教条。以激进自由派为首的下层阶级正在与奴隶主或前奴隶主和神职人员——那些阻碍历史和真理的保守派——进行斗争。成为保守派意味着保护旧文明。成为一个自由主义者意味着遵循基督的真正教义——民主和自由——正如梅尔卡多所总结的:

> 在那些庄严的日子里,我看到 80 岁的老人自发地武装起来,为捍卫民主的合法性和复兴而战;老年人衣衫褴褛,年事已高,浑身发抖,但他们信念坚定,对共和国热情欢呼。我看到数百名青年和少年离开他们的家园、妻子、子女和家眷,为神圣事业的大屠杀献出生命,为民主的胜利和人民的救赎作出贡献……我们消灭了所有等级上的差别,因为所有的人都是兄弟,在上帝的保护和指导下,我们都有同样的权利享受为福利而组织的社会利益。(1853:lxxviii – lxix)

19 世纪下半叶席卷整个山谷的小规模冲突、打斗、暴乱和公开战争似乎都是由这样的对世界的看法和愿景所激发的。这两个多阶级政党之间的冲突充满了相互竞争的领袖以及他们所庇护对象之间的派系斗争,这也是真正的阶级冲突,并不断被引入不稳定的阶级间联盟之中。社会经济条件和意识形态都保持了潜在的阶级对立活力。黑人农民不断被迫捍卫他们所认为的对土地的权利,以此来反对白人精英,他们拼命争取在雇佣劳动和租赁的基础上发展商业化的庄园农业。有土地的精英只能迫使一小部分农民陷入困境。战斗持续不断。

民间宗教和阶级仇恨——如果不是阶级意识的话,也已经融合共生。对天主教激进的重新解释助长了对种族和阶级特权的仇恨,在天主教中,农民为土地而战被一种复杂的文化传统所神圣化,这种文化传统是从奴隶制、帕伦克和躲在衰败庄园旁的丛林中的非法农民阶级的经验演变而来的。上帝与冥界的关系永远充满了主奴关系的暴力。当黑人打破这种联系时,他们拉拢上帝站在他们一边,让他们的主人去见恶魔。

民族志后记:1970 年

　　时至今日,当历史使我们瞥见另一种可能性和变革的时候,作为阿尔布莱达家族奴隶后代的考卡山谷南部农民,从在竞争的社会形态的铁砧上敲击出的情感结构的角度来谈论政党和教会。"牧师? 有些人不像其他人那么讨厌。"基督慷慨献身,创立了自由主义学说。保守党希望保留邪恶,重新奴役黑人。1972 年,一位名叫费利佩·卡波内罗(Felipe Carbonero)的老农民被要求解释两党之间的分歧,他的回答与 19 世纪中期激进的自由主义知识分子的口吻相似。

　　　　保守党希望保护西班牙法律……杀戮和奴役……抓走黑人并卖掉他们……从一个庄园卖给另一个庄园……抓住黑人奴隶,让他们夜以继日地工作,除了食物什么都不给他们——仅此而已。这就是所谓的保守——保守西班牙的邪恶法律。"保守党"一词由此而来。保守党想让我们再次成为奴隶。这就是为什么有这么多战争。"自由"一词是耶稣基督降生时所说的"自由";每个人都有自由,耶稣基督来的时候带来了自由;全世界的自由。这就是所谓的"自由主义"——一个自由和思想的世界……黑人永远不会是保守派,也不会羞辱自己。黑人只能是爱国者;永远不可能是保守派。但领导我们的不是富裕。是贫困。在这个地区,是贫困驱使着人们,不管他们是自由派还是保守派,它都是贫困。

　　害怕再次奴役或者更糟,仍然是 1948 至 1958 年暴力冲突的一个因素。在读到阿方索·阿尔伯莱达给他父亲的信时,另一位老人评论道:"时至今日,这种情况仍然存在。在一封信中,(被视为暴力煽动者的保守党领袖的)劳里亚诺·戈麦斯(Laureano Gomez)博士说,他会杀掉黑人,因为他们大多数是自由党人。他会杀了他们或者把他们变成保守派。这就是暴力事件发生的原因,也是它对黑人打击最大的原因。因此,直到今天,阿尔伯莱达的这封信也是有意义的。"

68

宗教和政治之间的关系,以及对自由探索和土地不可剥夺性的强调,出现在 1971 年与另一个老农民的对话中,他就是现在作为雪茄制造商的尤西比奥·坎本多(Eusebio Cambindo):

> 在这里,《圣经》是"艺术化的",或者像那些人说的那样邪恶而严厉。《圣经》是好的,但只对他们来说;只对牧师来说。任何拥有《圣经》的人都被逐出教会;他们下了地狱。听着!人民的无知、村镇之间缺乏理解、黑人和白人之间的仇恨、大与小之间的矛盾从何而来?这种利己主义从何而来?它来自于剥削,一方不想让另一方知道事情的真相——《圣经》中的真相,生活的真相……上帝把这片土地给了全世界,给了每个人……据说上帝说过,我的土地既不能出售也不能讨价还价。

84 岁的托马斯·泽帕塔(Tomas Zepata)是一位诗人,现在双目失明,一生都在他那块小土地上劳作,他评论了两个政党之间的分歧,这两个政党的斗争折磨了哥伦比亚社会一个世纪之久。他首先指出,战争的物质压力会迫使你作为一名狂热的游击队员加入战斗,接着他说: 69

> 一切即一,
> 一即一切。
> 一切都在其中,
> 因为万物都可二分;
> 单一的事物总是分裂的。

他事后补充道,"耶稣基督来的时候,他说,'你们有些人支持我,有些人反对我。'但实际上是一样的,因为我们都来自上帝"。

这里有一种摩尼教的维度。世界被分成两个对立和敌对的部分——善良对抗邪恶,自由对抗保守,平等对抗不平等。事物分成两部分是自然规律。然而,"一切即一,一即一切。"一个更大的统一将超越分裂。整体注定会成为自我疏离的部分。关系会分裂成对立的部分。但这只是一个更大、更包容进程中的一个环节,在这个进程中,统一得以建立。生命的意义和创造宇宙的力量可能被视为上帝和恶魔、自由派和保守派之间的决斗,但它们都只是同一性和人类共同命运内在真理的侧面和间接表现。"但领导我们的不是富裕。是贫困。在这个地区,是贫困驱使着人们,不管他们是自由派还是保守派,它都是贫困。"

第四章　所有者和围栏

"我们是所有者,我们的围栏是我们的地契"。

里卡多·奥尔金(Ricardo Holguin)

佩里克(Perico)黑人种植园拥有者

　　20世纪迎来了一场巨大的变革,这场变革实际上打破了农民阶级的落后局面。随着毁灭性的内战,即1902年千日战争的结束,胜利的保守党得以营造一种"稳定和进步"的氛围,为外国投资建立了安全,外国投资进入哥伦比亚的规模是任何其他拉丁美洲国家都无法比拟的(Rippy,1931:152)。这笔资金大部分投资在考卡山谷。雷耶斯总统是圣地亚哥·埃德尔的密友,他急需资金来开发他自己持有大量股份的山谷(Rippy,1931:104;Eder,1959:221,405)。1914年,该山谷通过横跨安第斯山脉到太平洋的铁路线和巴拿马运河向世界市场开放。美国顾问建立了一个新的银行和税收组织。在考卡山谷南部,农村人口自然增长急剧加快,城市人口增长更快,这增加了对食物的需求。

　　结果是土地价值飙升,同时大地主获得了赶走农民和启动大规模农业商业化的权力。农民们看到他们被征用的土地首先用于养牛,后来则用于种植农作物,他们自己也越来越多地被迫从事雇佣劳动,并在缩小的土地上种植经济作物。

　　大地主现在有机会从土地上赚钱;只要他们能从不守规矩的农民那里获得劳动和服从。随后的圈占土地不仅是为了增加土地面积;他们还试图解决困扰1882年杰普奥大庄园管理者的劳动纪律难题——"即使每天从游 手好闲者身边走过,也不可能找到工人"。考卡山谷南部最大的庄园——奥尔金家族——年老的管家描绘了1913年所有者的回归,"他们开始统治黑人,扩大他们的庄园"。农村无产阶级化真正开始了。全国人口普查表明,1912 年的雇佣劳动者仅占小农人数的五分之一。但是到了 1938 年,这一比例发生了逆转。工资劳动者的人数比小农多三分之一,并且增加了五倍。

为什么资本主义经济不是在商业化农民的基础上发展起来的呢?为什么它是通过大庄园和雇佣劳动发展起来的?农民的社会组织对资本主义制度构成了障碍。土地的使用笼罩在一个高度个人化的关系迷宫之中,这种关系基于被编织进一个多重婚姻联合的亲属制度之中的不同权利和义务。在某种程度上来说,农民为国家市场进行生产,但很少消费市场中的商品。他们既难以也不热衷扩大收益。如果没有现代资产阶级意义上的私有财产的清晰界限,他们对那些满足并吸引统治阶级的金融制度和刺激来说是难以产生共鸣。农民的血缘关系意味着资本积累实际上是不可能的。财富,而不是资本,可能会积累起来,但只能在后代之间进行分配。当然,商业资本可以与这种形式的社会组织共存,但是由于国家资本积累需要不断增长的国内市场,继续秉持自给自足的农民就成为了前进的障碍。不管新兴系统的复杂算计是什么,它最初的推动力都是摧毁一种嵌入在使用和分享土地的非市场模式中的社会组织形式。

一位老农民在描述圈地的开始时讲述了杰米·戈麦斯(Jaime Gomez)是如何来到这里的。"他开始霸占、抢劫、破坏和扰乱巴拉干(Barragán)、坤脱罗、奥班多等地的居民。然后你不得不逃跑或者被卖掉。在巴拉干,他破坏了房屋,消灭了共产主义,摧毁了公社(comuneros),因为那里有公社。"团队合作、节日劳动聚会和互惠劳动交换制度曾经是有效的。"minga(节日劳动组)。在那一周,你剥了一头猪、一只鸡、一头小牛或其他什么东西的皮,然后邀请你的邻居去劳动。他们在劳动,其他人在那里用那些动物做饭。一两天,不管是什么。一个月或一周后,我也这样做了。我们称之为 minga。就像……无产阶级联盟。这很常见。但是今天什么都没有了,因为在这个区域里,所有的农民一直没有劳动的地方,没有劳动的地方……为了一个 minga。"一位出生于 1890 年的老人诉说道:

大约在 1900 年,有数百个 terrazgueros(佃农)。穷人和富人之间充满仇恨。穷人没有权益,富人和法官一起把人们赶出了他们的家族。这在千日战争中变得非常激烈。大部分是由奥尔金家族和阿尔伯莱达家族造成的。当杰米·戈麦斯作为一个庄园主来到这里时,已经没有多少佃农了。我父亲在帕洛河的另一边有 150 个场地(一个场地等于0.64 公顷)。但是佃农们被赶到了洛斯利亚诺斯(Los Llanos)牧场许多半个场地大小的地方,并成为了庄园的日工。他们带着马和套索来了,毫无预兆地把房子推倒了。我找到了一份喂马和取水的工作。之后,我为这些禽兽们砍甘蔗。然后我为杰米·戈麦斯工作,做牛奶工,后来又做赶骡人,把收获的可可和咖啡运到卡利和贾蒙迪(Jamundi)。我会每两到三个月赶 12 匹骡子,带回带刺的铁丝网和盐。当他们修建铁路以后,我只需要走到贾蒙迪。另一个房东是本杰明·梅拉(Benjamin Mera),他也从阿尔伯莱达家族那里买了土地。他是黑人和自由派,而杰米·戈麦斯是白人和保守党。但这是一回事。许多自由派和保守党做着同样的事情。坤脱罗没有太多抵抗力量。富人通过法律和权威赶走黑人,他们甚至没有为这块土地支付五美分。

"人是一回事,法律是另一回事;两者非常不同。一边是法律,另一边是人",托马斯·泽帕塔(Tomas Zapata)如此说道,他是一个盲人老农民,不识字,也是一个诗人。"在独立战争中,每一个人都并肩作战,无论贫或富,黑人或白人,保守派或自由派。但是,在我们胜利之后,穷人被拒之门外,土地被分给了打手和富人。穷人露宿街头,身无分文。然后穷人开始反抗。但当富人开始明白,穷人将收回他们的土地时,他们便施以政治手段,因此穷人之间就不会有任何联盟。"

生气勃勃的企业家阶层也攫取了所谓的公共土地——人们在一种公共保有制度中使用的大牧场,这种制度的法律地位最为复杂。这些公共土地通常被称为共有土地(*indivisos*),因为它们不能被分割,使用权一代一代地继承,不能分割,这样到了 1900 年,数百个家庭都可以要求去使用它。从20 世纪初开始,当地报纸载有关于这些土地划分的报道和官方通知。典型的共有土地是"博洛·德·埃斯科瓦尔"(Bolo de Escobares),大约有 440

名"所有者"参与其中。它位于特加达港(Puerto Tejada)北部,价值40000
比索。《商业日报》(El Comercio)于1904年6月16日向此土地上的"佃
农"宣布,现在出售25至100公顷的土地。不可剥夺的土地变得可转让。
土地成为前所未有的商品,农民能付多少钱?农民习惯上通过买卖土地改
良物(即 mejoras)而不是土地本身来交换土地。但是现在,有保障的所有
权需要购买土地,不过很少有人能负担得起。与此同时,大地主很少能够支
付改良费用。因此,双方陷入了冲突。人们越来越多地找到关于铁丝网的
广告。19世纪70年代年末,它和一种新型的草一起被引入山谷。难怪世
纪之交报纸上最常见的广告之一写道:"哥伦比亚出版的最有用的书是《家
庭律师》(The Household Lawyer)。"正如潘诺尔·埃德尔在1913年指出
的,"牛的价格持续上涨。利润很大"。

托马斯·泽帕塔谈到了共有土地。

　　共有土地存在于此。当探索者发现美洲时,当时的这片土地由那
时在这里的印第安人守卫。然后探索者开始掠取他们的土地,因为所
有的穷人都被他们视为奴隶。所有贫困阶层的人都被夺取土地的人所
奴役。这个所有者会在那边拥有那块土地,另一个所有者会在那边拥
有另一块土地,另一个所有者会在那边拥有另一部分土地,仍然有很多
土地没有任何所有者。因此,他们把最先来到这里的印第安人驱逐出
去,但从未抽出时间卖掉剩下的所有土地。他们只是心满意足地端坐
着,双臂交叉着,他们拥有的许多土地从来没有卖出去,也不可能卖出
去。这就是他们所说的共有土地,这样的土地永远不会被让渡。他们
也称这些土地为公社,那是你、我、他,还有其他人等的土地,我们有权
拥有我们的动物。动物依靠它们的标志被划分;没有一块土地被围栏
所分割。有一些公社有80个家庭。在那里你可以和其他人平等相处。
几乎这里所有的土地过去都是那样的。但是在千日战争之后,富人来
了,用带刺的铁丝网封锁了这片土地。从那时起,他们开始取得土地的
所有权,尽管那不属于他们。如果你有你的那一份土地或者那一块土
地,但没有用栅栏围起来,他们会从远处而来,因为他们有铁丝网,他们

会把它封锁起来,你只得离开那里,因为法律不会保护你。事情就是这样开始的。富人不断地来来往往,把人们赶出土地,剥夺每个穷人的财产。然后他们在牧场种了草。这就是为什么这里的人们不得不离开或去为富人工作,因为没有针对穷人的法律。他们沦为穷人。即使是土地改良物也没有价值;当他们把你关起来的时候,你必须出去。因此你所拥有的土地改良物——他们不付钱就掠走了。

对这次袭击的记忆是生动的,并作为大屠杀存在于流行的传说中。对黄金时代的记忆同样持久,让人回想起富足、自给自足和睦邻友好的时代。一位老妇人描述了 20 世纪 20 年代这种无法挽回的失落感。"在富人侵入之前,这里只有我们农民。每个家庭都有自己的牛,两到五头。那里有很多牛奶和肉,种植水稻、玉米、芭蕉,还有一些可可和咖啡。没有磨咖啡的机器。我们用石头做。我们很少做巧克力,因为它会让你绞痛。我们也在房子旁边种植西红柿、洋葱和树薯。但是今日,不行! 我们可以在哪里种植呢?"

当我们坐在他位于特加达港的单间小屋里,面对着下水道的绿色污水时,尤西比奥·坎本多谈论着过去。他的孙子们帮他卷雪茄,这是他们失去土地后唯一的谋生方式。当烛光在摇摇欲坠的泥墙上摇曳时,他坚持认为泽帕塔的叙述需要他自己的补充,因为泽帕塔是一位哲学家,而他则为文学而活。

在富人强行进入之前,农民拥有大量的土地。可可种植面积很大。现在一切都过去了。牛奶非常充足。没有预先准备,肉很丰富。你不需要炖它,只需一个平板就可以了。芭蕉,足够大。水果,无论何时你想要都会有。如果你不想要它,那么其他人可以拥有它。生活非常简单的。不管你会到达任何地方,他们会为你提供食物,款待你,并请你留下来。我们在这里唯一要买的东西是盐,有时是衣服,一些可以盖住自己的东西。从这里到那里没有别的了,因为农民生产了一切。你从未买过食物。肥皂是由灰烬和牛油制成的。蜡烛是在家里做的。动物,比如马? 如果你需要的话,它是借给你的。那时几乎没有剥削;人们出借一切。我需要你的公牛来催生牛奶;你会把它借出去。你需要我的马。我会把它借出去,依此类推。

他补充道,"上帝把土地给了所有的人。为什么有必要使一个、两个或三个小偷成为大量土地的所有者,而其他人也需要土地呢?"

奥尔金家族的子孙三次担任共和国总统,他们于 1913 年归来并重新获得他们的领地——"统治黑人,并扩大他们从阿尔伯莱达家族继承而来的庄园"。胡安·扎普(Juan Zappe)的女儿玛丽亚·克鲁兹·扎普(Maria Cruz Zappe)目睹了这一切。胡安·扎普是一位将军,因在千日战争中担任游击队长而闻名。

他们开始清理农民的农场。考卡河两岸都是可可。他们把它全部砍掉,搬迁,搬迁,这样就不再有所有者了。他们带着他们自己的人来了,在房子周围种了草,砍伐了农场,当卡洛托的保守党政府来保护他们时,我们没有法律。他们想壮大自己,建造牧场。拥有牧场的黑人都被赶走了。他们有自己的牧场,有自己的农场,但都被抛弃了。他们称之为帕利托的地方。那是河边的一个小村庄。他们把它全拆了,什么都不承认,连一分钱都没付。他们把牧场建在我们的床上,因为波帕扬不会帮助我们这种人。卡洛托也没有。他们反对我们。

在他们不能或不想驱逐农民的地方,奥尔金家族首先对土地征收租金,然后对每棵可可树征收租金。强盗塞内西奥·米纳接管了抵抗组织的领导权。扎普继续说,"例如,在巴拉干有一场反对坎本多家族(Cambindos)的斗争。他们反对在其他团体到达特哈达港的同时支付租金;从塞拉弗娜(Serafina)的侧面——一位巴拉塔先生;从瓜切纳(Guachene)那边——一位圣地亚哥先生;从萨巴内塔斯(Sabanetas)——其他一些先生;如此接连不断。所以这些团体是最聪明的黑人为了商讨而成立的。他们是自卫团体,旨在解放佃农,这样他们就不会被赶走,也不会让牛放入他们的农场,这样人们就可以保留他们以前拥有的东西"。通过这种组织,农民基本上能够取消可可树的租金。出租他们所习惯的使用权和改良品,这是他们的最后一根救命稻草。

迈纳过去是一个强大的巫师。他可以把自己变成动物或植物来躲避警察和庄园警卫,而且他也不会被子弹穿透。他是通过他对一种邪教科学(*ciencia cabalística*)的了解做到这一点的,这就是卡巴拉(Cabbalah)犹太教神秘主义,它通过赫尔墨斯主义进入文艺复兴的思想和魔法之中。他藏在树林深处,和许多妻妾住在他的大农场里。一位老农非常喜欢他的传奇故事。

当他们开始拆除帕利托山脉周围的农民树木时,人们呼吁塞内西奥·迈纳为他们辩护,因为方圆数英里的所有律师都在奥尔金家族那里,没有人会帮助我们。因此,由于迈纳是个黑人,他们拜访了他。奥尔金家族试图通过对每棵可可树收取租金来提高租金;每棵树四比索。人们不会容忍这种情况,因为正是他们种下了这些树。他们会为土地使用权付钱,但不会为树付钱!因此人们聚在一起,说他们什么也不去做。

塞内西奥·迈纳没有受过大学教育,但他是一个天赋异禀的人,有科学天赋,自然科学。他甚至连一个星期都没有在学校待过。他是千日战争时的上校。这里的人们非常喜爱他,他有一个超过100人的团队。因此,他来保卫我们对抗佩里科尼格罗庄园,奥尔金的庄园,那些被保卫的人和他一起去保卫在奥尔蒂加陷入困境的其他黑人。

他们抓住了迈纳,并把他囚禁在首都波帕扬,但由于他是个有钱人,我猜他贿赂了警察,因为在那之后他很快就逃走了。那个人可以破开大山,想去哪里就去哪里,但没人知道他是怎么做到的,也不知道他在哪里。他越狱的那天这里在庆祝,就像庆祝一个新生儿的出生。

他知晓法律。他知道如何保护自己,他保护了我们所有人。他们不断追他。另一次他们抓到了迈纳,但他不让他们抓住自己。他不会让他们得逞的。他一直在溜走。最终是一个富人抓住了他。他们付钱给一个朋友,让其在祭典时下毒。

77

当时掌管庄园的奥尔金家族的孙女说,为了报复在土地上筑起围栏和播种牧草,迈纳和他的追随者杀死了牛,并在尸体上留下一个标志,上面写着:"迈纳做的。"这些人在千日战争中声名鹊起,证明了他们作为游击队指挥官的勇气,他们几乎总是站在自由党一边。

1915年,大约在奥尔金家族返回该地区并收回他们的遗产两年后,迈纳的活动引起了极大的恐慌,政府派遣了一个固定的国家警察机构留在特哈达港地区,试图追捕他(Gobernador del Cauca,1915:2)。

考卡总督在1919年的年度报告中强烈抱怨特哈达港地区的社会不稳定程度,他将其归因于时代的"经济不正常"、人们在养活自己时面临的困难以及缺乏一个流放地。他敦促组建一支特殊的警察队伍,"为庄园主和牲畜交易业提供保障"(Gobernador del Cauca,1919:4)。

在1922年的省级选举中,(根据政府报告)警察在特哈达港东南约5英里处的瓜切纳区勉强避免了黑人农民屠杀白人顾问。同年,警方奉命在东部6英里处的蒂埃拉杜拉区(Tierradura)制止对地主的袭击。农民们决心进入并占领被栅栏围起来的土地(Gobernador del Cauca,1922:4,6)。这块土地被埃德尔的"考卡农业公司"占领,今天这块土地是整个共和国最大的甘蔗种植园之一——考卡甘蔗种植园——归埃德尔家族所有。农民认为(现在仍然如此)土地应属于当地的小所有者,因为它是一块未分割之地,该地区自1922年起就知道这些农民及其后代多次侵袭土地,例如在40年代中期,同样也发生在1961年(参见 Institute de Parcelaciónes,1950)。

农民农业的商业化

在20世纪20年代,随着农民创建了民兵组织,强盗领导的斗争转变为更为现代的政治运动。这在20世纪20年代和30年代初蔓延到哥伦比亚,但随后随着改革派国家政府的选举而平息下来(Gilhodes,1970:411-422)。与此同时,农民越来越倾向于种植经济作物。1833年,根据波帕扬省的人口普查,特哈达港地区的可可年产量仅为11.4公吨,而且没有咖啡(与19世纪50年代的科达齐的数字相比,1959,2:69)。1950年,所有农民的土地都种植了可可和咖啡,当然还有一些芭蕉。每年大约生产 6000 吨可可,且全部来自农民。1925 年蒙萨尔维(Monsalve)(备受批评的)人口普查报告称,特哈达港有 59000 棵咖啡树。全国咖啡种植者联合会报告说,1932 年有 576000 棵;七年内增长了近 1000%。随着农民转向种植更加集约的经济作物,他们也变得更加依赖金钱,这不利于他们早期的自给自足;他们开始了枯燥无味的生活方式,出售他们生产的大部分产品,购买了许多消费品。经济作物产量的增加是由于土地面积的减少,由于地主们新的货币需求(他们决心通过剥夺来赚取他们无法获得的租金),以及由于多年生植物给予土地的法律和事实上的安全。经济作物也是对代表大型企业的新商人的诱惑和压力的回应,这些企业的触角从首都和北半球伸出。

山谷的一个非常住的居民和埃德尔家族的后裔,潘诺尔·埃德尔(Phanor Eder),在 1910 年左右给我们留下了以下关于农村商业的描述。他说,该国的大部分商业是由一般商店完成的,这些商店充当出口商和进口商、批发商和零售商。对外贸易是通过美国和欧洲的委托公司进行的。甚至很大一部分黄金和白银都经过了同样的公司。在咖啡贸易中,较大的种植者直接向委托公司运送咖啡,他们经常拖欠委托公司预付款。较小的种植园主将咖啡卖给普通商店,普通商店用佣金支付 60 天和 90 天的汇票来购买。当地经销商有代理商,它们遍布农村。在某些情况下,这些当地经销商是独立的,但更常见的是他们与外国公司的购买代理人关系密切,其中许多人拥有许多种植园,他们接管这些种植园是为了还债(Eder,1913:124 - 125)。 79

到了本世纪的第二个十年,正如外界所说的那样,山谷南部的商业和人口中心已经转移到"黑暗丛林"(*monte oscuro*)深处的黑色区域(Sendoya,n.d.:83)。在考卡河两条支流的交汇处,黑人发展了一个繁荣的市场,它通过河流系统与卡利相连。政府于 1918 年授予它以市政地位。到 20 世纪 20 年代晚期,这个被称为特哈达港的中心成为公路网的一部分,它允许更自由和不同的货物运输。它也从黑人手中夺走了大量的运输,因为他们控制了河流运输,最重要的是这表明了该地区商业的成熟。考卡总督在 20 世纪 20 年代的年度报告中主要涉及了建造连接特哈达港地区和主要商业中心的桥梁和道路。卡利和波帕扬之间的铁路线主要建立在美国政府所支付的用来赔偿巴拿马"脱离联邦"的资金的基础上,到 20 世纪中期,铁路线已经通达步行即可到达特哈达港的地方(Ortega,1932:198-206)。公路和铁路建设困扰了企业家们,他们经常对高昂的运费感到恼火(Eder,1913:151)。

芭蕉是农民自给自足的基础。剩余的竹子被木筏运到卡利,在 19 世纪最后几十年,这个地区以盛产芭蕉而闻名。今天,大多数芭蕉都是从遥远的地方进口的。可可成了农民的支柱。它在当地的土壤和气候条件下像其他作物一样繁荣,农民们自奴隶制以来就已经习惯了它的耕种。它的售价很高,并且在自然和法律上形成了针对地主贪婪掠夺牧场和甘蔗地的障碍。可可逐渐作为一种经济作物出现,与农民在等待可可成熟的五年中赖以生存的生计作物的减少形成一种稳定的比例。但是从 20 世纪 30 年代到 40 年代,没有资本的可可种植变得越来越困难,因为种植面积通常太小而无法达到这样的平衡。

还应该注意到,当土地充足而廉价时,可可是一种比咖啡更合算的建议。但是当土地变得稀缺和昂贵时,咖啡成为了更有利可图的选择。农民在 20 世纪 20 年代开始种植咖啡就是对此的回应。

20 世纪 20 年代和 30 年代涌入特哈达港购买农民经济作物的商人也获得了很大的政治控制权。他们是白人,通常来自安蒂奥基亚(Antioquia),同时也都是保守党成员。中心广场附近的黑人商店被他们的商店所取代。这些中间商拥有大型可可和咖啡购买公司的代理权或授权。他们容易与这些大公司纠缠在一起,也同样容易与农民生产者分离,他们可以毫不畏惧地利用他们。外来者可以充当商人,但这对于当地人来说并不容易,这是有原因的。正如一位老农民指出的:

> 黑人更害怕大的商业交易。他害怕投入哪怕 20 美分,因为他认为会失去它。黑人做金融不如白人。他只是和"派萨"(Paisa)[安蒂奥基亚人]不一样。作为"派萨",如果他有 20 美分,他就把它们投资出去,得到 40 美分或者什么都没有。这里的黑人是农业人口。他们不熟悉

商业,不熟悉进口一包衣服或建立可可购买机构。更重要的是,如果我在这里开店,流言蜚语和恶毒传闻就要开始了;人类对人类的嫉妒。然后我慢慢走向毁灭,因为我必须依靠信任生活。"来,拿着,明天付钱给我! 去吧,拿去吧,明天会好起来的!"

然后你,出于种族的原因,或者因为你是一个乡巴佬,或者出于友谊,永远不要付钱给我。那样我会被毁了。我会失去我所有的资本。但是白人,不! ——因为他在生意范围内给了我信用——他给了我40美分的信用,因为在同一笔交易中他已经抢走了我80美分。他已经有80美分的利润了。于是他给了我40美分。如果它们丢了,他真的什么也没损失!

到20世纪20年代末期,土地压力似乎变得很大。制糖业和大规模商业化农业正在通过更稳定的融资和强大的地主协会,在社会结构中牢固地制度化,这两者因对农民的共同恐惧和控制市场以及基础设施发展的需要而结合在一起(参见 Gilhodes,1970:417;Fals Borda,1969:141;Dix,1967:323-326)。20世纪30年代初,查顿使团(Chardon mission)和考卡山谷帕尔米拉农业学校的开设(Chardon,1930),引进或重新刺激了甘蔗和其他作物品种的改良,以及新的牲畜品种和育种方法。洛克菲勒基金会于1941年建立了国家政府农学研究所,进一步刺激了资本和能源密集型农业。

1945年,当地一名黑人教师向政府发出了热情的呼吁:

很长一段时间以来,许多人被迫离开这里的土地。大多数人只有两到十英亩土地,几乎所有人都专门种植可可。大多数农民是文盲,只知道如何耕种自己的土地。在最初的几十年里,一切进展顺利,因为土壤非常肥沃,没有瘟疫。但是现在人太多了。小型基金和单一产品已经出现,这带来了可怕的后果。每块土地的居住者在短时间内翻了两番,翻了三番,土地变小了。在过去的15年里,形势已经发生了可怕的变化。今天,每一种作物都变得越来越小,收获之前都要等待很长时

间;成千上万体力充沛的人被迫无所事事……高利贷增加,偷窃增多;
生活现在是在痛苦和无助的希望之间摇摆的钟摆。特哈达港的农民正
面临着前所未有的困境。很明显,由于越来越多的人被剥夺了祖传财
产,这种情况是不可能受到限制的。

暴　行

　　1948 年至 1958 年可怕的哥伦比亚内战可恰如其分地被称为暴行,它
进一步加速了新兴种植园对农民土地的围困,因为他们的所有者利用了那
个时代可怕的不安全感。农民认为大地主在空中喷洒除草剂来摧毁他们的
可可,这也是 20 世纪 60 年代哥伦比亚其他地方使用的策略(参见 Patino,
1975:181 - 83)。由于大地主操纵灌溉和排水渠道,农民的土地被淹没,进
入土地的道路被甘蔗堵塞。结果,作为农民收入支柱的可可产量从 1950 年
到 1958 年减少了 80%(Wood,1962)。

　　1948 年 4 月 9 日,著名的波哥大自由党领袖盖坦遇刺,从而点燃了整
个哥伦比亚的暴行。波哥大和卡利这样的城市暴动了,但特哈达港是唯一
一个作出同样反应的农村定居点。一群无法控制的暴徒在下午和晚上洗劫
了商店,但没有造成什么人身伤害。然而,传到外界的报道则是荒诞的。据
说修女被强奸,保守派(通常是白人)被斩首,黑人在广场上用人头踢足球。
对特哈达港的这种幻想是对其作为暴力盗贼和流浪者地狱的描绘的补
充——在白人统治者统治的政治地理环境中,黑人的不满情绪日益严重。
对特哈达港暴力行为的幻想源于剥削和种族主义产生的恐惧。

　　一名目击者说:

　　　　在准备土坯时,我从收音机里听到人民领袖豪尔赫·埃利瑟·盖
　　坦(Jorge Eliécer Gaitán)博士被暗杀了。当时纳坦尼尔·迪亚兹(Na-
　　taniel Diaz)(来自特哈达港的黑人领袖)在波哥大,他们和一群学生一
　　起闯入了国家广播电台。就在那时,纳坦尼尔·迪亚兹在广播中说:
　　"考卡劳动者注意! 为领袖豪尔赫·埃利瑟·盖坦的流血牺牲复仇。"

几乎所有的商店都为白人保守党所拥有,他们逃离或设置路障。片刻之后,烟火被点燃,以此从镇上呼唤农民。他们从各处赶来。他们来自所有的农村居民区。下午四点钟,他们占领了政府的酒类商店。他们喝了甘蔗酒、朗姆酒等等。每个人都喝醉了。每个人都拿了一瓶,口袋里还有几瓶,然后开始洗劫商店。太不可思议了。他们主要闯入的是这个城镇的政治首领的商店。他们拿走了糖、米饭、蜡烛、肥皂……但是这里的人们不像其他地方杀害保守党人那样嗜血。不是!他们想在这里抢劫,仅此而已。他们还抢劫了富有的自由党人。

这不是一场有组织的起义。这是多年屈辱和愤怒导致的人民自发的暴动。这是无政府状态,但它建立在数代人的压迫之上,并且在道德上有明确的诉求。村镇总是从外部到内部、自上而下进行统治。人们没有自己的正式组织。难怪当国家控制的防洪堤溃决时,持续多年上涨的洪水波涛汹涌,卷走了人们在不到几年前就在自己的土地上准备好的货物:"它们卷走了糖,它们卷走了米饭,卷走了蜡烛,卷走了肥皂。"

几天之内,军队平息了暴乱,军事法则为种植园侵占农民的农场提供了掩护。在世界银行和美国的资助下,种植园继续在平原上无情地扩张。该地区 1938 年仅生产了 2000 吨糖,而到 1969 年则生产了大约 91 000 吨。

当地的土地销售和税收记录(由农民的口述史支持)显示,农民平均拥有土地的数量从 1933 年的 4.8 公顷减少到 1967 年的 0.32 公顷。伴随着这 15 倍的下降,当地人口只增加了一倍。土地短缺不能归咎于洛克菲勒基金会专家试图宣称的"人口爆炸"(例如,Wray and Aguirre,1969)。

政府的人口普查显示,到 1970 年,约 80% 的可耕地为四个甘蔗种植园和几个大型农场所拥有,而 85% 的地块不足 6 公顷,所有权越来越集中。大部分土地都很小,以至于农民被迫在大农场工作。根据我自己在 1971 年的人口普查,8% 的农村人口实际上没有土地,另外 63% 的人的土地小于两公顷,不足以维持生计。一位当地农学家指出了这种土地分配模式的经济功能,在这种模式中,农民的生产方式与大资本家的生产方式并存。"贫农提供了种植园最需要的劳动力。由于他们拥有自己的房子,从而节省了种植园建造房屋和运送大量人口的费用。此外,他们的经济需要使他们无限期地与种植园联系在一起,在种植园之外很难找到工作。"(Mancini,1954:30)

无产阶级的两重性

不同于世界上大多数的甘蔗产区,考卡山谷的气候和土壤条件允许全年的合理生产。众所周知,劳工状况的不稳定不能归咎于生态,而是因为种植园主利用许多工人也有自己的小块土地这一事实所采取的政治行动。

20 世纪 60 年代初,激进的工会结构被种植者打破,他们建立了劳动力招聘和就业的双重制度。与此同时,到 1974 年,他们从自己种植所有的甘蔗转向从独立的大农场主手中购买一半以上的甘蔗。面对严重的劳工动荡和前所未有扩大生产的需要——以填补古巴食糖禁运后美国食糖进口配额的缺口——考卡山谷甘蔗种植者刺激了劳动承包商制度的发展,通过这一制度,正式独立的中介机构获得报酬,用以招募小批临时工来完成既定任务。

甘蔗种植园大约三分之一的工人和大农场几乎所有的工人,都是由劳务承包商招聘和监督的。这些承包商可以在很大程度上规避昂贵的社会保障福利,甚至可以支付比农业企业长期工人更低的工资。像这样的临时工不能成立或加入工会;因此,他们经常被用来破坏罢工。承包制度使劳动力原子化,无论是因果关系还是固定关系,这有利于对工人的控制,降低了总的劳动力成本,削弱了所有工人的政治力量,并有助于确保劳动力的弹性储备以应对需求波动——即使在制糖业,这种波动也非常明显。

招聘和组织合同工的便利在很大程度上依赖于穷人之间现有社会网络的合作。承包制度的潜在力量来源于穷人组织成工资劳动团队的能力。劳动力市场的有效利用得益于非市场的社会关系模式。此外,承包制度促进了计件制在资本主义农业中的优势,这反过来又支持了承包制度。与计时工资制相比,计件工资制使雇主有更多的机会降低日工资、增加劳动强度,并提高工人之间的个体性和竞争性。这造成了一个恶性循环,每日工资率的降低使计件工资模式和承包制度对工人更有吸引力。由于无法对工资结构采取集体行动,工人们至少在承包计件制中有机会通过加强劳动强度来超过日工资。而且,因为许多合同工喜欢在农民和种植园之间来回流动,所以合同制变得更具吸引力。通过挖出的立方米数量来计酬的挖沟人说道:

> 食物价格如此之高,工资如此之低,工人们被迫竭尽全力维持生计。有些人甚至不停下来吃午饭。前几天的一个星期六,当一个人因胃痛倒下时,其他人几乎没有注意到他。工头要求他继续工作。那个人要水,但是老板说他应该起来工作。卡车接工人回镇上时,他还躺在甘蔗地里,他们把他忘了。他整个周末都躺在那里。当他们星期一回来时,他已经快死了。他们把他送到医院,给他注射了血清。但他过了一会儿就去世了。工人们全神贯注于获得足够的钱来维持生活,所以他们只专注于他们正在做的事情。除了他们正在做的事情,他们没有时间去想任何人或任何事。

不久之后,讲述这件事的人离开了种植园,全身心地投入到他母亲的土地上。他推断说,虽然挣的钱少了,但这是值得的,因为工作的强度要小得多。

在过去的 15 年里,山谷中除甘蔗以外的其他作物的大规模种植增加了 5 到 10 倍,这些作物完全由承包商系统经营——与甘蔗不同的是,这些作物的大部分工人是当地妇女及其子女。劳务承包商更喜欢雇佣妇女和儿童,说他们"更温顺",会以更少的成本工作,并且按照他们被告知的去做。她们不得不这样做,因为照顾孩子和喂养的负担越来越落在妇女身上,她们痛苦地意识到饥饿的婴儿在黄昏时分等待她们的米饭。生活史和系谱学表明,在过去 30 年里,户主是两代单身女性的家庭和男女之间的短暂关系变得越来越普遍。自 1938 年以来,结婚率下降了一半。这些女工和童工通常被称为"*iguazas*",这指的是在田野里采摘种子的迁徙鸭子。有些人的大部分收入来自收集、食用或出售她们在土壤中所发现的散落的谷物。但是,不管承包商怎么说,这些女性确实偶尔会罢工,并且在没有组织领导的情况下直接自发地罢工,当工资低得令人发指时,她们就会离开田地。

　　大多数临时工都是土生土长的本地人。他们在不同程度上依靠自己的土地维持生计。许多人在农民耕作和为承包商工作之间摇摆不定,而其他人则让直系亲属从他们的土地上提供部分生计。大约四分之三的所谓长期雇佣劳动力是来自太平洋海岸相对孤立的丛林的黑人移民。他们大多数在海岸和种植园之间交替工作;他们在种植园待上一到三年,然后回家,一年左右后再回到种植园,通常留下配偶和子女。

　　种植园和大农场的雇佣劳动者不是"纯粹"的无产者,所谓"纯粹"的无产者是指除了出售他们的劳动时间之外,没有任何东西可以依凭生存的人。无论是临时的还是永久的,本地人还是移民,他们通常都是兼职无产者,他们及其家属的生计依赖于他们以农民耕作或类似的收入机会所取得的收益来补充的无产阶级劳动。

农民农业的艺术

　　农民农场里凉爽的小树林与农业企业巨大、炎热、无树木的田野形成了鲜明的对比。种植园的甘蔗簇拥在零星散布着森林植被的小岛的土地上。这些土地上种植着可可、咖啡、柑橘和芭蕉,它们生长在大量灌木、草木和开红色花的遮阴树之间。农民和种植园审美形式的不同可归结为:农民对材料、工具、时间和土地有一定的控制权;工薪劳动者对这些都没有控制权。托马斯·泽帕塔说得好:"我的儿子和女儿都不感兴趣。他们只关心每天过日子,下午拿钱;黎明上班,黄昏归来。他们日复一日。但是农业是一门艺术,他们不明白这一点。对于这门艺术来说,最重要的就是坚持和土地。"此外,严格按照经济标准来判断,农民的耕作方式在许多方面比大型资本主义农场更有效率。如此残酷折磨农民的贫困既不在于他们的生产方式,也不在于他们的生产率。相反,这归结为大规模资本主义农业企业的低效。由于其更大的政治权力和对土地的垄断,农业企业可以通过利用农民耕作的效率来弥补其低效。

农民农业的主要任务是每两周收割一次，每年除草一两次。两项任务都很轻，所需时间也很少。以这种方式耕种的大约两公顷土地为农民家庭提供了维持生计的生活，并且每年不超过一百个工作日。只使用弯刀和轻铁锹。木柴、房屋建筑材料、绳索、包裹用的树叶、包装物、葫芦、少量玉米和木薯，以及许多药用植物也从这块土地上获得，家禽和猪也在这块土地上饲养。尽管这种农业是商业性的，但它以其巨大的多样性保留了大部分已存在的生态系统，土壤经常被落叶堆肥滋养，这相当于热带雨林中的堆肥。据说，开花遮阴树对多年生作物的健康至关重要，在遮阴时，它们抑制了在野外热带农业中繁殖并造成大量额外工作的杂草的生长。丰富的树木能挡风遮雨；此外，树木保持水分，并在干燥季节缓慢释放水分。

芭蕉在种植后 8 到 10 个月就会结出果实，不管一年中的什么时候，通过它们的吸根，芭蕉会继续生产五年或更长时间。可可和咖啡每两周收获一次。两者都有六个月的周期，周期是互补的：当咖啡衰退时，可可收获，反之亦然。因此，全年收入和劳动力投入保持稳定。即便拥有资本，也几乎无需资本维护。

妇女能够拥有和管理三分之一的农场，不存在像农业企业那样明确界定的按年龄或性别划分的田间劳动。区域往往被划分为以有 10 公顷或更多土地的富裕男性农民为中心的亲族。他号召他邻近的兄弟姐妹、表兄弟姐妹、妻妾和他们的孩子帮助他解决自己的家庭无法处理的工作，并按日支付他们报酬，并且总是容易受到他们要求贷款和礼物的影响。在他死后，这个大农场通常被这些人瓜分，准阶级金字塔崩溃，随着另一个等级家族的出现而慢慢改革。基于家庭的互惠关系塑造了劳动关系。财富沿亲属关系的再分配塑造了阶级结构。国家市场影响劳动力和农民阶层内的财富分配，但它不是该阶层内部结构和功能的组成部分。尽管这种农民生活方式是商业化的，但它不是市场经济的缩影。商品形成的规则和负担渗透到生产过程中的社会生活新陈代谢中和工作场所之外的生活中，在资本主义意义上这也是不合理的。

自 1971 年许多农民和无地劳工组织入侵种植园并以武力接管土地以

来,这种传统的农民耕作方式受到哥伦比亚政府和美国国际开发署(US-
AID)发起的"绿色革命"的影响。这种发展组织的新的便捷智慧是为了提高农民的生产力,而不是进行土地改革以便解决农村贫困问题。实际上,这意味着将多年生植物连根拔起,代之以昂贵、易受风险、机械化、露天的黄豆、大豆或玉米这种单一种植系统。大约三分之一的农民接受贷款来发展这个新系统。他们总是男性,因为金融和农村推广服务自然会吸引他们,但是妇女普遍反对这一想法。创新的结果是农民负债的急速增长,从而在实际上消除了芭蕉在当地的生存基础,并提高了种植园获得土地的比率。在新制度下,收入受到威胁,因为单季作物容易受到瘟疫、大风和洪水的影响。此外,即使有收入,也只能每四到六个月获得一次。资本投入大幅增加,因为需要新品种的种子、拖拉机、化肥、杀虫剂和增加的劳动力投入,尽管使用了机械,但这些都是必要的。农民以新的方式耕作,成为前所未有的劳动力雇主,农民阶级结构的特征也从血缘关系演变为固定的资本/劳动力结构。富农吞并了他们邻居的土地,过去富农去世时的经济平衡现在很少发生,因为他们把土地出售或出租给种植园。妇女已经失去了传统食物的供应,她们过去常常在老式的小块土地上收集这些食物并拿到城镇里出售,现在她们比以往任何时候都更加依赖男人。她们为劳务承包商或城市富人提供现成的劳动力储备,这些人将她们用作家庭佣人。

农 业 生 产 方 式

毫无疑问,在这个食物丰富的地区,农业企业的发展已经提高了人们的生活水平。这种发展意味着农业与营养之间的断裂越来越大。尽管自给作物和农民耕作已经过时,但不断扩大的甘蔗种植园的利润非常高[1970 年至 1974 年间平均约为 40%,净收入超过了成本(Fedesarrollo,1976:340 -
346)]。然而,据说大约 50%的儿童营养不良(Community Systems Foun-
dation,1975)。此外,似乎在岗的成年人必须实现的营养平衡是以牺牲孕妇和儿童为代价的,而且人们现在的饮食比农业企业发展之前少得多。这种发展环境所带来的健康危害加剧了营养问题。根据细菌学家的反复调查,磨坊将流出物排入河流,河流是饮用水的主要来源,所有水源都受到粪便的可怕污染。钩虫(50％的人口)、溶组织性变形虫(25％)、绦虫(20％)和蛔虫(70％)的侵扰比比皆是。污水系统糟糕透顶,人们通常赤脚行走。农业企业的财富没有一项用于克服农业企业造成的损害所需的公共服务。

政治紧张和犯罪一直是当务之急。官方经常启动"紧急状态"。在这种情况下,尽管哥伦比亚形式上是一个民主国家,但在哥伦比亚大部分地区都很常见的是:军事法在大多数时间都普遍存在,从而阻止了民众集会和团体集会。像离城镇最近的两个甘蔗种植园这样的大型庄园的主人,由于害怕被绑架,不得不在警察和士兵的武装护送下出行。出于同样的原因,他们的高级管理人员在吉普车上安装了双向无线电,将吉普车与卡利的军队连接起来。种植园工人工会在这一地区最弱,约翰迪尔(John Deere)公司的销售人员声称,工厂机械和田间设备遭到破坏的数量惊人——比该山谷其他农民少得多的地方要多。

与大地主的所有的宣传相反,尽管由于其投入的资本和能源密集型的特点,使得产量通常更高,但这种大规模耕作绝对不会比农民耕作更有效地利用土地、劳动力、能源或资本。效率可以用许多不同的方法来计算,但是甘蔗种植园每公顷提供的工作岗位更少,每公顷工人(和所有者)获得的现金回报更少,并且每天需要比传统或现代的农民农场多得多的劳动能量输出(见表1)。与生产粮食所需的能源投入相比,该地区传统的农民农业生产粮食的能源效率大约是甘蔗种植园的六倍。此外,即使种植现代作物(如大豆)的农民的每公顷产量只有种植同样作物的大规模农民的一半左右,农民的生产成本却也低得多,以至于他们投入的资本回报率——他们的"资本效率"——等于或高于大规模农民的回报率(取决于是否将农民土地所有者自己的劳动力作为成本进行预算)。当我们比较农民种植新作物和甘蔗种植园的利润率时,情况也是如此。如果与传统的以多年生植物为基础的生产方式进行比较,农民的资本效率会比农业企业的资本效率高得多,因为资本投入可以忽略不计。这里的大规模农业并不是固有地比农民农业效率更高——不管效率是否被定义为以货币或卡路里计算的投入产出比。

表 1　1970—1976 年哥伦比亚考卡山谷农民和种植园工人的比较

	两公顷土地上的农民		种植园工人
	传统	现代	
年净收入,1971 年(哥伦比亚比索)	$ 10000	$ 8000	$ 10000
每个工人的公顷数	1.0-2.0	1.0-2.0	3.2
每年所需的工作日	105	243	275
个人每个工作日的劳动能量产出(千卡)	1700	1700	3500
个人每年的劳动能量产出(千卡)	173000	415000	804000

注意:关于传统农民农业的数据来自我在 1971 年的九个月中每两周对四块土地的监测。关于现代农民农业的数据来自 1972 年和 1976 年在六块土地上进行的类似实地调查。种植园的数据来自费德萨罗洛(Fedesarrollo,1976)和对种植园工人的个人访谈。种植园工人的劳动能量输出(每分钟 7.4 千卡)由斯普尔等人(Spurr,1975:992)在当地甘蔗收割机和装载机上使用呼吸测量技术计算得出的;这些是从杜宁(Durnin)和帕斯莫尔(Passmore,1967)的表格间接计算出来的。斯普尔等人对种植园工人的一个替代性的较低的评估被忽略了,因为这是通过与杜宁和帕斯莫尔所使用的相冲突且不可比较的方法得出的。甘蔗种植园的能源效率仅根据其三种主要能源投入来计算(因此被高估了):(a)人力,每吨糖 197000 千卡;(b)电力,每吨糖 112000 千卡;(c)燃料油,每吨糖 452000 千卡。传统的农民农业能源效率仅仅根据与可可生产直接相关的能源投入产出比来计算得出,假设每公顷种植的平均产量较低,为 290 公斤,这是通过实地调查确定的。像取水这样的家务活儿不包括在能源投入中。甘蔗种植园的比例为 5:1,农民种植可可的比例为 30:1。

只要农业企业劳动力的很大一部分由拥有或分有小块土地的工人组成,那么农业企业部门维持和再生产工资劳动的成本就会低于该部门必须自己承担的成本。因为工人们的自我供给不仅能支付部分成本,而且如前所述,工人们把他们的资本投入到他们自己的农场,比企业投入的效率会更高。

那么,我们必须摒弃那些天真地提高规模效率的流行偏见,并假设一种纯粹的经济动力——物质关系的"效率",用一种据称更有效的生产方式取代一种生产方式。相反,我们必须提请注意社会关系和政治力量在两种并存的生产方式——农业企业和农民——之间形成功能匹配方面的作用,并在这样做时警惕这种联系所产生的多种社会矛盾。

在南部考卡山谷农业企业和农民农业之间关系的演变中,农业企业在几个关键指标上不如农民生产有效。但是,由于农业企业对土地的垄断,它可以利用农民的效率来弥补自身的低效。通过将农场规模缩小到某个最低限度以下,资产阶级能够积累盈余。庞大和现代技术本身并不意味着效率更高。相反,它们提供了强制劳动力形成所必需的力量,以及从劳动力中获取剩余价值所必需的纪律和权威。

在资产阶级能够获得必要的政治权力,将农民的财产减少到一定的、低于维持生存所需的小规模之前,资本主义农业部门的工资一直很高,因为农民可以依靠自己土地的使用价值生产来维持生计。这里劳动力成本高是由于劳动力价值低——劳动力价值被定义为维持和再生产劳动力所必需的商品价值。大约从 1900 年开始,随着资本主义农民利用美国资本的进入和市场对外开放的政治权力开路,他们能够扩大并强行占有农民的土地。他们的动机是希望获得更大的作物种植面积,并需要减少农民的持有量,这样农民就不得不成为雇佣劳动者——半无产阶级——他们从农民耕作中提供部分生计,在某些情况下,他们用工资作为汇款来维持农民农场。

两种生产方式之间的这种联系是一个更大的决定性背景的一部分,即新殖民主义下层社会的背景:具体来说,就是国内市场的狭小和不发达的劳动分工。外围经济体的市场位于世界资本主义体系的中心,它的结构性特征意味着,对提高工人购买力的关注次于对生产无限扩张的驱动。因此,与发达资本主义经济体相比,降低劳动力和购买力的价值或将其保持在较低的水平会产生较少的问题。农民的半无产阶级化相对于完全的无产阶级化,符合这样一种结构。此外,同样的结构特征排除了维持"纯粹"无产阶级(特别是在农村)的必要条件——即一个除了劳动力以外别无选择的阶层,他们被迫在市场上交换工资。因此,雇佣劳动的农民附属物对资本家和雇佣工人都是必要的,对他们来说,资本主义的工资难以维持生存。

如果我们要理解农民工人存在的道德本质和社会意义,就必须牢牢把握社会历史的这一时刻和社会结构的这一事实:历史是封闭的、带刺的、神秘的和饥饿的;社会结构的重要组成部分是处于两个时代和两个世界之间的劳动者,这就是无产阶级和农民。将不稳定的独立边缘理想化太容易了,这种边缘化削弱了市场力量对农民的充分影响。然而,正如雷蒙德·威廉斯(Raymond Williams)提醒我们的那样,我们必须警惕,只有这样一个喘息的空间才能为日益处于支配地位的工资经济提供关键的距离(1973:107)。几代人在反对土地征用的斗争中积累下来的经验与两种截然不同的生活方式在田野和树林中的日常经历息息相关。这种历史模式和两种对立的生产方式之间的对比阻止了资本主义工人阶级的发展，"通过教育、传统、习惯，他们把这种生产方式的条件视为不言而喻的自然规律"（Marx，1967，1:737）。

第五章　恶魔与资本主义的宇宙发生学

在该地区的所有工作中,农业企业的雇佣劳动被认为是最艰苦和最不 合意的——即使是在每日现金回报很高的时候。最重要的是,羞辱和令人屈辱的独裁主义激怒了工人,而大地主和他们的领班则抱怨工人的不妥协,惧怕他们不时发生的暴力。

下层社会的人觉得工作在某种程度上与生活相反。来自太平洋海岸的移民工人哀叹道,"在海岸上我们有食物但没有钱,在这里我们有钱但没有食物"。当地人将贫困农民的工作与种植园的工作进行对比时说:"我宁愿没钱变胖,也不愿有钱变老变瘦。"他们认为,与报酬最低的农民职业相比,他们可以看到种植园工作是如何使人们变瘦和过早衰老的。他们把甘蔗拜物教化,将它描述为一种会把人变干或吃掉的植物。

1972 年,人们主动组织了对种植园和大型农场的侵袭。一群同时在种植园和农场工作的人准备公开分发一份海报,内容如下:

> 我们农民拒绝甘蔗,因为它是奴役农民的原料。我们农民倾向于把甘蔗换成我们可以在这里消费的作物——比如芭蕉、可可、咖啡、大米、土豆和玉米。甘蔗只会帮助富人和政府购买越来越多的拖拉机,给他们自己和他们的家庭带来奢侈。
>
> 农民们! 甘蔗使人堕落,把人变成野兽,然后杀人! 如果我们没有 94 土地,我们就无法考虑孩子和家庭的未来福祉。没有土地,我们这些边缘农民就没有健康、文化、教育和安全。在所有这些地区,人们发现大多数人的地盘都受到可怕的绿色怪物的威胁,这就是地主之神:伟大的甘蔗。
>
> 我们强烈反对种植甘蔗,原因如下:
>
> ——这些首领用种植甘蔗的水淹没我们的土地,显示了他们的

恶意。

　　——甚至更多！对农民的作物造成损害的烟熏给我们留下了最大的痛苦，为他们派遣代理人收购我们的土地铺平了道路。

　　——地主为此目的从我们手中夺走了我们的土地。现在仍有生于本世纪初的长者，他们能够真实地讲述这些老地主的帝国主义历史。我们祖先的财产现在集中在大农场主手中，使近代出生的人陷入了最严重的苦难中。

恶魔与无产阶级劳动

　　根据这一地区农民的普遍信念，男性种植园工人有时会与恶魔签订秘密合同，以提高生产率，进而提高工资。此外，据说签订合同的个人很可能会过早死亡并遭受巨大的痛苦。活着的时候，他只是恶魔手中的傀儡，从这种契约中获得的金钱是无法增殖的。它不能作为生产资本，而是必须立即花在被认为是奢侈品的消费项目上，如精美的衣服、酒、黄油等。投资这些钱来产生更多的钱——也就是说，把它用作资本——就是在招致毁灭。如果一个人购买或租用一些土地，土地就不会生产。如果一个人买一只小猪是为了交易而将它养肥，它就会生病和死亡。此外，据说如此切割的甘蔗不会再生。根将死亡，种植园土地将不会生产，直到驱魔、翻耕、再种植。有些人说，虽然通过恶魔契约获得的钱买不到上述商品，但应该与能把它当作普通金钱使用的朋友分享。

　　这份契约应该在最秘密的情况下，并在巫师的帮助下单独签订。一个小的拟人化的小神像，被称为神偶（muñeco），通常是用面粉制成的，然后对此施咒。男性工人然后将小神像藏在他工作之处的一个重要地方。举例来说，如果他是一个甘蔗切割工人，他会把它放在他必须切割的那排甘蔗的远端，并朝着它前进，在切割自己的甘蔗带时经常要念叨。有时，在开始工作前会做一个特别的祈祷。这种信念的另一个方面是，与神偶一起工作的人不需要比其他工人更努力工作。

　　许多领班甚至行政人员都相信神偶的使用；他们害怕，会立即解雇一名嫌疑人。据说,当这种情况发生时,工人毫无抵抗地屈服了。所有领班都保持高度警惕,他们非常怀疑任何产量远远高于平均水平的人。一些人注意到农业企业不喜欢工人挣的钱超过固定的一小部分。所有相关者都非常敏感,这种信念以各种形式渗透到日常活动中。种植工人可能会在责备一个比其他人跑得更快的群体成员时说:"你今天跟神偶走了多远啊!"顺便说一下,应该注意的是,这种信念不仅仅是由最不识字和最易受骗的人所持有。作为现代政治团体的领导者,农民工武装分子也认为这些恶魔契约会发生。

因为恶魔契约的故事和叙述非常谨慎,而且是以一种叙事风格讲述的,并且这种叙事风格将契约指向其他人的行为,像民族志学者这样的文化局外人无法确定这种契约是真的发生了,还是仅仅被认为发生了。对我来说这并不重要,因为我关心的是一种集体信念。然而,可以说恶魔契约的确被签订了,尽管我怀疑它们实际上发生的频率比人们想象的要低。我对两个民间治疗师非常了解,他们会安排这样的契约,我的一个最亲密的朋友讲述了关于他 22 岁的堂兄最近签订了一个恶魔契约的如下故事。我毫不怀疑这个故事的真实性。这位堂兄弟出生在太平洋海岸,年轻时来到种植园城镇特哈达港。十几岁时,他经常在种植园工作,还去过几次他父亲在太平洋海岸的地方,在那里他学到了魔法知识。他对种植园工作越来越不满,决定与恶魔订立契约。为了增加他已经相当多的魔法知识,他从种植园城镇市场买了几本关于魔法的书,并对它们进行了研究。一天,他走进甘蔗地,挖出了一只黑猫跳动着的心脏,对它施了咒语(*oración*,或祈祷)。他刚这么做,一阵大风就呼啸着穿过甘蔗地。他吓坏了,逃跑了。"他这么做是为了把自己的灵魂卖给恶魔,这样他不用工作就能赚钱",我的报道人如此说道。

解释模式

那么,其中的意义是什么?这种高度隐秘、个性化和罕见的事件纯粹是人们的假想。没有人声称见过它,尽管很少发生,但几乎每个人都有一些道听途说的证据,并坚信它会发生。就像历史、魔法和仪式开始时的艺术一样,这是一种与生活其他部分不同的体验——目的是对其行使权力。像出生或死亡的场合一样,所谓的无产阶级恶魔契约所描绘的工作环境是一个社会可以用来表达其特征的环境之一。

我们必须不把恶魔信仰视为一种不可避免地直接指导日常活动的、无法摆脱的情感或规范,而应视为一种阐明文化对其完整性所受威胁的自我意识的形象。这种形象不能像齿轮一样融入社会的结构功能"位置"。相反,对无产阶级恶魔契约的信仰是一种"文本",其中记录了一种文化试图通过用现在的紧张关系重构过去的意义来恢复其历史。瓦尔特·本雅明写道:"历史地阐明过去,意味着在危险时刻记忆闪现时抓住它。这种危险影响了传统的内容和它的接受者:成为统治阶级的工具。在每个时代,都必须重新尝试将传统从将要压倒它的因循守旧中挣脱出来。弥赛亚不仅作为救赎者而来,他也作为敌基督者而来。"(Benjamin, 1969:2,55)就种植园甘蔗地里的恶魔契约而言,这种陷入危险的传统利用敌基督者来赎回使用价值的生产方式,并从资本主义下手段对目的的异化中夺取它。

我们对其文化以所谓的男性无产者所订立的恶魔契约的形式提供给我们的文本的阅读,将集中在文化的宇宙发生学概念以及这个概念在面对社会生产方式的根本转变时所创造的意义。

让我们首先考虑不应该签订这种契约的情况:农民在自己的土地上工作或在其他农民的土地上工作以赚取工资;妇女,即使在从事无产阶级劳动时;市场销售商;以及太平洋沿岸移民在沿海地区相对自给自足的非市场经济中返回家园。

海 岸

神偶是哥伦比亚太平洋海岸的一个当地法物,许多在山谷里工作的移民来自那里。据称它们并未被用于山谷的种植园。相反,人们在治疗仪式中使用它,用来防盗和躲避巫术。它们不是用于获利,而是用于减轻不幸和保护。事实上,获利是导致疾病和不幸的原因。正如一位描述沿海黑人文化的人类学家所写,"由此产生的伦理是成功的对立面"(Pavy, 1967:279)——"成功"在这里被视为市场成就。

在海岸,黑人有时求助于印第安巫师,而且印第安人似乎也吸收了一些非洲魔法。亨利·瓦森(S. Henry Wassen)认为在乔科印第安巫师使用的一些器具中发现了其具有非洲的特征,尤其是他们的治疗小神像(1940:75 -76)。这些小神像有力地证明了传统的可塑性和外来影响的神奇力量,因为这里除了有非洲特色的神偶,还有以殖民时期欧洲人和其他受天主教圣徒肖像影响的形式所雕刻的神偶。考卡山谷无产阶级恶魔契约中提到的神偶很可能是这些相同神偶的后代或变形,它们体现了萨满的保护精神。值得注意的是,在引入非洲奴隶制时,考卡山谷周围的一般文化区域是使用这种小神像很普遍的区域。此外,尼尔斯·霍尔默(Nils M. Holmer)和瓦森注意到这些雕像广泛分布在从太平洋海岸到大西洋的南美洲北部的印第安文化中(1953:84 - 90),杰拉多·雷切尔-多尔马托夫(Gerardo Reichel-Dolmatoff)说,居住在哥伦比亚太平洋海岸北半部的乔科印第安人,以前居住在内陆的许多地区,即使到今天一些小群体仍幸存于考卡河东部(1961:230)。

雷切尔-多尔马托夫借鉴霍尔默和瓦森的开创性工作,描述了库纳和乔科印第安巫师使用神偶的情况。神偶是由木头或黏土制成的人形或并不常见的动物(通常是变形的)形象,它们通过驱除动物的灵魂或绑架病人灵魂的复仇萨满巫师的影响,在治疗中起着核心作用。在更适应新文化的乔科印第安人中,大多数患病的灵魂被认为是死者的灵魂,受传教影响的印第安人把这些灵魂看作是恶魔(同上:229 - 241,494)。

雷切尔-多尔马托夫的观点反对那些将繁殖功能归因于使用神偶的人类学家。在他看来,它们在生殖期间的使用不是为了增加繁殖力或魔法般地诱发繁殖。相反,它们对这一过程的仪式调节至关重要,与防止生育过程中的失调有关。在霍尔默和瓦森(1953)出版的书中提到并被列维-施特劳斯(Claude Levi-Strauss)在其文章《符号的有效性》("The Effectiveness of Symbols",1967a)中使之闻名的,用来缓解难产的库纳印第安治疗歌唱和仪式,完全支持这一主张。因此,就存在相似之处而言,我们必须警惕在考卡山谷种植园使用神偶并不能被解释为主要是为了增加产量;重点的是对危险过程的控制。

这提高了生产和再生产之间类比的重要性。在使用价值经济中,生产通常被比喻为再生产,两个领域在相同的个体发生的概念中被理解或表达。亚里士多德和他的学生们不断将生物再生产的概念扩展到物质生产、交换和货币交换领域。像这些哲学家一样,南方考卡山谷的下层阶级发现,一个领域的隐喻和符号很容易与另一个领域相联系:例如,在早期资本主义生产关系下提高生产会导致自然贫瘠,其工资增长也缺乏再生产能力。有趣的是,成熟资本主义经济学的日常用语也使用了生物逻辑隐喻(资本的"生长"、被称为"植物"的工厂等等),但是这些隐喻通过赋予资本增殖能力来提升资本。

当地农民

99 　　重要的是要认识到,当地农民并不认为与恶魔签订契约就能提高他们自己土地的生产力。信仰的逻辑导致了这一点。正如农民指出的那样,这种做法会弄巧成拙,因为以这种方式获得的金钱不能再投资于设备或土地,同时也因为契约会使土地贫瘠。尽管贫穷残酷地折磨着他们,尽管他们渴望更高的收入,农民也认为不要签订恶魔契约。只有当他们在大型资本主义农场从事现代无产阶级劳动时,才会被认为去这样做。甚至那些为其他农民争取工资的人也不被认为会签订这些契约。

　　据称,与农民的土地唯一有关的魔法是与善良的死者和天主教圣徒的灵魂相联系的良善魔法,这种魔法旨在保护土地免遭盗窃和邪恶的神秘影响。它不是用来增加产量的。例如,一个仪式可以确保小偷在进入土地后会睡着,直到被主人发现。在另一个仪式中,主人留下一块磨刀石、一把弯刀和一个水葫芦,小偷被迫磨刀并开始工作,直到被捕。还有一个仪式,主人可能会有一条蛇——一条只有小偷才能看见的神奇可怕的蛇——来防止闯入和被盗。

妇 女

　　在种植园为工资劳作的妇女通常被认为不会签订恶魔合同。同样,这也符合这一信念的逻辑,因为妇女会被认为是家庭,特别是儿童的主要抚养者,如果不是唯一的话。就像亚里士多德的"家政经济"(*oeconomia*)范畴中的那些人一样,她们被视为嵌入于一个生产性的企业之中,而这个企业的目的不是为了纯粹的增长。"在家政管理中,人比物质财产更重要,她们的素质比构成她们财富的商品更重要。"(Aristotle,1962:50–51)由于通过恶魔契约从种植园获得的金钱会导致不育并破坏生长,因此显然不能用它来抚养孩子。

据说,妇女与魔法有着密切的关系,她们对自己男性配偶的情人使用巫术,或者不太常见的是,对不忠的配偶使用巫术。在大多数这种情况下,巫术发生在其中一名妇女怀孕或分娩时。这种救赎魔法是针对生殖过程的,而不是像男性无产者的恶魔契约那样针对物质生产。当一个男人被这种爱情魔法直接折磨时,他就变成了一个害相思病的傻瓜,永远和施魔法的女人绑在一起。这种秘密仪式的一个例子,旨在"绑住"一个不忠的情人,这个人正如经常发生的那样拒绝为他所生的孩子支付抚养费。

这个女人得到了一支雪茄、一支完整的蜡烛、四根火柴和一根蜡烛头。如果雪茄和完整的蜡烛是用不忠诚的配偶的钱买的,而剩下的东西是由一个出了名的吝啬之人借的,这个仪式最为有效。三根火柴卷成一根,用来点燃雪茄。当她开始抽雪茄时,整个蜡烛被切成两半。当雪茄被吸了一半时,蜡烛头被点燃,然后半支蜡烛被点燃。接着,雪茄被猛烈地抽起来,蜡烛上冒出了一大团烟,她深深地盯着那个人,他的名字叫卡塔利诺(Catalino)。当烟灰落下时,她在上面踩脚,高喊:"*Catalino*,*hijeputa*,*Catalino hijeputa*,*Catalino*,*hijeputa*"(卡塔利诺,婊子养的……)。这一过程的变化形式包括翻转雪茄,以便在吹气时将点燃的一端伸到嘴里,使用四支雪茄,但只抽两支,把它们扔向空中使它们翻筋斗,并高喊,"*Venite hijeputa*,*Venite hijeputa*;*parete hijeputa*,*parete hijeputa*"(来吧,婊子养的……留下来,婊子养的……)。

虽然有些象征意义模糊不清,但很多也是显而易见的。接触巫术(contagious magic)存在于用被咒语瞄准的人以及声名狼藉的人的钱财购买物品的过程中。在接触巫术原理的背后,人们可以看出,在某些情况下,商品和金钱的交换涉及它们所体现和传递的关于一个人精神本质的观念。中间仪式对象的颠倒和切割也遵循交感巫术(sympathetic magic)的法则,其目的是颠倒牵涉其中的男女的社会状况。蜡烛和雪茄都点燃了,大概象征着男人的性能力。蜡烛被切成两半,点燃的雪茄上落下的烟灰或种子被踩在上面并被销毁,从而象征性地摧毁了他在其他女人身上的性能力和精液。与此同时,咒语直截了当地诅咒他,并要求他回来。魔法的目的不是提高产量。仪式的目的是摧毁男人的性能力,因为超出了他的生殖伙伴的范围,在这一点上,它变得类似于旨在纯粹增加的资本投资。这个人可以而且必须被限制在经济范围内,用以供养他的配偶和孩子,防止不负责任的生殖。一个男人、一个女人和他们的后代之间的交换系统受到威胁,因为他开始了一个基于无目的的收益或产出的完全不同的交换系统。对魔法仪式的信仰是前者的美德和后者的非法性的表现。

天体演化学

如果经济上的成功在沿海地区被视为危险,并且通过巫术引导的嫉妒不仅在沿海地区十分猖獗,在种植园地区也成为阻碍这种成功的一种手段,那么,托尼对资本主义诞生背后的道德革命的提醒就变得极为贴切。他写道,"商业生活一度被视为对灵魂的威胁",并"获得了新的神圣性"。他指出,重要的是"道德标准的改变,这种改变把一种天生的弱点变成了精神的装饰品,并被推崇为经济美德习性,而这些习性在早期被指责为罪恶"(1958:2-3)。

这个问题已经清楚地被说明了。在一个从前资本主义向资本主义秩序过渡的社会的灵魂中,道德大屠杀正在起作用。在这种转变中,道德准则和看待世界的方式都必须被重新塑造。当新的社会形式挣扎着从旧的社会中脱颖而出,当统治阶级试图把统治原则变成一种新的传统时,先前存在的工人阶级就成了抵抗或调解,或两者兼而有之的重要前线。

天体演化学处理创造的基本基础:变化和存在的开始和结束。正如米尔恰·伊利亚德(Mircea Eliade)提醒我们的那样,它是起源和救赎神话中的生动记忆。这些记忆可能有各种各样大大小小的形式,例如象征性地重新创造世界的新年庆祝活动、新国王或王后的加冕典礼、结婚仪式或战争与和平的仪式。神话也是在更多的日常关注中形成的——拯救受到威胁的收成或治愈病人。埃利亚德指出，这些仪式的深刻意义在于，"要做好某件事，或者重建一个受到疾病威胁的完整的生活，首先必须回到原始状态，然后重复这种天体演化学"（1971：157）。

在提到南部考卡山谷的文化时，最好记住埃文斯-普里查德的警告，不 ¹⁰² 要把所谓的原始思想同化到现代西方神秘主义的领域。在大部分原始人和农民的日常生活中，自然力量不归属于任何人或物，而假定的神秘假设和联系不是心智的产物，而是作为文化一代一代地传承下来的仪式和集体表征的产物。最重要的是，"我们不能被列维-布留尔（Lévy-Bruhl）引入歧途，以为原始人引入神秘的原因在于解释物理效应；相反，他在解释它们对人类的意义，它们对他的意义"（Evans-Pritchard，1965：115；1933；1934）。

只有具备了这些重要的条件，我们才能同意埃利亚德的观点，即原始本体论概念是这样一种概念，在这种概念中，一个物体或一个行为只有在模仿或重复原始创造的原型时才成为真实的，缺乏这种典型模型的东西是没有意义的，因此也就是缺乏现实的。

即便如此，在埃利亚德的表述中往往被夸大的是，所涉及的模仿仅仅是原型的被动重复。为了纠正这一点，我们需要强调天体演化仪式积极地创造现实，它们的说服力恰恰在于来自创造的特殊类型的知识。

詹巴蒂斯塔·维科的《新科学》可能适合这里。这是一门历史科学，形成于文艺复兴的魔法的浪潮之中，用以反对实证主义学说日益增长的力量。在实证主义的原子论与功利主义中，社会是被工具理性的思维方式所理解的，工具理性运用物理科学的认识论，运用稀缺性和投入最大化的逻辑来理解社会，与之相反，维科把人类看作一个集合体，一个社会关系的集合体。人们之所以这样做，是因为他们是社会成员，他们对这种关系的感觉就像他们的物质需求一样基本。他们对日常生活的体验，他们的表达方式，他们的目标感，他们的恐惧和希望——所有这些人类经验的重要方面都远远超出了自然科学的范围。像文艺复兴时期的东方三博士（*magi*）一样，维科把人视为自己和社会世界的创造者。像经院学者一样，维科认为一个人只能真正知道自己创造了什么,知道某样东西,在某种重要的意义上就是成为它,并与它结合。这与魔法师通过进入物而获得对物的权力相似,实现了与创造相同的经验统一(Berlin,1977:14)。是上帝创造了自然,我们对自然的认识永远是"外在的",是事物表面的游戏。但是我们可以从"内部"了解历史和社会,因为它们是我们创造的。用维科自己的话说:

103　　　　但是在距离我们那么远的最早的古代文物沉浸在一片漆黑的长夜之中,毕竟毫无疑问地还照耀着真理的永远不褪色的光辉,那就是:民政社会的世界确实是由人类创造出来的,所以它的原则必然从我们自己的人类心灵各种变化中就可找到。任何人只要就这一点进行思索,就不能不感到惊讶,过去哲学家竟倾全力去研究自然世界,这个自然界既然是由上帝创造的,那就只有上帝才知道;过去哲学家们竟忽视对各民族世界或民政世界的研究,而这个民政世界既然是由人类创造的,人类就应该希望能认识它。* (1970:52-53)

现在,两个多世纪后,我们应该惊叹的不是自然哲学家对民政世界的忽视;相反,我们应该对物理科学中所使用的知识准则吞没了对民政世界的理解感到惊奇,例如,资本家和工人之间的剥削关系在资本和劳动时间的范畴内,或者仅仅在资本范畴内变得具体化。正如韦伯所强调的,这种通过"形式理性"的眼光看待社会的方式与资本主义的兴起及其形式相吻合,在这种形式中,在自我封闭的意义相互作用中产生了效果——资本主义市场,商业与家政经济的分离,合理的簿记,尤其是资本主义组织和对"自由劳动"的剥削。无产阶级化带来了一个新的自然秩序,"一个巨大的宇宙,个体在其中诞生,它将自身展现给个体,至少作为一个个体,作为他必须生活于其中的不可改变的事物秩序"(1958:54)。

创造、生存和死亡、成长、生产和再生产——这些都是天体演化中的首要问题。它们也是治疗仪式、巫术和南部考卡山谷无产阶级恶魔契约中的

---

* 维科:《新科学》,朱光潜译,商务印书馆 1989 年版,第 153—154 页。

卓越过程,那里的农民正在被无产阶级化。然而,这个新的宇宙仍在形成过程中。在这个过程中,下层阶级是最底层的人,既不是农民,也不是真正的无产阶级。就像维克多·特纳(Victor Turner)在《过渡礼仪》中提出的著名的阈限人(liminal personate)一样(1967:93-112),他们的处境是矛盾和模糊的,死亡和出生的奇异象征是最突出的,这些象征与无产者的历史地位是同构的。作为最底层的人——不管他们是什么样的人,也不管他们将来会成为什么样的人——这些半农半无产者的地位是对所有结构的否定和肯定。因此,我们应该期望他们将突破包围他们的结构、农民生活模式和无产阶级模式的显著对比,并且正如特纳所说,它们是"新结构产生的纯粹可能性"的领域(同上:97)。无产阶级恶魔契约的产生就是这样一种新颖的形态。为了更好地理解它,我们首先需要勾勒出当地宇宙学及其天体演化仪式的轮廓。

宇宙学的实施

考卡山谷流行的宇宙学源于天主教会。不管人们对教会多么反感,它的宗教印象一直是并将继续是牢固的。卓越的是基督教的创造和拯救的神话。这在复活节和洗礼的教堂仪式中,以及在死亡、民间治疗和巫术的民间仪式中不断重演。事实上,天主教宇宙论的这一基本方面在民间仪式比在教堂本身中对更多的人且更为强烈地重复着。复活中描绘的堕落和对邪恶的超越可以说是民间仪式和魔法的基础。

官方教会把宇宙分为地狱、尘世和天堂的看法被对祖先的灵魂信仰和对灵魂力量的文字信仰极大地改变了。这些祖先的灵魂被称为"*ánimas*"、"souls"(*almas*)或简称为"spirits"(*espiritus*)。如果它们毋庸置疑是邪恶的,它们也存在于地狱或在空中漫游,尽管大多数居住在一个特殊的空间或天空的一部分中。每个人都有一个灵魂,它可以抛弃身体,四处游荡,尤其是在晚上。我的一个年轻朋友在晚上睡前喝水,这样他的灵魂就不会口渴和游荡。一个人死亡之时,他的灵魂倾向于保持接近或回归尘世。为死者举行精心设计的葬礼仪式和周年纪念日是为了净化灵魂,确保它在天堂实现并保留自己的命运。如果像 19 世纪早期臭名昭著的奴隶和庄园主胡里奥·阿尔博莱达一样，死者是一个一直作恶的人，那么他的灵魂就必须不停地游荡。他回来了，尤其是在复活节期间，这时可以听到他在维拉里卡 (Villa Rica)附近赶骡子。人们说，一个人家族的 *ánimas*，尤其是他的母亲和他的外婆，是作为自然之源的上帝的中介。当一个人有危险时，他会向 *ánimas* 寻求帮助。求助是为了挫败危险，而不是为了获得好运。后一个请求更适合圣徒，就像买彩票一样。据说圣徒更为"敬重"。但是，举例来说，如果一个人被抢劫了，他就会吸引 *ánimas*。它们的角色是救赎性的。它们属于人民。据说，"圣徒住在教堂里；*ánimas* 和我们住在一起"。*ánimas* 在魔法和巫术中的作用方式尚不清楚，但专家们大胆地猜想，在魔法师或巫师的灵魂，诸如 *ánimas* 或可能包括恶魔在内的恶灵之类的灵魂，和受害者的灵魂之间建立了某种联系。

死亡仪式用基督死亡的原型表达了这些关于 *ánimas* 的想法。它们是最伟大的公共交流仪式，吸引了大量的人来到死者的家，尤其是在第一个和最后一个晚上——即第九个晚上。尸体在第一天晚上被放在一个敞开的棺材里展示，即使是最贫穷的家庭也会在棺材上花费一大笔钱，甚至可能卖掉家庭农场。由女性亲属带领的歌唱持续了第一个晚上和接下来八个晚上。这些歌曲源自教会，关注基督的死亡和升天，无休止地重复救赎的剧本，以及在死者逝世和基督战胜死亡和生命、苦难和邪恶之间进行类比。

复活节仪式比任何其他教堂仪式能够吸引更多的人参加。复活节星期五是许多东西的禁忌之日。那些违反工作禁令的人有受到伤害的危险，他们砍伐的植物可能会流血。这条河必须避开。复活节周六午夜时分，当舞厅和酒吧再次开放，响起欢腾的声音和欢乐的尖叫时，笼罩在镇上的诡异而又完全异常的寂静被打破了。

在治疗家庭的民间仪式中，人们可以清楚地看到天体演化的重演。这些仪式是最常见的魔法形式。即使一所房子里只有一个人受到了巫师的刺激，整个房子作为一个活着的实体或一个小团体都会受到折磨。家庭不仅是经济形式的社会细胞——家政经济，也是巫师嫉妒的恰当的道德实体。居住在房子里的人通常抱怨三件事中的一件或多件：他们努力工作，但一无所获；他们不断遭受盗窃；或者他们总是生病。

　　房屋治疗有许多专家，大多数人可以自己进行小规模的治疗。预防性治疗也很常见。即使是城市中的中产阶级和上层阶级，他们的房屋也会被治疗。新年之际，来自考卡山谷南部的妇女会出售大量在仪式中使用的芳香植物。据这些农村妇女所说，城市中的工厂和大型商店也采用这种疗法。106

　　只有当我有机会目睹哥伦比亚大主教和他的几个主教以及许多牧师在哥伦比亚西部高地为一座新的大教堂献祭时，我才意识到民间的房屋治疗仪式仅仅是教堂献祭的缩小版。（或者教会仪式来自民间？）仪式的每一阶段形式，盐、圣水和薰香的仪式元素，圣歌，最重要的是驱魔，都或多或少是相同的。难怪那里的印第安人视基督为原始萨满之一。驱魔的主题是积极地针对恶魔、魔鬼和"敌人"，以此达到身体和灵魂的健康，尤其是达到保护和拯救的目的。例如，在大教堂的入口处，大主教盛赞盐："盐，我以我们的父亲耶稣基督的名义驱除你，他对他的使徒说：'你们是地球之盐'，并让使徒再三重复；'我们的谈话总是充满优雅的味道'。它被神圣化为圣殿和祭坛的献祭物，目的是驱除恶魔的所有诱惑，以保卫身体和灵魂、健康、保护和保证拯救……祝福盐，让敌人逃跑，给喝它的人以有益身心的健康药物。为我们的父基督，阿门。"圣水是用灰烬和酒制作的，然后由大主教洒在内墙周围，而受众念着咒语，"让我们去主的殿……愿这殿奉父之名成圣和奉献。"大主教一边祝福燃烧的香，一边吟诵道："主保佑这香，使它的芬芳能驱散所有的痛苦、疾病和敌人所有的阴险攻击，使之远离你用宝贵的血所救赎的孩子。让他摆脱地狱毒蛇的一切叮咬。"

　　考虑到考卡山谷南部的两个关键因素，盐和圣水，人们可以开始看到官方宗教向民间仪式的转变。蛊惑一间房子的基本成分是"盐"。它由泥土和墓地里的碎骨和头骨混合而成，然后"种植"在被蛊惑的房子附近。圣水对治疗巫术至关重要。它是在复活节后经过洗礼，应要求或非法从牧师那里获得的。祭司可以在任何时候祝福任何人带来的水，但他们对此犹豫不决。用他们自己的话说，这种用法可能是拜物教。然而，他们被迫加入，作为一107种支撑他们权力的方式，这样做刺激了他们宗教的异教根源。一个十几岁的男孩，是甘蔗切割工的儿子，列举了圣水的下列用途："当恶魔等恶灵出现时,你把圣水洒在房子里。你在房子里"喷洒"(*riego*)时,会用它和薰香一起祝福好运。它用于洗礼。你用它来祝福一个被蛊惑的人。你用它来治疗被用巫术以盐蛊惑的房子。它被用来制备药物,尤其是当一个人遭受巫术时。你可以在任何情况下使用它来对抗巫术。"

房子可以通过在前面"种下"三个十字架,后面"种下"三个十字架来保护自己免受魔法的伤害:"人们永远不知道嫉妒会从哪里来,从前面还是从后面。"十字架来自一棵被称为"十字架之树"的树,因为它有十字形的纹理。与其一起种下的是"香精",这是在市场上购买的昂贵香料。全面的治疗仪式与基督死亡的关键时刻同步进行。必须有九次净化,就像葬礼必须用九个晚上,这个数字应该和他的死亡有关。"耶稣遭受了九天的惩罚:从周四到周日再加上五天的巨大痛苦。"此外,净化只能在星期五和星期二进行,这两天人们会联想到苦难和复活。这是拉丁美洲最适合魔法和巫术的日子(Stein,1961:324;Madsen,1960:146;LaBarre,1948:178;Metraux,1934:90),正是在这些日子里,魔法师和女巫不仅会做出邪恶的行为,还能最清楚地辨别出针对他们采取的行动。老年人说这也是种植庄稼的首选日子。这也被认为是"有特权的日子",因为在这些日子里,"圣徒和行星给相信这一点的家庭带来了巨大的恩惠。"此外,最适合治疗的时间是正午和 3 点钟,这应该与基督在十字架上的情节的关键时间相吻合。

预知房子或人被巫术折磨后,治疗者准备药物和薰香。这些药物被称为"冲洗剂"(*riego*),里面含有许多成分,因医生而异。芳香植物是常用的,如七种不同的马鞭草(*albaca*),有时还有迷幻剂曼陀罗(*datura*)。马鞭草在复活节星期五被碾碎,被称为"复活节星期五的灰烬";它具有驱邪的特性。伊利亚德提醒人们注意,某些药物的效力可以追溯到在加略山(Mount Calvary)的一个决定性的宇宙时刻发现的原型;他们因治愈了救世主的创伤而获得献祭。伊利亚德引用了 17 世纪早期英国对马鞭草的咒语:"当你在地上生长时,愿你的马鞭草神圣不可侵犯,/因为在加略山上,你第一次被发现。/你治愈了我们的救世主耶稣基督,并止住了他流血的伤口;/以(圣父、圣子、圣灵的名义),我把你从地上带走。"(1959:30)通过加入圣水和九滴强力消毒剂,还有九滴奎雷姆(*quereme*),就制成了一种罕见的、颇带神秘的香水，据说能吸引异性。糖、柠檬汁和阿司匹林（被称为 *mejoral*）也可以混合在一起。一个咒语通常来源于关于魔法的旧书，和一首类似这首提到植物的诗一起混合在一起："上帝离开了你，圣女保佑你，为了所有的时代，阿门。"一位从业者评论道："植物有伟大的美德。它们有灵魂。它们繁殖种子和它们自己。这就是为什么它们有美德。它们产生香气。这是它们力量的重要组成部分。"典型的咒语在是《最罕见的魔法秘密》(*The Most Rare Secrets of Magic*)和《所罗门著名驱魔术》(*The Celebrated Exorcisms of Solomon*)中。一个老朋友告诉我，"所罗门是一个伟大的魔法师，他出生在世界的开端"。

随后跟随的是一群家庭成员，治疗者驱魔，并将药物喷洒在墙壁和地板上，这通常是以十字架的形式，并特别注意门口、窗户和床。首先，房子从内向外，然后从外向内被净化。此后的三天内，这座房子都不会被打扫——"直到药物渗透"。从药店买来的薰香以同样的方式被燃烧和飘散。与此同时，治疗者吟唱着关于基督的创造、死亡和复活的歌曲。一首歌反复吟唱"远离邪恶，带来善良，这样耶稣基督就进入了耶路撒冷的家"。另一首圣歌是这样唱的："耶稣进入耶路撒冷的家，我请求我们的主，离开邪恶，带来善良，因为这样耶稣就胜利地进入，在耶路撒冷神圣的家，这些植物同样是上帝赐给我们的，圣女祝福的。上帝代我祈祷，因为上帝是为了他所有的孩子，为了所有的世纪。"

治疗者通常有一瓶其他药物，和家人一起喝。户主提供白兰地，将其添加到混合物中，该混合物包含灌溉中使用的许多成分以及其他植物，有时还包括纯度尔(*chondur*)，一种香根草，是从游荡的普图马约印度草药师和魔法师那里获得的，在其治疗仪式中，它具有举足轻重的地位。在这个以黑人为主的地区，当地市场上最大的草药摊是由普图马约印第安人管理的，就等级制度而言，普图马约印第安人位于最顶端。当地的黑人巫师不仅从这些印第安人那里获得植物和符咒，而且他们中的许多人已经被印第安人治疗，并因此受到教育和神圣化，然后他们部分地模仿印第安人的仪式。黑人和白人都赋予这些外来印第安人巨大的魔力，因为他们认为印第安人是原始的，与自然世界和万物创造息息相关。当地传统也可能将这些印第安人与文艺复兴时期的魔法和卡巴拉的地中海古代神秘主义联系在一起。

通过这些和其他多方面的联系,在天体演化仪式中制定的当地宇宙学再现了欧洲征服的历史,在这种征服中,白人、黑人和印第安人从基督教和异教中形成了一种流行的宗教。从一开始,这种宗教信仰就根据他们在征服和后来的社会中所扮演的角色,坚持把魔法力量赋予不同的种族和社会阶层。总的来说,这种流行的宗教是集体表征的动态复合体——说其是动态的是因为它反映了不同群体和阶级相互强加的归因和反归因的辩证相互作用。因此,在被征服超越征服的不安的辩证法中,不平等和邪恶的社会意义是通过对征服者的救赎神话的异教沉浸来调解的。

怀疑与恶魔的社会学

甘蔗种植园农业城镇因据说其中存在大量巫术而臭名昭著。因此,各地的治疗者都称这些中心为“猪圈”——巫术通常被称为 *porquería*,即猪圈污物。巫术(和治疗)消除了这个社会中不安全的工薪阶层的不平等,在这个社会中,竞争使个人主义和社群主义相互对立。

巫术最常被启动的动机是嫉妒。当人们觉得自己比别人拥有更多生活中的美好事物时,他们害怕巫术的恶意。巫术是邪恶的,但当它针对剥削、未能回报和积累不义之财这种更大的邪恶时,它可以是较小的邪恶。那些更富裕的人经常害怕巫术,并采取魔法措施来阻止它的渗透。这有充分的理由。我的一个密友告诉我,他那极度贫穷的母亲和她的三个孩子是如何因为不付房租而被房东驱逐。她蛊惑这个房子来愤怒地报复。此后没有人敢住在这所房子里。在另一个案例中,我的一个朋友和他在种植园的同事试图贿赂理货员来记录下比他们做的更多的工作。理货员拒绝了,他们请求一个印第安魔法师通过巫术处置他。

尽管在这个充满嫉妒的巫术中可以看到阶级斗争的阴暗预兆,但并不是所有的巫术都是穷人针对富人的;巫术也不针对真正的统治阶级——例如种植园主或政府首脑。人们给出两个理由来解释为什么没有巫术来对抗令人恐惧和憎恨的统治阶级。首先,统治者不相信巫术。其次,即使他们这样做了,统治者也可以雇佣更优秀的魔法师,因为他们要富裕得多。这些都是有趣的原因,因为在哥伦比亚西南部资本主义发展较少的地区,例如山区的庄园主们确实相信他们的许多不幸是由于他们劳工的巫术造成的。这些庄园主通过向印第安萨满进行昂贵的朝圣来对抗这种巫术,这些萨满的费用或偏远程度使劳工无法到达那里(然而,劳工们坚持他们神秘的阶级斗争形式)。这种情况不会发生在农业综合企业领域;因此,我的结论是,以上给出的两个原因中,更关键的是人们其中强调的一个:农业企业主不相信这种巫术。

这表明相信巫术的人认识到巫师的力量取决于共享文化的存在,通过共享文化,媒介巫术达到了它的目的。种植园工人阶级承认统治者的不相信以及由此获得的豁免权,因此承认并区别了阶级文化的变化,因为这种文化随着生产方式的转变而变化——从庄园生产到农业综合企业。

在无产阶级恶魔契约中,种植园主不是被针对或折磨的目标,至少不是被直接针对或折磨的目标。据称,通过契约,资本主义生产方式下的工人,也只有在这种生产方式下,才变得更有生产力——收益和不育都更有效。正如我们将在第七章中看到的,这种信念是基于使用价值和资本主义生产方式的哲学对抗的逻辑结果。恶魔契约中的魔法不是指向种植园主,而是指向他们所属的社会历史体系。无产阶级新众已经失去了一个易受魔法影响的阶级敌人,他们在意识到敌人的不相信时,将赢得一个新世界。

第六章　污染、矛盾和拯救

　　巫术语言中的两个世俗形象将其体现神奇的光环具体化了:巫术是人造的,是"污秽的"。虽然无形的力量形成了一个由恶魔领导的难以清楚辨认的等级体系,但巫术的重点是人的创造性意志。巫术是妖术(*malefi-cio*),是恶魔制造的,或者戏剧性地简单来说,是"被制造的东西"(*cosa hecha*)。它不被视为命运或一种"上帝的偶然"。巫术的灵魂存在于被毒害的胸膛里,其主导的主题是污秽。

　　按照道格拉斯的解释(1966),污秽和污染的思想是一种保护珍爱的原则和范畴免于矛盾的反应。在考卡山谷的治疗仪式中,唤起创造、死亡和救赎的净化是含糊的,或者是矛盾的,或者两者都有。将"污垢"视为矛盾可以让我们加深理解,并超越耸人听闻的关键词的迷人表象,比如污垢、嫉妒和邪恶。

　　然而在这样做之前,必须掌握"矛盾"概念在这种背景下的意义;因为如若没有清晰的理解,流行文化中恶魔和其他符号的肖像仍然难以捉摸。这里参考马克思的分析方法是有帮助的。正如卡尔·柯尔施(Karl Korsch)所指出的,马克思《资本论》的读者"没有一个时刻可以平静地思考立即给予的现实和联系;在任何地方,马克思主义的呈现方式都指向所有现存事物的内在动荡"。矛盾的概念在这里包含在一种方法中,这种方法包括对事物的
现有状态的肯定性承认,同时也承认该状态的否定和它不可避免的分裂(Korsch,1971:55-56)。对矛盾的敏感让我们意识到矛盾之间不稳定和紧张的相互作用,否则就会呈现出它们本身固有和有意义的事物的光环。西方教会的二分法就是这种情况,在准摩尼教世界观中,它将善与恶分别具象化为上帝和撒旦象征的本质。矛盾的概念促使我们考虑到,作为一项基本原则,上帝和撒旦在本质上并非对立的。相反,它们代表了神的两种运作状态,"世界戏剧的阴影和光"(Watts,1968:80-81)。在布莱克关于天堂和地

狱结合的概念中,"善"和"恶"在较低的层次以天使和恶魔的身份重新结合。天堂与地狱的分离等同于生命能量被无生命的规则所压制,并且准确地反映了教会和民间宗教之间的差异。用布莱克的话说:"没有对立就没有进步。吸引和排斥,理性和活力,爱和恨,都是人类生存所必需的。"(Blake,1968:34)

基于堕落与救赎的神话,南方考卡山谷的民间宗教和魔法治疗正是对善与恶辩证统一的肯定。恶魔一方面象征着瓦解和分解的对立过程,另一方面象征着古老元素生长、转化和重新形成新的模式。因此,在恶魔身上,我们发现了最怪诞和矛盾的过程,正是这种毁灭和生产的辩证关系,形成了恶魔与农业企业生产——活着的死亡和花期的不育——联系的基础。有了无产阶级恶魔契约,工资会增长,但却是不育的,含有死亡的味道。在这些条件下,生产和破坏成为可交替和互换的术语。

所谓的无产阶级恶魔契约更多的是将邪恶归咎于农业企业。除此之外,它是对市场组织系统重组日常生活方式和理解世界形而上学基础的反应。这种反应不仅记录了异化,而且记录了它对对立的生产和交换方式之间矛盾的调解。这种调解可以用多种方式表达。我选择把它作为使用价值和交换价值的对立来分析,并将其作为对前资本主义和商品拜物教的对比模式的回应。

生产的二律背反

考卡山谷南部的种植园和农民农业协会由两个同时运作的对立交换系 114 统组成:一方面是互惠和自我更新的系统;另一方面是不平等的交换和自我消亡。

尽管多年生农业已经在许多方面商业化,但它仍在复制着热带森林的自然生态,为耕种的家庭提供食物,并全年进行生产。农业劳动是在没有任何严格性别或年龄分工的情况下完成的,从最真实的意义上说,它是一种"家政经济"。与农业企业种植园里的劳动相比,在农民的土地上工作无论是出于身体还是社会上的原因,都被认为不那么紧张,反而是更令人愉快的。更重要的是,这种观念甚至适用于为农民工作的工薪劳动者——也就是作为雇农。例如,在除草时,一个雇农每天工作约十分之一英亩,这在 1970 年每天收入约 20 比索。另一方面,为农业企业工作,同一个雇农工作约三分之一英亩,收入约 30 比索。换句话说,正如第四章中更详细计算的那样,农业综合企业劳动者可以获得更高的日工资,但必须为每比索的收入更加努力地工作。面临经济压力的工人必须在为农民工作还是为农业企业工作之间作出选择,这是一个痛苦的决定。工人迟早会发现别无选择:要么因为计件工作制度将一个人的能力扩展到极限而不得不放弃农业企业的劳动,要么这种劳动不得不作为一种慢性疲劳和疾病导致的慢性死亡。农业劳动者衰老得很快。青春的高昂情绪很快就消失在对未来没有希望的现时的沮丧之中。青少年起初可能希望为种植园工作,因为有机会赚更多的钱。但是在几个月到一年之内,他们以更少金钱的报酬回到了劳动农民的土地上,因为正如他们所说,"我宁愿没有钱变胖,也不愿有钱变老变瘦"。有家庭支持的工人得出了同样的结论,因为他们因疲劳和疾病以及在种植园里与领班就计件工资不断斗争而筋疲力尽。正如他们对肥胖和消瘦的担忧以及这种剥削后的疾病所表明的那样,他们的身体状况告诉他们这两种生产方式是关于什么的。对他们来说,自我更新和自我消亡不仅仅是对比两种系统的隐喻。这些原则刻在他们身上的肉体和轮廓上,他们自己也能感觉到这一点。正是因为他们直接感受到了农民和农业企业劳动之间不可避免的矛盾,这种对比因而是明显的,也是自我批评的。每一个都是必要的,但每一个都不足以维持生活。

　　社会差异和身体差异区分了这两个系统。在农民生产领域,人们通过他们自己的个人纽带直接结合在一起,这种纽带包括共同的亲属关系、邻里关系和文化。工作关系作为个人纽带的维度引导着劳动、报酬和工作管理。正如马克思在他关于商品拜物教的章节中所写的:"人都是相互依赖的……正因为人身依附关系构成该社会的基础,劳动和产品也就用不着采取与它们的实际存在不同的虚幻形式。"与劳动在成熟的市场条件下作为商品获得的具体化形式相反,"人们在劳动中的社会关系始终表现为他们本身之间的个人的关系,而没有披上物之间即劳动产品之间的社会关系的外衣"*(1967,

---

　　* 译文引自《马克思恩格斯文集》第五卷,人民出版社 2009 年版,第 95 页。

1:77)。雇农和农民雇主之间的劳动合同表达的是个人关系,而不是市场关系,并根据确定的生活史、家庭关系、个人问题和工作环境的物质条件的波动而商定变更。农民雇主不敢对他们雇佣的劳动力压迫过甚。人们通常按日计酬或按合同计酬,很少按照计件计酬,守时和守纪律不是他们在种植园所关心的问题。与之成鲜明对比的是,这种关系给人的感觉是非个人的和压抑的。工人是领班的受害者,如果迟到会被罚款或解雇,工资水平会突然下降,对此他们无法控制。通常工人都是匿名的,或者仅仅作为工资数据上的数字而存在,为保险起见,他们用假名以防止报复,这种情况并不罕见。尽管他们可能赚更多的钱,但工人们总说他们被骗了;然而,他们从来没有这样说过农民提供的工作。最重要的是,农业综合企业工作被认为是有辱人格的和强制性的,这种观念来自作为农民和无产阶级这两种情况的对比经验。

当然,农民之间存在着冲突和不平等,并且不仅仅限于农业企业和农民之间的关系。然而在农民领域,他们有着完全不同的特性。农民之间的财富差别通过再分配和互惠机制得以缓解,这种冲突起到了调节作用,而富裕农民和贫穷农民之间的意识形态差别进一步被淡化,因为所有农民都将自己定义为穷人(*pobres*),而富人(*ricos*)则管理着农业企业领域。这种受到共同压迫之感之所以存在,是因为没有人期望富人关心互惠或再分配,也没有什么办法来报复他们。

普遍的历史不公正感强化了这些矛盾。种植园的发展剥夺了农民的土地,并将继续下去。"地主为此目的从我们手中夺走了我们的土地。现在仍有生于本世纪初的长者,他们能够真实地讲述这些老地主的帝国主义历史。我们祖先的财产现在集中在大农场主手中,使近几代出生的人陷入了最严重的苦难中。"这种不公正的感觉超越了土地本身的直接问题。土地是指一种生活方式。农业企业对它的占有意味着对道德和物质的掠夺。可以举出无数的例子说明这一点,但是下面这段文字应该足够了,它来自一群农民在1972年写给政府机构的一封信。"很长一段时间以来,我们一直遭受着维护甘蔗利益的工业领主给我们造成的巨大损失……他们在没有任何管控的情况下从帕洛河中取水……不实践也不尊重法律条文上书写的神圣规范。

只要建立在平等基础上的正义，即作为上帝之声的正义仍然在运转，我们就请求你们的关注。"

　　这当然是修辞性的。对"神圣规范"、"建立在平等基础上的正义"和"作为上帝之声的正义"的呼吁是使论点更有说服力的一种手段。但是把这些比喻斥之为愤世嫉俗的篡改就是忘记了选择这种表达方式是因为它被认为是有效的。这个问题涉及土地和水的使用，它们违反了神圣的规范、正义、平等和上帝。换句话说，这个问题与道德革命有关，根据托尼的观点，道德革命是现代资本主义制度诞生所必需的："正是道德标准的改变……被推崇为经济美德习惯，它们在早期被指责为恶习。"(1958:2)类似于这封农民抗议信的是梅尔卡多在 1849 年无政府宗教起义的激动人心的日子里表达的原则："人民知道他们的权利不应该受统治者的支配，而应该是天赋的、不可剥夺的和神圣的。""工业领主"拥有的种植园并不尊重这些权利。此外，工业领主被视为维护甘蔗——一个物——而不是人。农民们在讲述他们的历史时反复重复这句话："上帝把土地给了全世界，给了每个人。上帝说'我的土地既不能出售也不能交易。'"

　　这些理想和那些关于财富和劳动分享的理想越来越不同于日常生活的实践。随着平等和互惠的理想被颠覆，丰衣足食、互助互济、劳动交流和工作狂欢的黄金时代更加令人心驰神往。但正是这些理想使社会的道德愤怒和谴责更加强烈。巫术只是这种道德准则在行动中的一种表现。财富应当共享，生产资料也应当共享。对巫术的恐惧相当于害怕拥有比别人更多的东西，拥有更多意味着无法共享。巫术是邪恶的。但是它根植于正当的担忧，在这些担忧中，竞争使个人主义和社群主义相互对立。出于对竞争对手和穷人的恐惧，店主们经常使用魔法为他们的生意驱邪，这就是一个明显的例子。所谓的无产阶级恶魔契约是同一系列问题的不同表现。由于不平等的不可避免，特别是在新的经济条件下，谋生和平等之间的矛盾也是逃避不了的。这就是通过治疗仪式驱除污秽的基本性质；污秽是困扰理想化平等原则的矛盾。

　　但是平等是什么意思呢？贾亚瓦德纳在他的文章《下层社会的意识形

态和冲突》("Ideology and Conflict in Lower Class Communities")中区分了两种截然不同的平等概念。一方面,他提出人的平等源于其内在的个人或人类价值,植根于人类的条件和所有人的感受以及受苦和享乐的能力。他认为,人类平等的概念通常在一个亚群体中占主导地位,以至于该群体被更广泛的社会或其主导阶层剥夺了社会平等。另一方面,正如托克维尔(Alexis de Tocqueville)在讨论美国的平等主义时所分析的那样,我们的平等是从权利和机会平等的概念衍生而来的。这种平等观念忽略了整个人类,集中在个人存在的一个方面;因此,平等可以进行定量的测量。正如贾瓦德纳所指出的,马克思在他的《哥达纲领批判》(*Critique of the Gotha Programme*)中也提出了同样的观点,他抨击了德国社会主义者采用的"同工同酬"原则,因为这仅仅从工人存在的一个方面对其进行了评价。由于个人能力和条件的不同,马克思认为这一原则是延续不平等的资产阶级法则。只有在平等完全基于人类需求的情况下,才能克服不平等(Jayawardena,1968)。这两种评价平等的方法之间的差异源于使用价值和交换价值之间的差异。只有通过交换价值的范式,平等的标准才能以物化为代价被简化为价格和金钱。

　　在像农民家庭这样的使用价值经济与交换价值体系共存并被认为受其损害的情况下,这些评价平等的模式相互矛盾。因此,"污秽"所代表的矛盾不仅仅是一个关于不平等的问题:污秽也是等价的市场范式的问题。

　　家政经济的首要原则——家庭生产方式——是满足家庭的需求。剩余产品的销售不需要破坏自给自足,也无需危及为了使用而生产的原则的完整性。亚里士多德谴责说为获得利益而生产是不自然的,他提出了这一关键观点:资本主义导向的生产威胁着社会的基础。人类交往的基础不应受制于获取自身利益的原始经济动机。

　　一个与之相同的经济哲学可以在今天考卡山谷南部呈现的图景中找到。农民的收成很少,但他们在一个不断更新自身根基的社会和生态联系中,不断有规律地付出。然而对于种植园工人来说,无产阶级恶魔契约所象征的原型交换结构是完全不同的。工人通过出卖灵魂给恶魔赚了很多钱，但这得到了非重复性和最终事件的回报：过早和痛苦的死亡以及土地和工资的不育。恶魔契约不是一种强化和延续一系列长期互惠交换的交换，如农民与林木的关系，而是结束所有交换的交换——一种解除社会契约和人类灵魂的金钱契约。

　　从下层阶级的角度来看，这只是构成当地社会的基本矛盾的一种表现。两种对立的生产和交换系统同时运行：互惠和自我更新系统，以及不平等交换和自我消亡系统。

　　这种对立结构也可以在农民生产领域中看到。在男女生儿育女和拒绝或接受取代传统做法的"绿色革命"技术方面，这一点尤为突出。抚养孩子的义务落在妇女身上，但孩子在以后的生活中也会回报这种关心；而父亲则被称为苍蝇，"那些蜇了人又飞走，把卵留在腐肉里的人"。将绿色革命技术和农民农业进一步商业化的少数倡导者是男人。这种创新需要将多年生植物连根拔起。妇女们强烈反对这种做法。远离新技术的女性说："它们给我们的很少，但它们给了！"只有男人驾驶和拥有拖拉机，男人在贷款和与政府打交道方面受到青睐。女人害怕新的金融关系，害怕负债，害怕一种一年只能提供一到两次收入的经济作物模式。她们担心自己的后代在等待收获时会饿死，也担心自己的土地最终会丧失。农户的发展周期集中在母系的再生产上。随着年轻家庭年龄的增长，生活在其中的女性比例增加，将妇女和土地集中到一个生产单位。男性进入家庭以外的职业和住所，而女性则坚持种植多年生植物。妇女在家庭之间借贷和还债，并管理食物的分配。通过妇女，家庭由许多父亲的子女连接在一起。妇女希望坚持的物质生产模式和与她们有关的后代繁衍的社会模式都是周期性的、自我延续的交换结构。然而，男性农民的交换模式，无论是在生育还是在他们所支持的新的物质生产模式中，都远没有那么有周期性和互惠性，并且趋向于男性无产阶级恶魔契约所描绘的极端情况——结束所有交换的交换。

　　但只有当该地区被视为一个整体时，这种对立才被清晰地确立和明显地体验到，并被投射到农民当家作主和农业企业生产之间的对比中。文化

119

中固有的一种思想模式，即使只是勉强和混乱地承载在意识中，也会被威胁到这种模式根源的新经验更加牢固地固定下来。正如列维-斯特劳斯所暗示的那样，这种经验在理智上仍将是分散的，在情感上是无法忍受的，除非120它融入了群体文化中的一种或另一种模式。他指出，"这种模式的同化""是主观状态客观化、表达不可言说的感情以及将不清晰的经验整合到一个体系中的唯一手段"（1967a：166）。

在这种情况下，体系是一个有组织的矛盾体，两个对立的极点通过彼此的对比反映而相互激活。农民一方的理想是互惠和循环交换，保证生产、再生产和生育。相比之下，在种植园那里，剥削、人际关系的贫乏和死亡与财富的生产共存。前者被认为是自我延续的，而后者是自我消亡的。正是这种通过讨价还价的交易中止了社会交往，并让社会屈从于物的王国。随着其各种表现形式的层层剥离，矛盾的内在本质被揭示出来：资本主义的发展重塑了社会交往的基础，并使之屈从于物之间奇妙的关系形式，人格和物格就成了争论的焦点。

波兰尼所说的"商品化虚构"恰恰是人与物的这种社会组织性的混乱，它是由商品统治对考卡山谷南部下层阶级的攻击造成的。然而，尽管商品化虚构具有虚构的性质，但它在特定的社会组织形式中是真实有效的：它提供了市场社会的重要组织原则。正如马克思提醒我们的那样，正是这一社会原则同时组织和侵蚀了人类社会，它将活跃于社会上的人的创造力消耗到一个被认为充满魔法式活动的物的世界中。这就是商品拜物教的世界。这种对市场和商品的批判与其早期对上帝的批判相似。人以自我异化的行为创造了上帝，其结果是上帝被视为创造了人。人类创造性想象力的产物迷惑了创造者。人类变成了他自己创造性力量的被动的后代，这种力量被拟人化并被赋予生命特征，以至于人类否认了自己创造物的作者身份。像上帝一样，市场和商品也是如此——人类创造的社会实体，却在集体想象中作为被赋予了生命的存在而发挥作用，人类赋予其生命却否认了自己。人类集体创造的产品以虚幻的客观性笼罩着他们的生活。

但是在南部考卡山谷的流行文化中，隐藏着社会关系世界的商品结构的虚幻客观性并没有以这种方式扭曲集体意识。当工业地主被描述为专注121

于甘蔗而不是人时，当"我们农民拒绝甘蔗，因为它是农民奴役的原料"，当甘蔗被拜物教视为"可怕的绿色怪物，也就是伟大的甘蔗，地主之神"时，生产作为人之目的的体系受到了谴责，同时与以生产作为人的使用价值经济的理想形成对比。

通过代替以人为中心的宇宙，我们发现一个以伟大的以甘蔗为中心的体系，伟大的甘蔗是地主之神，它使人成为奴隶。人被矮化为物。正如伯特对伴随着资本主义诞生的科学革命的形而上学的描述，"人类只是一个微不足道的当地旁观者，是一个无限自我运动的引擎的无关紧要的产物，这个引擎永远存在于人类之前，也将永远存在于人类之后，它将数学关系的严密性奉为神圣，同时将所有理想的想象驱逐到无能的境地"（1954：301）。这个问题不仅仅是托尼关于早期被谴责为美德的经济习惯规范化的表述。同样危险的是认知本身的道德转变。

市场组织的进步不仅分裂了封建联系，剥夺了农民的生产资料，也撕碎了他们的一种观世之道。生产方式的改变也是感知方式的改变。人类感知系统是由历史和自然环境造就的。资本主义社会的变化体现了数学关系的严密性，把所有理想的想象都驱逐到无能的境地，因此人格是物格的反射。在这种社会和形而上学的转变中，社会构成的自我感知让位于孤立的最大化个体作为质量空间单位的原子化感知——这是一种通过机械形态社会的无限自动引擎（市场）实现效用最大化的机械产品。

随着这种转变的展开，人类的意图、想象和理解——依赖于社会互动的能力，超出了与非人类事物相关的法律的范围——是无关紧要的和低劣的；然而这却是极度可疑的。就像托尼所关注的经济恶习一样，新的感知模式也必须被奉为经典和神圣；早期的宗教拜物教被商品拜物教所取代。新的感知模式并不比它取代的模式更自然。这也只是观看世界的许多方式之一，在这些方式中，传统上被认可的联系伪装成了自然事实。最终，甚至这种构造也被揭示为一个魔法般的宗教世界，在这个世界里，符号的任意但传统的特征每天都在确认其自然性的仪式中被神圣化。因此，人们对市场的日常参与成为他们精神一致性的守护者。

但这种一致性永远无法实现。对物的意义的追求是顽强的，它超越了定义事物的新公理结构的极其狭窄的困境。市场理性屈从于其自我诱导的非理性，商品因具有人类意义而变得活跃。

这种新的社会形式可能会把人变成数字，但也会把甘蔗等种植园作物变成怪物或神。诚然，生命被扭曲了，尽管如此，生命仍然涌向物，将社会产品转化为有生命的存在。伯特写道，所有理想的想象都被放逐到无能中。但是这样吗？在他们的征服中，这些理想的想象与商品拜物教作斗争：种植园的甘蔗变成了"可怕的绿色怪物"、"伟大的甘蔗"、"地主之神"，一个据说能慢慢吞噬赋予它生命的人的活生生的存在者。

拜物教和诠释学

与我们这个时代理性化的神秘相反，本雅明坚持运用他的诠释学冲动去阅读和理解任何非传统意义上的"文本"。彼得·德米兹（Peter Demetz）阐述道，"古人""可能一直在'阅读'动物撕裂的内脏、星空、舞蹈、符文和象形文字，而本雅明则在一个没有魔法的时代继续'阅读'物、城市和社会制度，就好像它们是神圣的文本"（1978：xxii）。需要强调的是，他这样做的动机是历史唯物主义的观点。如果像他的朋友阿多诺（T. W. Adorno）所指责的那样，他的事业似乎总是在魔法和实证主义之间摇摆不定，那么将这种类型的诠释学与南部考卡山谷的新生无产者进行比较就再合适不过了。

对物的这种阅读就好像它们是神圣的文本，这种本雅明所说的"物的无声语言"的渗透和表达，在他自己看来是受到忧郁（melancholy）制约的，而不仅仅是神经质的自我放纵。这是一个人在面对写进历史唯物主义的自由与必然性的辩证法时，不得不面对的一种理智的情绪。在这里，人们想到的是反对马克思主义进化决定论者的立场所固有的令人麻痹的神秘主义的口号——安东尼奥·葛兰西的战斗格言，"理智的悲观主义，意志的乐观主义"——从某种程度上来说，这也是一种类似的尝试，它试图找到一种既承认历史的不可阻挡的运动，又承认人类有必要积极干预该运动的立场。历史唯物主义是这样一种史学模式，在这种模式中，艰苦的科学头脑被根植于悲伤的激情所驱使，从而将世界的概念构建为连贯部分的自我激活的整体。

123

忧郁确立并确认了主体与客体之间的距离,这种距离是客观分析所必需的,同时它也记录了超越这种异化的需要,而这种异化也是历史所创造的人的异化。忧郁是穿透过去影像的凝视,将它们从死去的客体转变成充满意义的影像,为革命和当下的相遇提供了鲜活的意义,否则历史将成为统治阶级神秘化历史的受害者的工具。本雅明断言,在每个时代都必须努力把传统从将要压倒它的因循守旧中挣脱出来。没有什么能远离对过去的保守怀旧情绪。问题是,一个与自己的历史隔绝的阶级作为一个阶级的能力远不如一个能够在历史中定位自己的阶级。然而历史本质上是灾难性的;它以牺牲人类能动性为代价取得胜利。本雅明写道,过去对现在的影响是弥赛亚式的,不能轻易解决。他补充道,历史唯物主义者意识到了这一点。

弗雷德里克·詹姆逊描述了本雅明在过去寻找一个合适对象的心理,这个对象可以救赎现在,而不会陷入法西斯神话,牺牲非理性,或者通过统计数据处理来完善历史。这是个人沮丧的心理,是局外人的失意,以及面对政治和历史噩梦的苦恼(1971:60)。

把物视为神圣的文本,用失败者和失意局外人彻底的悲伤充斥其中,投射出面对政治和历史噩梦时出现的痛苦——这也是一个农民阶级垂死的哀号,"进步"的浪潮即将席卷这个农民阶级。正如巴林顿·摩尔(Barrington Moore)所言,人类自由的源泉在于这种哀号,而不是即将掌权的阶级的抱负(1967:505)。并非所有历史唯物主义者都意识到这一点。

以这种方式阅读物,就好像它们是神圣的文本一样,也是沉迷于一种魔力,我们可以称之为"前资本主义拜物教"。它是争取一种无法获得的经验的统一。这是一种顽固的冲动,认为物和人是相互交织在一起的,以至于使物成为有意义的,因为它们体现了人际关系,即使(在一个没有魔法的时代)这些关系隐藏在一个具象化的表象背后。

关于前资本主义社会的交换,莫斯在他的著作《礼物》(*The Gift*)中问道,在交换的物品中有什么力量使得互惠如此引人注目?他回答道,"这种由物所创造的纽带","事实上是人与人之间的纽带,因为物本身就是一个人或属于一个人"。他详细阐述了人与物的这种明显混淆:"在这个思想体系中,一个人放弃了实际上是他的本性和本质的一部分,而接受某物就是接受

某人的精神本质的一部分。"(1967:10)

现代市场体系的实践力图否认这种反映在社会交换中的人和物的形而上学,并用马克思所解释的资本主义商品拜物教取代莫斯所指出的拜物教类型。前一种拜物教源于古老的互惠概念,其形而上学的深度是由莫斯提出的,主旨在于人与他们用以生产和交换的物之间的统一。后一种拜物教,即商品拜物教,源于人与他们生产和交换的东西之间的异化。在法则和日常实践中一样,这种异化导致商品的现象学作为一个自我封闭的实体,对商品的创造者具有支配性,具有自主性,并以自己的力量存在。

陷入农业商业化农民的命运见证了这两种拜物教形式之间的冲突,特别是在涉及大型农业企业生产的情况下。对无产阶级恶魔契约的信仰,以及其他拜物教的例子都是这场冲突的结果。恶魔不仅仅是新经济的象征:它调解了这种经济发展所产生的对立意义和情绪。因为如果农民或使用价值观念被市场文化所压倒,像恶魔契约这样的虚构就没有基础了。这种比喻的出现是由使用价值文化归因于社会、生产和交换的市场组织所产生的比喻的意义引起的。恶魔契约记录了这类组织的人类意义,并将其标记为邪恶和破坏性的,而不是社会上脱离实体的物的自然固有的道德中立力量的结果。

文化在魔法中的表现,在关于种植作物中信仰的表现,以及在农民与农业企业生产的对比中的表现,都受到作为神圣文本的物的辩证解读。一方面,存在下层阶级自己的解读,这种解读受制于使用价值的形而上学原则,因为这些原则面临着商品文化。另一方面也存在分析者强加的解读,这是一项不可避免的活动。这两种解读汇集在一起,被镌刻在新无产者自己提供的文本中。

第七章　金钱的洗礼和资本的秘密

金钱的洗礼与资本的诞生

　　根据南部考卡山谷对钞票洗礼的信仰，当天主教神父给孩子洗礼之时，未来的教父将一张比索钞票藏在他或她的手中。因此，这被认为是比索钞票在受洗而不是孩子。当这一现已受洗的钞票进入普遍货币流通时，人们相信该钞票将继续带着利息回到其所有者手中，使所有者富裕起来，并使钞票所有者与之交易的其他当事人陷入贫困。所有者现在是比索钞票的教父。孩子仍然没有受到洗礼，如果父母或其他人知道这一点，那将会引起极大的关注，因为孩子的灵魂被剥夺了超自然的合法性，没有机会逃离地狱或炼狱，这取决于它何时死亡。这种做法受到教会和政府的严厉惩罚。

　　受洗钞票得到了洗礼仪式用来赋予孩子的名字——我们用英语说的"教名"。该钞票现在被称为玛琳、乔治、托马斯等等——无论父母决定给孩子取什么名字。为了使受洗的钞票生效，教父支付此钞票作为日常货币交易的一部分，例如当他在商店里为一些商品付款时，同时喃喃自语道：

　　　　何塞，
　　　　你是去还是留？
　　　　你是去还是留？
　　　　你是去还是留？

　　钞票以它的名字被问了三次，它是否会回到它的教父身边。如果一切正常，钞票很快就会返还给它的教父，并带来大量的钱。这种转移是看不见的。

　　一个黑人中产阶级家庭在村子里拥有一家街角商店。半夜，妻子独自从后门出去，然后很快回来，因为她觉得自己听到钱柜里有声音。当打开它时，她发现所有的现金都不见了。接着，她想起了一个顾客早上的一些奇怪行为，然后意识到有人递给了她一张受洗钞票。她一转身，这张钞票就带走了收银机里所有的钱。

在附近大城市的一家繁忙的超市里，一名商店的侦探吃惊地听到一名妇女站在收银台旁低声念叨："吉列尔莫！你是去还是留？你是去还是留？你是去还是留？"他立即猜测她已经花出了一张受洗钞票，正在等待它与登记簿的内容一起归还给她，他立即逮捕了她。她被带走了，没人知道后来发生了什么。

村里少数获得成功的一个黑人店主，仅仅因为一个非常不寻常的巧合才避免了巨大的损失。在店里服务时，他吃惊地听到收银机里有奇怪的声音。他注视着里面，看到两个钞票在争夺里面的东西，他意识到有这么两个顾客，每个人都有自己的受洗钞票，并在刚刚付清了款项，等着它们的归还。这个奇怪的巧合使他得以防止金钱的流失。

在前资本主义社会，商品交换和市场是不存在的。万物有灵论、魔法和各种形式的拜物教盛行。但是，这种拜物教与资本主义社会经济组织体系中的商品拜物教是一样的吗？一方面，马克思清楚地认为两者非常不同，在提出这个问题时，他正在朝着揭开商品交换形式所引发幻相的神秘面纱的方向发展。他写道，"一旦我们逃到其他的生产形式中去，商品世界的全部神秘性，在商品生产的基础上笼罩着劳动产品的一切魔法妖术，就立刻消失了"＊(1967:76)。然而，我们应该补充一点，当商品体系侵犯前资本主义社会形态时，两种拜物教形式，即互惠交换的魔法和商品交换的魔法相互冲击，并结合成一种新的形式。

南部考卡山谷对钞票洗礼的信仰是通过这种非法的宗教机制——非法的，因为它欺骗父母、孩子和牧师，并通过使其无法被接纳为上帝的公民而在精神上摧残孩子——钱会生钱，钱会增长。这仅仅是标准的马克思主义对资本主义流通法则的一种独特表达，即 M—C—M'（货币—商品—更多的

＊　译文引自《马克思恩格斯文集》第五卷，人民出版社 2009 年版，第 93 页。

货币），或者简化为 M—M'，而不是与使用价值和农民生产方式相关联的流通，C—M—C（商品 A—货币—商品 B，或者为了买而卖）。马克思为自己提出的问题，即资本主义经济增长和资本积累——在这个过程中资本似乎更多地自我繁殖——的神秘之处，在这种情况下是在基督教钞票洗礼所唤起的超自然力量的帮助下出现的。一旦以这种方式激活，货币就变成了生息资本。一种无生命力的交换媒介变成了一种自我孕育的量，从这个意义上说，它变成了一种拜物教——一种具有逼真力量的物。

这真是一个奇怪的信念。但人们必须考虑到，它所针对的体系肯定也同样奇怪。几个世纪以来，我们已经习惯了资本主义经济学的规律，并在今日已经自满地认为这些规律的表现是完全自然和平常的。资本主义的早期鼓吹者和分析家，如本杰明·富兰克林，已经认为经济运行是完全自然的；因此，他们可以随意地将利息称为资本本身的固有属性（参见第二章）。

然而，正如在他们关于钞票洗礼的民间传说中所表达的那样，南部考卡山谷的农民认为这是完全不真实和超自然的。此外，钞票洗礼对孩子来说代价很大：它剥夺了孩子在生命周期和宇宙秩序的仪式中的合法地位，因此它和雇佣工人与恶魔签订的契约一样背负着同样的耻辱。这种不道德的过程将钞票洗礼与"纯粹的"或资本主义商品拜物教区分开来。

此外，钞票洗礼仍被视为由人类发起的一系列事件的结果。的确，这种关系仍然令人困惑，因为超自然力量被认为是金钱产生利息的必要条件，但另一方面，人们清楚地理解金钱本身不会产生这种效果。货币作为资本的 129 繁殖并不被视为货币的一种固有力量。因此，这不是商品拜物教，因为这些人不认为它是货币的自然属性。事实上，它被视为如此不自然，以至于超自然力量不得不被最狡猾和破坏性的手段所利用。尽管资本与劳动的真正关系令人费解，但人仍然被认为是触发神奇循环的必要因素；这符合这样一个事实，即在使用价值经济中，人们在工作中建立的关系在他们看来是直接的、互惠的、个人的关系，而不是由他们的产品关系控制的活动。事实上，这里牵涉到我们的特定形式的前资本主义拜物教恰恰产生于人类相互依存和互惠的意识，在这种意识中，人和他们的产品被视为形成一个整体。当人们在其渗透的早期阶段遇到商品市场时，这种相互依赖的扭曲和不平衡将拜物教抛入了非自然和邪恶的领域——金钱的非法洗礼和无产者的恶魔契约。

类比推理和使用价值哲学

令人吃惊的是,钞票洗礼背后的信仰原则与亚里士多德的《政治学》(*Politics*)和中世纪晚期经济理论中的货币和交换原则是如此相似。这一观点的基础是亚里士多德对今日所谓的使用价值和交换价值之间所做的区分,这一区分在马克思主义理论中也占据了中心位置。亚里士多德在《政治学》第一卷中写道:

> 我们的所有财物,每一件都可以有两种用途。财物是同一财物,但应用的方式有别,其一就是按照每一种财物的本分而作正当的使用,另一则是不正当的使用。以鞋为例:同样是使用这双鞋,有的用来穿在脚上,有的则用来交易。那位把鞋交给正在需要穿鞋的人,以换取他的金钱或食物,固然也是在使用"鞋之所以为鞋",但这总不是鞋的正用,因为制鞋的原意[是为了自己要穿着,]不是为了交换。其他一切财物的情况相同。* (1962:41)

尽管任何物品的交换功能都可以在家庭经济或自给经济中合法使用,但正是从这种交换功能中产生了金钱赚取或资本主义,从而对家庭经济或"自然经济"造成了损害。正如罗尔在《经济思想史》(*A History of Economic Thought*)中指出的那样,这两种赚钱艺术之间的区别"不仅仅是试图将伦理上的区别带入家庭。这也是对货币在经济过程中作用的两种不同形式的真实分析:货币作为一种交换媒介,其功能是通过获得满足需求所需的商品来完成的;以货币资本的形式引导人们渴望的无限积累"(1973:33)。

在对亚里士多德的讨论中,罗尔强调了这样一个观点,即在使用价值的循环中使用的货币——亚里士多德的家政,即自然经济——是不育的。"金钱是用来交换的,但不是用来增加利息的;它天生不育;通过高利贷使其增

130

---

* 译文引自亚里士多德:《政治学》,吴寿彭译,商务印书馆 2014 年版,第 25 页。

值,这一定是所有赚钱方式中最不自然的"(1973:33)。这些信息可以以表格形式组织(见表2)。

表 2　货币的特征

价值类型	使用价值	交换价值
循环目的	满足自然需求	以获取金钱为目的
货币的特征	交换手段 C—M—C 自然的 不育	赚取手段(手段即目的;资本) M—C—M' 非自然的 多产

注意:M＝货币;M'＝货币加上该货币的利息,即资本。

从表中描述的一组对比中可以看出几个相似之处,例如:

$$\frac{\text{货币的使用价值（货币）}}{\text{自然的}} : \frac{\text{货币的交换价值（资本）}}{\text{非自然的}}$$
$$\frac{\text{自然的}}{\text{不育}} : \frac{\text{非自然的}}{\text{多产}}$$

但是在自然界中,例如在生物世界中,事物自然是富饶的。亚里士多德写道:"为了交易的方便,人们引用了货币,而钱商竟然强使金钱[做父亲来]进行增殖。这里显示了希腊人惯用的'子息'一字的真意,'儿子必肖其亲',如今本钱诞生子钱,所谓的'利息'正是'钱币所生的钱币'。我们可以由此认识到,在致富的各种方法中,钱贷确实是最不合乎自然的。"*(1962:46)

使用玛丽·赫斯(Mary Hesse)在类比讨论中提出的方法,这里可以表示为一组正类比和负类比,其中明确认识了对构成类比的成对术语之间的相似性和差异性(1963)。

$$\frac{\text{生物领域（自然的）}}{\text{动物}} : \frac{\text{货币的使用价值（自然的）}}{M} : \frac{\text{货币的交换价值（非自然的）}}{M'}$$
$$\frac{\text{动物}}{\text{废物}} : \frac{M}{M} : \frac{M}{M'}$$

---

* 译文引自亚里士多德:《政治学》,吴寿彭译,商务印书馆 2014 年版,第 32 页。

　　动物和货币作为使用价值的类比表达了相似和差异的关系。它们的相 ¹³¹ 似之处在于,它们都是自然世界的一部分,它们的属性功能是确保理想社会的最初目的:亚里士多德这样描述这个问题,"重建自然自身自给自足的平衡"。它们的差异之处在于,更多的自我繁殖是动物的自然属性,而货币天生是不育的。

　　动物和资本之间以及货币和资本之间的类比也是基于一系列相似和差异之处。例如,资本像动物一样繁殖;但是一个是自然的,另一个是非自然的。同样,使用价值范式中的货币类似于资本,但前者是不育的,后者是多产的。因此,考卡山谷南部种植园地区居民面临的任务是,如何解释将相似性的属性转化为差异性的属性,差异性的属性转化为相似性的属性,并在某些情况下实际发生作用。他们必须解释曾经是动物独有财产的特征现在是如何被归于货币的,货币的自然属性是保持不育。他们必须解释货币转化为生息资本,以及使用价值转化为交换价值。

　　这是通过非法的洗礼仪式来完成的。未受洗的或自然的货币不是也不 ¹³² 应该是资本:它不能也不应该对资本或动物更多自我繁殖的方式产生兴趣。只有在仪式上通过洗礼,货币才能获得这种非自然的属性。当不育的货币被转移到上帝的领地,并铭刻上上帝赋予生命的财产时,它就会变得异常多产。

　　魔法行为的有效性和合理性似乎是通过在不同存在领域中观察到的相似和差异关系之间的比较来理解的,仪式被用来操纵和将差异转化关系为相似关系:

$$\text{自然} \qquad \text{不自然}$$

$$\frac{\text{动物}}{\text{废物}} : \frac{M}{M'}$$

废物是动物的自然产量,而资本(M')的增加是非自然的。

　　消极的类比(差异的比较)可以通过洗礼仪式被克服并运用到相似性比较(积极的类比)中:

$$\frac{\text{儿童洗礼}}{\text{合法化和增长}} : \frac{\text{货币的非法洗礼}}{\text{非合法化和增长}}$$

然而,这种转移是通过一种适用于货币的非法仪式来实现的,这种仪式是一种亵渎,它剥夺了孩童时期获得实现人类潜能所必需的神圣和认可。因此,尽管货币可以转化为生息资本,但这被视为超自然和反自然的。货币本身无法做到这一点;因为它不是货币的固有属性。它必须被超自然地激活,而实现这种激活的唯一方法是非法的,并且违反了文化规范。因此,资本被解释为非自然和不道德的。基于使用价值取向的类比范式可以通过超自然的方式进行重构,即便如此,使用价值经济学的原始意义仍然得到维护。

恶魔契约与资本主义生产的魔法

133 种植园雇佣劳动者为了增加产量签订恶魔契约,这种情况下所赚的钱被认为是不育的。它只能用于奢侈品,并必须立即消费。如果把钱投资在土地上,土地就不会结出果实。如果一只动物被购买用于养殖,以待将来出售,它就会死亡。此外,在恶魔契约下生长的作物也将死亡。例如,甘蔗的结根苗将停止发芽和生长。在这种情况下,虽然无产者的生产可能会增加,但钱并不多产;事实上,这让人联想到不孕症——受洗金钱的对立面。

这是什么意思?这在某种程度上可以用这样一个事实来解释,即契约是与上帝的对立面——恶魔——订立的。但是人们可以在符号背后挖掘得更深,并进一步探究亚里士多德和马克思的区别。亚里士多德用以下方式将生产和不同形式的货币联系起来:"他们的这种想法是正当的。自然财富和致富方法确实有异于上面的说法。获得财富的自然方法和家务管理相适应[以寻求一切生活资料为主];而另一种从事在货物交换之间,贩卖致富的方法则以寻求并积储金钱为主。后一种方法完全依靠金钱的权威;金钱是交易的要素,也是交易的目的。"*(1962:43)在这里,作为单纯交换手段的货币和作为资本的货币之间的对立,平行于生产性和非生产性商品和活动之间的对立。的确,对亚里士多德来说,这种对比甚至更为显著,因为赚钱或资本主义本质上摧毁了自然或家庭经济:摧毁了负责生产和增长的自然

---

* 译文引自亚里士多德:《政治学》,吴寿彭译,商务印书馆2014年版,第28页。

力量的相互作用。

因此,最初提到货币作为交换媒介所具有的不育和多产的特性是放在生产和更深刻的生育意识的背景下的。在亚里士多德看来,动物及其后代与货币繁殖货币之间的类比是完全不自然的:最不自然的是,自然不育的货币形式是建立在生产活动基础上的——"在完全意义上"——而多产的货币形式不是。只有在自然不育的状态下,"货币才能保持它最初的目的;重建自然自给自足的平衡"。因此,使用价值、货币作为交换的中性中介、自然界自给自足的平衡和生产力在整个意义上都是内在联系和必要的。

从这一观点可以得出如下的一组基本的正反类比:

$$\frac{货币}{资本} : \frac{生产力}{破坏性的}$$

因此,在这种文化中,人们面临的问题是如何解释和实现这些自然类比的颠倒,因为事实的经验是,生产可以在资本主义生产范围内保持和增加。当其倒置时,我们可以得出:

$$\frac{货币}{资本} : \frac{破坏性的}{生产性的}$$

这种颠倒在恶魔契约中得到实现和解释:通过这种邪恶和破坏性力量的中介,处于资本主义关系中的甘蔗种植园的产量可以增加。与此同时,正如这个比喻如此清晰地显示的那样,其获得的工资是非生产性的:它杀死了它所购买的任何东西,除了立即消费的奢侈品。根据使用价值范式应该获得的自然的一系列关系,应当可以转化为违反使用价值类比的资本主义关系。但是这些资本主义关系既不被认为是自然的,也不被认为是善的,因为它们需要恶魔作为中介。

结　论

在考卡山谷中我们所关心的迷信行为,即恶魔契约和钞票洗礼,被揭示为系统地认可使用价值和交换价值之间矛盾逻辑的信仰。这样做时,这些信念与亚里士多德经济学的基本原则是一致的,亚里士多德经济学是阿奎那(Aquinas)和其他人在中世纪晚期提出的占主导地位的经济学原则,也是马克思主义的基本前提之一。这些迷信行为不是源自农民生活或教会影响
135 更加完整的先前时代的混乱残痕,而是涉及对资本主义生产方式的侵蚀进行系统批判的精确表述。正如这些信念所表明的那样,对使用价值和交换价值之间的区别的敏感性,并不是农民生产方式繁荣时期保留下来的怀旧或干瘪理想的结果。也不能仅仅解释为某些农民生产和正在发展的资本主义生产方式共存的结果。这也是由于最近城市化的农民的"贫民窟经济"在很大程度上类似于基于使用价值实践的经济。

这些法则中包含的理性范式严重依赖于类比推理。类比解释是用熟悉的术语描述不熟悉的事物,这里所争论的类比推理模式本质上是整体性的,依赖于通过事物与更大整体的关系来认识事物。另一方面,自 17 世纪以来,因果范式已经如此彻底地渗透到现代西方社会科学之中,也被轻率地称为西方思想的主流,这种范式本质上是原子主义和还原论的;它通过事物本身而不是事物作为其一部分的语境关系来定义身份。

上面概述的类比推理模式似乎在使用价值经济学指导下的文化中更加丰富和有意识地被使用,正如坦比亚(S. J. Tambiah)在他对赞德(Zande)魔法的解释中如此从容展示的那样,对其逻辑和系统化的认识消除了当这些信仰受到现代实证主义方法论和功利主义社会哲学所体现的有效性准则的约束时所带来的轻蔑混淆(1973)。然而,坦比亚的不足之处在于他没有考虑形而上学的基本体系,这些类比中的术语就是从这个体系中得出它们的意义的。虽然这是一个很好的说法,证明了现象之间明显奇特的联系和影响是如何在类比集合的纯形式属性中被假设和维持的,但是独立的本体论也必须被考虑。强调类比理性的形式特征让我们理解了解释模式所包含的系统精确性,这些解释模式并不仅仅基于因果范式。但这并没有比 19 世纪泰勒和弗雷泽的分析更进一步,后者揭示了魔法类比法则的智力成就,也揭示了他们认为这种类比法则的致命错误:这是个错误,也就是说,如果这些法则
136 被认为是实现某种具体利益的工具手段。但是,如果我们不按照现代的要求

来解释这些法则的效用,那么在这些魔法表达中,我们面对的不是错误的科学,而是关于世界意义的陈述。埃文斯-普里查德反对泰勒和弗雷泽的心理还原论和功利主义,他说魔法法则不是心理事实而是社会事实,其真理价值在于社会关系的语言和不可避免的文化遗产(1933)。套用涂尔干关于宗教的著名格言,魔法是社会给自己施加的魔法。回到构成魔法信仰的类比,我们不得不问为什么某些特性而不是其他特性首先被认为是类比地相关的? 例如,虽然我们可以指出货币和资本之间的类比关系,并证明这种类比所传达的问题和解决方案,但我们所做的不过是指出一组给定的东西,其意义最终在于形式推理规则本身以外的基础上。这一基础可以在相关群体的形而上学和社会哲学中找到,在这种特殊情况下,这一哲学的一个重要方面是通过使用价值经济学范式来传达的,因为这一范式传达了商品化和物化的含义。

　　类比推理模式在使用价值经济中是引人注目的,因为事物不被视为它们的自我组成部分,而是被视为关系网络的体现。事物相互作用是因为它们所承载的意义——感官的、互动的、有生命的过渡性意义——而不是因为物理力量的意义被锁在自我封闭的事物的私有化的牢笼中。

　　在考卡山谷的例子中所考虑的类比类型是有趣的,因为构成这些类比的独立术语之间的因果关系和相似性取决于总的集合,而不是在术语本身中给出的。这里所包含的“原因”的概念不是机械原因的概念,而是模式、关联和目的的概念。将这一概念置于相互作用力的机械范式下只会导致巨大的混乱,这类似于弹回台球或互锁齿轮;因此,当呈现这种形式的理性时,物化的视觉会认为它们是非理性的。描述以下这些与上面提到的相同的类比类型时,赫斯(Hesse)指出,水平层面的相似关系取决于由纵向关系建立的特定意义(1963)。

$$\frac{父亲}{孩子} : \frac{国家}{公民}$$

　　此外,纵向关系本身在任何特定意义上都不是因果关系,更进一步,如果将单个术语与总的类比集合分开考虑,它们中的每一个都具有多种内涵。因此,总体结构中任何术语的具体含义取决于关系的总体集合。这就是说, 137

单个术语的意义并不是因为它们作为孤立的、与其他孤立物分离的结果。相反,它们是关系术语,体现了任何术语都是其中一部分的一组关系所建立的意义。物是关系,这些关系是本体论的,而不是逻辑的。

为了使一个类比有意义和有说服力,类比从多种可能性中进行选择。在考卡山谷的例子中,这一意义涉及增长和交换的社会前提。这不是一门物的科学,而是一门修辞性的科学,其中介是社会条件和关系,这些条件和关系正受到成为物的威胁。

单个术语并没有被原子式地看待。它们不符合牛顿微粒范式或怀特海(Whitehead)所说的外在关系哲学。相反,它们符合内在关系的有机哲学,其中每一个独立的术语都体现了它是其中一部分的一整套关系(Whitehead,1967:111 - 118;Ollman,1971:27 - 42)。

简而言之,形而上学的外在关系学说是分析和还原方法的基础;在这种方法中,解释通过假定不可还原的原子成分来分析任何给定的现象,并通过说明假定存在于这些原子之间的因果关系的数学规律来得出结论,这些原子构成了整个现象。这一学说是笛卡尔传统和自然观的核心,伽利略、笛卡尔和牛顿以此推动现代科学和实证主义走向成功。尽管自 20 世纪初以来就被理论物理学所忽视,但这些思想继续为现代社会科学和西方流行的社会意识形态提供基础。这里有两个性质与我们有关。首先,正如怀特海所说:"这些基本成分各自的特性都被看成是它们各自独有的属性。每一个这样的基本成分可以在完全与其他基本成分脱离联系的情况下为人所理解:基本的真理在于,它只需要自身便可存在。"*(1967:113)换句话说,一个物的意义或性质是单独给出的,而不是在它所属的上下文中给出的。其次,正如怀特海所指出的,由于这种去语境化,物之间的关系(以及事物的变化或它们的关系)被认为是物本身之外的。这些概念迫使人们求助于自然神论和拜物教,这就是牛顿自己对原子化的宇宙的概念化。

考卡山谷信仰中固有的拜物教源于一个完全相反的形而上学和一系列社会前提。在农民和工人阶级认识论中,个体的术语或物被概念化,黑格尔

---

　　* 译文引自怀特海:《观念的冒险》,周邦宪译,贵州人民出版社 2000 年版,第 131 页。

的"环节(moments)"也是如此:每个术语或事物都表达了它所表现的整体。可以说,事物本身包含着整体性,并且可以被因果地看到,作用于其他成分并被其他成分所作用。但它们在这里主要是作为密码和符号引起兴趣的,这些密码和符号反映了社会与它们一起形成的系统的意义。

我也选择了,而且确实感到被迫从这个意义上解释它们,而不是看到一个原子世界在时间和空间的虚无飘缈中机械地游动。马克思主义本身是建立在对这种观点的敏锐理解之上的(参见 Ollman,1971),尽管这通常会被忽视,因为后来的诠释者把他的唯物主义概念与资产阶级科学的概念理解为是一样的,即机械的和经验的。最后,值得重复的是,尽管类比结构可以颠倒,关系可以转变,但在考卡山谷的例子中,一种生产方式正在取代另一种生产方式,使用价值的伦理和理由仍在维持。类比模式背后的形而上学并没有被否认,尽管农民现在除了他们抽象的劳动力之外几乎别无其他。这些类比不是中性的,尽管现代科学和经济理论固有的事实-价值区分具有中和作用,但在该区分中,人们认为"经济学在两端之间是完全中性的;任何目的的实现都依赖于稀缺的手段,这与经济学家的关注密切相关。经济学并不关心目的本身"(Robbins,1935:24)。

没有什么能比考卡山谷南部农民和农民的经济理论和行为更进一步了,对他们来说,经济学完全关心目的。无论是经济原因还是其他原因,对他们来说,理性远不止是狭隘地关注稀缺手段的最大协调以达到交替的目标。相反,理性是体现客观存在条件的东西。他们对资本主义理性及其所 [139] 体现的实践的理解使他们得出这样的结论,即这种制度违反自然法则,是邪恶的,最终会破坏客观存在的条件。

将它们的理由置于手段和目的的工具之下,置于与其内容和目的无关的类比的空洞形式之下,只会加速这些条件的消亡。农民社会或社群可以参与商品生产,但这并不需要构成一种物化的文化。一个社群可以在许多方面受到更广泛的资本主义世界的影响和控制,但这本身并不一定使这样一个社群成为更大社会和全球经济的复制品。试图用波兰尼所说的我们过时的市场心态来解释前资本主义的社会形态,是天真的民族中心主义的误导行为,事实上,这甚至不适用于市场社会本身,而仅仅是其表象的复制。

第三部分
玻利维亚锡矿

他们不知道货币通货膨胀的威力。他们的货币是照耀着每个人的太阳,属于每个人并使万物生长的太阳,没有通货膨胀和通货紧缩的太阳;而不是支付给苦工的那些肮脏的"索尔"(他们将向你展示他们的秘鲁人的太阳的废墟)。而在整个帝国他们每天只吃两顿饭。

金融家不是他们神话的创造者。

埃内斯托·卡德纳尔(Ernesto Cardenal):

《印加帝国的经济》(*The Economy of Tahuantinsuyu*)

第八章 矿山中的恶魔

在玻利维亚奥鲁罗市（Oruro）周边山区的锡矿矿井中，矿工们用雕像来代表拥有这些矿山和锡矿的神灵。这些神像被称为恶魔或蒂奥（Tio），它们可能小如一只手，也可能大如一个真人。它们掌握着矿山和矿工的生与死的力量，矿工们为神像所代表的神灵举行祭祀和礼物交换的仪式——这是这座山的前殖民力量的当代表现（Nash, 1976: 27; Costas Arguedas, 1961, 2: 303 - 304）。

神像的身体是由矿物雕刻而成。手、脸和腿是由黏土制成的。通常，矿工头盔上明亮的金属片或灯泡会构成他的眼睛。牙齿可以是玻璃的，也可以是像指甲一样锐利的晶体，嘴巴张开着，等待着古柯和香烟。手伸向酒。在 Siglo XX（20 世纪）矿中，这个神像有一个巨大的勃起的阴茎。这种神灵也可以表现为一个幽灵：一个金发碧眼、留着胡须、红脸的外国佬，戴着牛仔帽，类似于控制成千上万挖掘锡矿的矿工的技术人员和行政人员，自 19 世纪末以来，锡使玻利维亚成为世界商品市场的一颗卫星。它也可以变成女妖的样子，用财富来交换灵魂或生命（Nash, 1972）。

没有这种通过仪式产生的神灵的善意，矿产生产和矿工的生命都会受到威胁。至少可以说，这个矿山的神灵主人非常矛盾，它代表着生的力量和死的力量；随着政治和经济环境的变化，它的矛盾心理也在变化。随着1952 年矿业的革命性变革和国家国有化，锡业巨头的个人私有制被僵化的官僚控制和军事独裁所取代，在某些方面，这使得工人所掌控的斗争比在锡业巨头时代更加艰难和严峻。自从 1964 年军方接管以来，矿工们向矿场的神灵主人举行仪式的行为被禁止了。一些矿工声称这些仪式阻碍了进步，他们认为最好忘记这些仪式。另一些人则持相反的观点，认为管理层压制这些仪式是因为它们维持了无产阶级的团结和较高程度上的革命意识，而矿区正是以此闻名的。

生产方式的每一次变革和政治斗争的每一次新发展都给自然神灵主人的象征和理解增添了新的含义和变化。在安第斯高原的农民社区里，土地的耕作者在个人和集体层面上对生产资料进行了一定程度的实际控制，自然的神灵主人不同于资本主义生产方式统治下的矿场。在农民社区，人和资源的生与死的权力也掌握在神灵主人手里。尤其重要的是山神主人，它们经常被人格化，但从未被雕刻成形。然而它们并不具有矿山神灵的活跃的邪恶的特征，而且对它们的仪式要少得多。在农民生活中，山神主人是自然的象征，比如峭壁或巨石，它们的活力和整体性确保了居住在山坡上的社区的活力和团结。祭祀仪式和与山神主人的礼物交换体现并认可了这些信仰。它们确保生产的顺利进行，生产的主要目的是自给自足，并主要存在于资本主义市场交换之外。农民生产者通过喂养山神来确保山神能反哺他们。与神灵的礼物交换保证了神灵会以生命的礼物回报农民。在与商业贸易和商业文化相对隔离的社区，山神主人的理解和表现比在不那么隔离的农民社区更能回应印第安的意念和仁慈。神灵主人的矛盾心理总是存在的。它们造成的伤害和帮助一样多。但是礼节性的礼物交换可以将这种矛盾心理转化为有利的结果。

只有在矿山，资本主义组织的蜂窝状的山脉中，神灵主人看起来才是主要的和积极的邪恶者。在那里，对神灵主人的仪式是必要的和频繁的；然而，就算他们尽了最大努力，矿工们还是经常处于失败的边缘，尽管他们进行了例行的安抚。直到 20 世纪 50 年代初，在西蒙·帕蒂诺（Simon Patino）这样的锡矿巨头的个人控制下，矿工的仪式才具有很大的合法性。帕蒂诺本人也参加了一些。在国家资本主义支持下的国有化和矿山重组之后，矿工们面临着新矛盾的不同局面。作为玻利维亚国家的一部分，他们理论上分享了矿山的所有权。他们的左翼联盟不断争取这一权利。然而，对工作流程的真正日常管理和对矿产财富分配的真正要求并没有落到他们手中，官僚统治可能在某种程度上恶化了他们的处境。这显然使他们的困境变得更加专制和匿名，针对他们的血腥国家暴力从未停止。考虑到最近的历史发展，人们变得更加敏锐地注意到那些标志着恶魔形象的矿山所有者——伯父（uncle）或蒂奥——的转变和矛盾心理。20 世纪 60 年代末，一名矿工的妻子说："和蒂奥一起玩耍的人都会变得像个恶魔"。妇女尤其受到来自组织变革、机械化和对她们采集矿石限制的偏见。她继续说道：

> 因此，我们不再和 Titito（亲爱的伯父）商量了。他过去常出现，但现在不能了。他完全累坏了，无力工作了。他们为蒂奥举行仪式是徒劳的。我们用含有金属的大石头造了它。他过去看起来像一个和我们一样抽烟的人。他抽完烟后，会咀嚼古柯，和女人们一起从装着古柯的袋子里咀嚼。我们过去常常带着丝绸披肩在蒂奥面前进行。我们曾经请教过他。我们伸手去拿他手中的金属。金属很漂亮，就像原糖一样。（Nash，1976：81）

就像中世纪晚期和现代早期的欧洲矿工一样，玻利维亚矿工今天把有机的精神生活归功于矿山。他们必须了解生命的新陈代谢并与之合作，为此，他们首先必须与它交流。这是通过一种仪式来实现的，这种仪式将交流戏剧化，并把它的特定意义带到了一个很好的理解层面。

在国有化之前，工资由一个工作队的 10 到 15 名成员共享，他们根据挖掘出的金属量签订合同。国有化之后，这些工作队被拆解成两人一组，工资是根据挖出的立方米而不是开采的矿物量来确定的。在某种程度上，小型 ⁱ⁴⁶ 工作组的高度团结被玻利维亚全国工人工会（玻利维亚中央工人组织）所取代。但是在 1964 年军事政变和接管煤矿之后，工会失去了大部分权力。现在工人们既没有他们原来的主要工作组的力量，也丧失了单一工会的力量。

为了与国有化前的支付结构和工作组织保持一致，矿工们每周二和周五都要向矿山和锡矿举行仪式，强调矿工们对矿产和减轻危险的渴望。现在，仪式通常被管理层禁止，但是矿工坚持进行仪式（尽管规模大大缩小），尽管主要工作小组已经不复存在，并且他们的工资是按开采的数量而不是锡的数量来计算的。尽管工资计算发生了巨大的变化，矿工和他们坚持的仪式仍然与矿山的生命息息相关。

这种担忧超越了现代工业典型的管理者和真正被疏远的工人的狭隘经济主义。矿工把自己，而不是经理管理者视为理解和关心矿山的人。我们可以说,矿工胡安·罗哈斯的自传清楚地显示了矿工沉浸于作为一个活生生实体的矿山的生命。在罗哈斯的详细叙述中,读者一次又一次地看到和感受到矿工的工作是一个与矿山产生共鸣的过程,像挖掘矿山一样滋养着矿山。他们被管理层强迫与岩石表面斗争,他们讨厌毁坏他们的肺和缩短他们生命的工作。然而,与此同时,他们关心矿山。他们的态度不仅仅是尊重,而是敬畏,这源于矿工所依赖的相互影响。这种相互感是一种日常生活实践,即在一个高度危险的企业中与其他员工一起工作,这需要共同的信任和良好的协调。这也是与矿山本身共同参与合作的敏感性。这种与矿山的亲密感,来自人们逐渐进入矿山的新陈代谢之时,在岩石表面上痛苦地学习到的经验和技能(Rojas 和 Nash,1976)。

约瑟夫·巴斯蒂安描述了玻利维亚北部的农民对他们居住的山有着相似的感受。这些人说他们是团结的,因为他们的社区对应于山的不同但相互联系的部分,他们把山想象成一个人体。他们在山区工作;这座山给了他们生命,他们用仪式礼物喂养这座山,给它生命和完整性。他们维持山的生命的同时,这座山也维持着他们的生命(1978:190 - 191)。仪式强化的是工作之间、人与人之间、人与自然之间的这种生活相互性,即使现代商业生产和交换反对这种相互性。事实上,商品生产和市场交换通过威胁其完整性,似乎奇怪地加剧了这种相互依存的感觉。

根据神话、魔法和大自然沉睡力量被唤醒所蕴含的一系列含义,矿石通常被认为是有生命的,焕发着运动、色彩和声音。它们可以说像水一样流动、移动、沉睡、纯净、美丽,像土豆一样生长,像原糖一样甜美,并在地下呼啸。上文提到的矿工的妻子描述了矿山的圣女是如何在矿井的黄金之上的。沸水流过黄金,这位妻子把黄金的美丽与原糖相比。这块金子不能移动,尽管它本身在移动。圣女讨厌被移动。如果它被转移,奥鲁罗市将会消失,因为她蹚过的水将会把她带走。人们安抚她,否则她可能吃人(Nash,1976:77 - 78)。在整个拉丁美洲高地印第安神话中,圣女通常与生育力和水联系在一起,与一个同毁灭和炽热联系在一起的主要男性神形成对比。流动性和不动性的对立与对黄金的渴望和将黄金从其适当位置移走的危险相对应。同样的信念也适用于圣佩德罗(San Pedro)所守卫的山上的金银。

如果被移走,这座山就会被烧毁,人们也会跟着它。据说,古柯销售者在每次狂欢节时都会带一个新生婴儿到那里,然后把这个活蹦乱跳的婴儿扔进洞里。作为交换,恶魔给他们银子。这份契约是由锡矿工人用骆驼向锡矿的神灵主人蒂奥所做的同样的祭祀仪式(k'araku)完成的。圣佩德罗的山富含矿物质,但人们无法以任何方式移动它。圣何塞的矿山也有很好的金属,但是人们说它在睡觉,他们现在不能工作了。许多被施了魔法的神灵居住在那个矿山里。

矿山被施了魔法,但它是基督教魔法的对立面。事实上,它的力量似乎来源于这个对立面。它反对基督的世界;这是敌基督者的。在矿山的入口处,人们可以向上帝祈祷并做十字架的标记。但在内心深处绝不能这样做。在矿物附近工作时,人们甚至不能使用镐,因为镐上有十字架的形状。否则你可能会失去矿脉(Rojas and Nash,1976:371)。上帝在表层统治着,但蒂奥是矿山中的国王。一名矿工说,“我们不会像在圣人面前一样跪在它面前”,“因为那是亵渎神灵的”(Nash,1972:226)。神父蒙纳斯(Monast)在玻利维亚工作,他告诉我们,波托西(Potosi)主教被矿工阻止在矿山内举行弥撒。像任何牧师一样,主教被认为是蒂奥的敌人,他的存在会导致锡矿消失。蒂奥是路济弗尔,是魔鬼,锡的安全取决于对它的尊重。两个神像站在Siglo XX 矿山的入口处:一边是圣迈克尔(St. Michael);另一边是蒂奥(Monast,1969:100 - 101)。上面提到的那个女人说,“我们不会说耶稣、玛丽亚和约瑟夫,也不会做十字架的标记,因为金属会消失”(Nash,1976:126)。

正如矿山与基督教的神圣力量和蒂奥对上帝的对立一样,蒂奥和帕查玛玛(大地母亲)之间也存在着进一步的对立。蒂奥是一个男性化的形象,这个异常的男性化表现为一个巨大的阴茎。采矿的危险性会导致矿工失去男子气概,当这种情况发生时,他们要求蒂奥让他们像它一样有力量。在整个安第斯山脉,大地母亲代表生育能力,她接受洒在地上的祭酒。在给蒂奥敬献酒之前,矿工们给她洒了一些在地上。他们说当咀嚼古柯时,他们摄取了她的灵魂(Nash,1972:226)。在进入矿山之前,矿工们向她打招呼,“老太太,今天不要让任何事情发生在我身上”;当离开时,他们感谢她给了他们生命。当感到危险时,他们请她向蒂奥求情,当引爆炸药时,他们请她不要生气。

在被管理层管制之前,对蒂奥的仪式通常在周二和周五举行,这两天是整个拉丁美洲巫术仪式和巫术反转的日子。一名矿工描述道:"我们开始在矿山内的工作区域进行查拉(*ch'alla*)。""我们带来了横幅、五彩纸屑和彩带所有这些东西。首先我们从蒂奥开始。我们把一支香烟放进它的嘴里。之后,我们把酒精撒在地上给大地母亲喝。我和我的同伴做这件事,我们是'政客'(politicos),一种团队。我们喷洒酒精,然后给蒂奥一些。后来我们拿出古柯开始咀嚼,接着我们抽烟。我们提供的酒水是从每个人的酒瓶里带来的。我们点燃蒂奥的香烟,说'蒂奥,帮帮我们的工作。不要让任何事故发生。'"(Nash,1972:226)。他们喝酒、聊天、唱歌,谈论他们的工作和政治史。他们将彩带缠绕在蒂奥的脖子上,用祭品准备一个祭坛——草药、羊驼胎和蛋糕,上面有想要的物品的图片,比如房子、汽车或动物,或者妖怪的图片。把这些在蒂奥前燃烧。然后他们醉醺醺地去换衣服的地方,接着再向蒂奥献祭,把彩带缠绕在另一个人的脖子上。

149

事故频繁发生,通常是致命的,对蒂奥的恶意与对他的安抚密切相关。纳什引用一名矿工的话,描述了当矿工们害怕时他们是如何大喊的:"你在做什么,蒂奥?"在一次近乎意外的事故之后,他们向蒂奥提供了古柯和酒,感谢他救了自己。他说,当一年前三名男子在事故中死亡时,这些人确信蒂奥在渴望鲜血。他们要求政府给他们空闲时间来举行仪式。他们购买了三只骆驼,雇用了一名萨满巫师。这些人向蒂奥献了血,说:"拿着这个! 不要喝我的血!"(同上:229-230)

尽管在这种情况下,一个特定的身体上的事故是举行仪式的直接原因,但矿工们之所以恳求蒂奥,不是要纠正错误的采矿方法,而是不要喝他们的血。矿山常有危险。隧道可能坍塌,炸药也会爆炸等等。因为蒂奥是矿山生命的基础,除了这种可怕的真实危险之外,还有神灵主人的威胁,它承担了所有这些身体危险。与上帝的接触总是危险的,并且受到死亡威胁的破坏。献祭允许人们通过献祭者的中介接近上帝。和平可以用这种方式购买,但不能被赐予。献祭者可以成为被献祭者。恳请蒂奥"拿去这个! 不要喝我的血!"说明了这种永远存在的可能性。在另一个层面上,这种可能性证明了上帝的矛盾心理，上帝是矿山财富的真正主人。这也证明了人与人之间最不平衡交换的危险，以及矿工与矿山之间的交换总是不平衡的恐惧。当矿工胡安·罗哈斯讲述了在一次事故后矿工举行向蒂奥祭祀的仪式时，矿工是如何变得快乐的（Rojas and Nash，1976：366－369）。他们宣称自己全心全意地为蒂奥提供食物，这样矿山就会繁荣。这个仪式与其说是预防事故，不如说是紧随事故其后。矿工的危险被归入对矿山繁荣的关心之中。

罗哈斯的一个工作伙伴在1966年受了重伤。罗哈斯自己觉得他的运气不佳。他被管理者拒绝辞去团队负责人的职务。当他的助手回来工作时，他向罗哈斯建议他们为蒂奥举行仪式。他们买了糖、硬玉米、甜玉米、啤酒、白酒、红酒、豌豆和一只羊。一个来访的巫师被签约了。矿工们没有让萨满用金属丝刺穿动物心脏，因为金属丝会弄脏心脏并杀死它，而是坚持切开它的喉咙，然后把它的血洒在矿山深处的岩石表面。接着他们吃羊。萨 ⟨150⟩满用不同形式的甜砂糖、谷物、羊驼脂和六只羊驼脂制成的小型羊驼，在火边准备了祭坛（mesa），这象征着祭品相当于六只真正的羊驼。与盐相反，糖在仪式上是给蒂奥的女性伴侣的。这个小团队吃完羊后，一个在其他地方工作的人没打招呼就到了。这是一个好迹象。他被命名为马拉库（Mallku），这也是山上神圣的土地神殿，也就是祖先遗址神社的名称。团队用盖丘亚语（Quechua）说："秃鹰来帮我们吃饭了。"（山神可以变化为秃鹰）这个人想把肉带回家吃，但是萨满阻止了他。"你必须吃"，他说。"如果你不这样做，蒂奥的同伴会吃掉你！"那个人害怕了，吃了东西。当他们吃完后，骨头被红色羊毛包裹着，他们回到了矿山，在矿山入口处喷洒了仪式的药剂。他们很高兴，并说他们全心全意地准备了这顿饭；矿山会繁荣。他们进入了将要放置心脏和骨骼的地方。心脏被放在糖和花的中间，骨头被放在整个骨骼的上面，然后用兽皮覆盖。在四个角落，他们放了白酒、红酒、酒精、啤酒、爪子和一些黏土小花瓶。他们举杯"纪念我们为蒂奥所作的牺牲"。然后他们迅速离开，不敢回头看。在升隆平台停留两个小时后，他们爬到外面，继续喝酒，直到第二天夜幕降临（Rojas and Nash，1976：366－369）。

这个仪式与巴斯蒂安在描述马铃薯种植前卡塔（Kaata）农民举行的新

土地仪式时记录的羊驼祭祀惊人地相似。田地、农业循环、庄稼和地域亲属群体的神灵主人被祭祀以特殊的礼物、古柯、羊驼脂、鲜花、香炉和血液。羊驼被拥抱和亲吻——正如伯纳贝·科博（Bernabe Cobo）在1653年写下的关于亲吻金属和冶炼工具的记述中所描述的那样。它的脖子被深深切开，心脏立即被切除。当心脏还在跳动时，血液被收集起来，并洒在四面八方的土地上。参与者向羊驼、阿伊鲁（Ayllu，社会团体）和农业循环的神灵主人大声叫喊："从献祭的羊驼身上接受血液。赐予我们一场丰收，增加我们的羊群，给我们所有的好运。大地母亲，喝下这血。"骆驼的心脏被切成小块，每一位神灵主人都被喂了一块。然后，羊驼脂被主要参与者吃掉。巴斯蒂安总结道，"阿伊鲁最受尊敬的动物的血液流向阿伊鲁身体的所有部位，并使其地理层活跃起来，从而产生更多的生命"（1978:51-83）。

在采矿社区，对蒂奥的特殊仪式分两次进行：8月1日（恶魔之月），也就是上述仪式举行的时间，以及狂欢节的第一个星期五。直到1952年，当强大的锡矿巨头们仍然控制着局面时，矿工们向他们提供了大约100磅最丰富的矿物，作为他们向蒂奥献祭一只白色羊驼的仪式的一部分。作为回报，锡矿巨头们以古柯、酒和衣服作为回报。这很有可能是矿工和他们的首领库拉卡（curaca）或印加国王本人在征服之前发生的仪式的结果。今日，老矿工说，作为最著名锡矿巨头之一的帕蒂诺坚信蒂奥的存在，并向他贡献了大量的祭品（Nash,1972:22,7）。一位资深矿工对这一仪式的简短描述，其主题与17世纪中期西班牙编年史家伯纳贝·科博记录的仪式相似（1890-1895,3:345）。

狂欢节期间，当蒂奥和锡矿巨头们举行这一公共仪式时，还进行了两次关于征服和采矿历史的戏剧盛会。这些戏剧以壮观的方式展现了采矿和阶级关系的意义。

在其中一个故事中，作为山神的哈胡里（Hahuari），现在被认为是锡矿的蒂奥或恶魔，它被描绘成引诱善良的农民放弃他们的土地，并进入山中寻找他藏在里面的丰富矿物的形象。人们变成浪荡的酒鬼，用山上的财富支付他们的生活费用。然后怪物来吃他们，但是被一位印加公主发出的闪电阻止了，她后来被确认是矿山圣女。如今，这些怪物可以被视为奥鲁罗周围的自然象征,如岩石峭壁、沙丘、石头和湖泊。根据纳什的说法,它们必须在狂欢节期间(和八月)得到安抚,数百名舞者装扮成恶魔走上街头(1972:2,24)。

第二场庆典是在奥鲁罗狂欢节的周日和周一上演的《征服西班牙》(*The Conquest of the Spanish*)。这也是庆祝被认定为是印加公主的矿山圣女的一部分。内森·瓦赫特尔(Nathan Wachtel)认为这是安第斯弥赛亚主义(Andean Messianism)的明确表现(1977)。这场盛会的演员们有一个书面的剧本,这是 1942 年由埃纳·达根(Ena Dargan)用盖丘亚语和西班牙语完整记录下来的(Hernando Balmori,1955)。它生动地展示了欧洲征服的戏剧性事件:它的残酷、欺骗和对贵金属的贪婪。这强调了印加国王面对金银需求时的困惑和完全误解。西班牙牧师试图解释基督教的奥秘,并说服印加国王臣服西班牙国王。印加国王回应说,他是自己领土的合法所有者,无论是领土还是他的宗教都不会被抛弃。他向神父索要一些他的宗教标志,然后他拿出一本圣经,并将其扔在地上。西班牙人在愤怒中屠杀了印第安人,并俘虏了印加国王。接着国王被斩首,安第斯人民被征服。印加贵族中的其中一员诅咒所有的金银,这样金银就会消失,西班牙人将被迫靠工作为生。一位印加公主祈祷道:"永恒的父亲让年轻强大的印加人归来。复活他!"正如克莱门特·赫尔南多·巴尔莫里(Clemente Hernando Balmori)在叙述中所说的那样,主要征服者皮萨罗的堂兄弟在 1571 年写道,当印加国王阿塔瓦尔帕(Atahualpa)被杀时,他的姐妹和妻子宣布他将回到这个世界(同上:46)。庆典结束后,皮萨罗返回西班牙,将印加国王的头和王冠献给西班牙国王。"哦!皮萨罗将军",国王感叹道,"你在说什么?我的命令是不要杀死一个伟大的国王,一个也许比我更伟大的国王!"在对皮萨罗的残忍和傲慢进行了长时间的讨论后,国王命令他以杀死印加人的方式死去,并杀死他的所有后代。

对生命的呼唤在矿工对锡矿的恶魔主人蒂奥的仪式中占据着主导地位。只是在更广泛的目的范围内,对矿物的渴望和减少身体危险是这一诉求的重要组成部分。尽管矿工们尽了最大努力,但他们总是处于被毁灭的边缘。蒂奥似乎毫不留情地执意要让他们灭亡。然而,正如他的仪式所暗示以及其庆典所表明的那样,他与一种象征性的征服和采矿史和平共存,而他的邪恶充满了逆转的希望。矿工们抛弃了农民的生活方式,进入了非自然的雇佣劳动经济;现在,他们挖出了这座山的贵金属。然而,他们即将面临的毁灭被他们公开庆祝的印加公主的行为所阻止。印加国王和印第安人的世界被西班牙人为了贵金属和基督教的目的而毁灭。印加贵族对贵金属下了诅咒,促使了它们的消失。那些通过汗水和仪式从其隐藏的地方寻找它们的男男女女,被一层又一层根深蒂固的象征、颜色、神话、运动、声音、毒品和牺牲埋葬,他们必须知道为什么这是困难的,坚持下去意味着什么。然而,他们被迫这样做。蒂奥是印第安人的屈服和对他们不断呼吁的生活失去控制的意义的守护者。然而,因为同样的诅咒,西班牙人因而和所有非印第安人一样都注定失去剥削印第安人劳动的权力,他们将不得不靠自己的汗水和辛劳生活。普遍流行的世界不被认为是好的或自然的,印第安人会回来,皮萨罗的遗产会被摧毁。

这当然是幻想。然而它却弥漫在安第斯世界中。在农民共同体中也存在印第安人回归的弥赛亚神话。但在农民社会中,自然的神灵主人没有能像监管矿山工人艰苦生活的神灵主人那样,承担着人类雕刻的现实或积极的恶意。在西班牙人的浮渣形象和贵金属的光彩中加入了一种农民生活中没有的新元素:印第安人的无产阶级化,并伴随着对商品的奇特拜物教。

这些奇怪的幻想与其说是逃避生活,不如说是反对它所采取的剥削和分裂的形式。政治意识中难以捉摸的"主观因素"在创造神话和工作仪式中被激活和重新点燃,这些仪式与现代生产已经采取的早期有机形式相反。对过去神话般的想象一直延续到现在,并否认了后者对正常状态的断言和对永恒的要求。

本杰明写道,历史唯物主义希望保留过去的形象,这种形象出人意料地出现在处于危险时刻的历史中。这种危险威胁传统的内容和那些秉承传统的人,成为统治阶级的工具。政治斗争始于抵制这种意识形态侵蚀的决定。他接着说,每一个时代都必须重新制造诱惑,并将传统从即将压倒它的因循守旧中挣脱出来。正是这种受政治启发的记忆,这种积极的史学,使矿工们对蒂奥和他们矿山生活行使了仪式。在蜂窝状山脉的黑暗中,他们展示了自己的历史。矿工工会的一名领导人说:

山中的这一传统必须继续下去，因为没有比查拉时刻更亲密、更真诚、更美好的交流了，这是工人们一起咀嚼古柯并把它献给蒂奥的时刻。[154] 在那里，他们表达了他们的社会问题，表达了他们的工作问题，表达了他们拥有的所有的问题，并且产生了如此革命性的新一代，以至于工人们开始考虑进行结构改革。这是他们的学校。(Nash,1972:231-232)

进行结构变革，改变社会，就是创造历史。为了创造历史，有必要保留过去被赋予权力的形象，这种形象谴责由现在的客观要求塑造成是正常的人性扭曲。正如本杰明所说，当记忆在危险时刻闪现时，它要求抓住它。因为正如马尔库塞(Herbert Marcuse)提醒我们的那样，"'所有物化都是一个遗忘的过程。'艺术通过让石化的世界说话、唱歌或者跳舞来对抗具体化"(1977:73)。

矿工胡安·罗哈斯在自传的结尾说：

此刻我知道自己在做什么，我记得自己做了什么，我知道自己要做什么。但是说实话，矿工是不会被记住的。矿工的记忆丢失了。所以当一个矿工说话时，他并不忠诚。矿工的记忆是不固定的。是的，是不固定的。他说了很多次，却不记得了。如果他能记得一会儿，大多数时候他以后会忘记。为什么？因为矿工的大脑被机器的爆裂声扰乱，被炸药和锡的气体的爆炸弄得枯萎。这就是我想向你所解释的我的情况。(Rojas and Nash,1976:478)

第九章　自然崇拜

　　采矿仪式和恶魔雕塑是艺术的形式。如果我们接受马尔库塞的意见，认为艺术通过让石化的世界在压抑的现实中说话和唱歌来对抗物化的失忆症，那么我们就开始意识到矿工的艺术是如何，以及为什么被他们的历史所影响的，这些历史可以从农民生活延伸到前征服时期。作为艺术，这些仪式和雕像戏剧化并塑造了当下的意义，并希望从中解脱出来。通过仪式，自然的灵魂与人融为一体，并为他提供帮助。农民转变为矿工的无产阶级化和印第安人的现代化并没有导致世界的瓦解，反而使人们越来越意识到它的破坏性和恶魔的存在。采矿仪式体现并试图超越这种变化；它们表现出历史，这是被压迫者的仪式。它们是在一种魔法的咒语下这样做的，这种魔法指向自然与被解放的人类的共谋。

　　对安第斯的印第安人来说，自然是充满活力的，人和自然形成了一个错综复杂的整体。他们通过共同的起源联系在一起，并相互回报。这种统一取决于自然力量的平衡和社会活动的互补平衡。这些回报在仪式中是显而易见的，比如那些与出生、死亡、婚姻、不幸、农业和治疗有关的仪式。这些仪式同时体现了形而上学的原则，用这些原则教导人们，并重新创造这些原则。如果自然或社会领域的扭曲严重且旷日持久，将极大地改变仪式的频率、时间、内容和意义，而不一定改变潜在的形而上学基础。矿工对恶魔的
奇特仪式似乎就是如此。自然和社会关系已经并将继续被扭曲。两者都脱离了理想条件下应该达到的平衡，就像当代安第斯农民社区中所近乎达到的平衡一样。矿工们的生产仪式和不幸体现了这种疏离感以及超越这种疏离感的需求。无论是从字面意义上，还是从治愈安第斯文化冲突中的创伤和矛盾的隐喻意义上来看，它们可以被看作是治疗仪式。

　　征服文化和本土文化融合在一起形成了对立的结构。这种融合是一个并列、反思和创造的积极而动态的过程，其模糊性和双重性表现出深深植根

于殖民和新殖民社会中灵魂的分裂。因此,矿山中的恶魔与中世纪晚期基督教的恶魔不同,它既是敌人也是盟友。出于同样的原因,尽管大地的表层吸引了类似基督教般的崇拜,但矿山的深处却推动了对敌基督者的崇拜。工人们最了解矿山中黑暗和危险的内部,他们认为只有他们才真正知道如何有效地开采矿山,而管理者是多余的和剥削性的。

人与自然的统一是西班牙征服前安第斯文化的标志,至今仍是如此,它有两个不可忽视的相关组成部分:特定类型的政治经济学和特定类型的认识论。前者是一种生产和交换制度,在这种制度中,人们通过所有权和交换的共同原则相互交往:生存的物质前提是个人的延展,也是共同体的延展。这种资源、人和社会的亲缘关系在一系列的观念中得以表达和认可,这些观念以一种社会角色和人性化的共鸣来激活自然。正如汉斯·比希勒(Hnas C. Buechler)和 J. M. 比希勒(J. M. Buechler)所观察到的那样,的喀喀湖(Titicaca Lake)沿岸的艾马拉(Aymara)农民将自然和超自然领域之间关系理解为一种相互关系。人类生活中的每一件事都反映在自然中。他们接着指出,在艾马拉人的考量中,这种对自然中人类生活的反映不是因果关系,而是类比关系(1971)。这种理解联系的模式不能与因果解释的原子论和机械范式下的认识论相混淆。相反,正如李约瑟所写的那样,它是一种认识论,试图"将事物和事件的宇宙系统化为一种结构模式,通过这种模式,各部分的所有相互影响都会受到制约"(1956:285)。这种结构模式是普遍有机体的模式,既包括社会关系,也包括自然关系。"人类和自然领域的对应关系不仅仅代表不平等元素的同一性或关联性",布埃施勒写道,"与其说相关的是特征,不如说相关的是相似的关系。例如,堕胎与正常生育有关,正如冰雹与有利的气候条件有关。堕胎不会导致冰雹,正常的生育也不会导致丰产的土地,但是为了在自然力量中达到平衡,必须保持人类生殖的互补常态"(1971:93)。

对于居住在卡塔山山坡上的安第斯印第安人来说,这座山是一个人的身体。它们的场所被使用,它们的不同产品根据身体部分的不同功能被交换。融合在一个有机体中的自然和社会的概念在这里是最明确的。土地是根据人体来理解的,人体是根据土地的文化感知形态来理解的。土地形成了一个格式塔(gestalt),人体的格式塔。人们用礼物和祭品来喂养山,山也用食物来回报所有的人。这座山的神圣性依赖于它的整体性:自然、社会群体、人以及这三者的结合。仪式提供了身体格式塔的持续激活,这种格式塔确保了相互经济交换的循环,将人们彼此和土地联系在一起。

与这种宇宙论相对应,卡塔式的认识论和本体论并不认为身体和心灵、物质和思维是二元的。卡塔人不是康德式的人。"身体包括内在自我",巴斯蒂安写道,"体验并不是心理和身体的双重感知"(1978:43)。与祭祀者和服用古柯相关的认识(*yachay*)的含义很好地说明了这一点。正如笛卡尔认识论及其遗产会让我们理解的那样,这不是通过内部思维对外部世界的认识。相反,"从肉身的角度来理解山的身体的秘密是全知全能的。地球和人类不再是二元的,而是不同形状镜子的无尽反射"(同上:56)。认识就是与周围的一切联系在一起,进入并成为大地的一部分。

由此可见,祭祀和与山神交换礼物的仪式并不被视为以任何直接或机械的方式导致田地的丰产和繁荣。这些仪式唤醒了这座山沉睡的力量,"不是去控制它,而是去体验和与它交流"(同上:81)。从这个意义上说,与自然神灵的交流不是一种功利性的工具,而是一种同义反复,其自身就是目的,它更新了仪式使之可见的重要意义。

如果不首先建立一个约束自然、社会和神灵的隐喻亲属关系的整体系统,那么构建一个神灵分类特征的词典也同样是错误的。正如布埃切勒所强调的,同一性不是事物本身的内在本性,而是构成事物的相似关系或类比所固有的。采用原子主义的观点,认为同一性存在于事物本身中,只会导致将这种文化描述为来自不同报道人的混杂陈述的风险。面对原子主义方法论的这一不可避免的结果,民族志学者不免以悲哀的现实主义口吻得出结论:一个曾经完整的传统体系现在由于文化适应、现代化等而处于异质混乱之中(参见 Tshopik,1968)。这一结论依赖于方法论上的个人主义的法则,该法则曾导致安第斯地区的征服和压迫,它夸大了在文化适应之前每个人思想相同的程度,同样也夸大了现代化在分裂安第斯文化中所取得的进展。

值得注意的是,人体、社会主体和自然之间的类比形成了一个文化系统,就像一种有自己自主性和完整性的语言。一个人可以而且必须说那种语言；但是他或她对该系统知识必然是不完整的和个性化的。这就像弗迪南·德·索绪尔(Ferdinand de Saussure)在"语言"(*langu*)和"言语"(*parole*)之间引用的关系，或者诺姆·乔姆斯基(Noam Chomsky)在"能力"(*competence*)和"表现"(*performance*)之间创造的关系。如同语言系统一样，文化是代代相传，不可避免的。就像语言一样，文化系统性地变化着，作为社会存在的人们积极地利用遗留给他们的遗产进行创造。通过这种辩证的方式，人体、社会机体和自然之间的类比系统永远不会是完全固定或同构的。变化发生在所有领域。安第斯文化在不断翻新构成这一类比网络的联系方面证明了它的活力和想象力，特别是当它因政治和经济势力的入侵而扭曲时，例如那些导致共同体将土地和资源割让给白人的力量。巴斯蒂安指出，由于山体隐喻和身体隐喻之间的这种差异，"安第斯地区的斗争是试图消除类似术语之间的差异。这为安第斯地区的暴力提供了文化解释"[159](1978：194)。这种持续不断的暴力象征着"当人和土地不相似时的隐喻中的紧张关系"(同上：197)。约翰·厄尔斯也同样分析了复兴的安第斯的弥赛亚主义。他认为这是对本土形式和外来强加内容之间对立的辩证回应。弥赛亚式的回应是克服强加的内容和平衡地恢复土著形式的手段(1969)。在这一点上，厄尔斯和巴斯蒂安精心组织的叙述都证实了何塞·马里亚·阿格达斯的开创性工作，他毕生致力于解释他所属的盖丘亚世界。作为小说家、民族志学者和民俗学家，他展示了安第斯地区作为对西方殖民统治的回应而持续存在的神秘异教的政治含义。正是因为他们摧毁灵魂的组织形式，资本家和国家资本家试图征服印第安人，这为印第安文化的表达和参与者的反抗开辟了新的渠道。他尤其鄙视印第安或亲印第安的土著主义(*indigenismo*)可能成为统治阶级利益的工具的论点。他断言，那些鼓吹资本主义文化帝国主义的人和那些害怕资本主义文化帝国主义的人都会因为忘记"人真的拥有灵魂，这是毋庸置疑的"(1975：188)而犯错。

秘密异教

尽管遭受了长达四个世纪的屈辱和残酷的征服，但前征服时期的习俗在安第斯地区仍然盛行。卡斯特罗·波佐(Castro Pozo,1924:156)、何塞·卡洛斯·马里亚泰吉(José Carlos Mariategui,1971)和路易斯·巴尔卡塞尔(Luis E. Valcarcel,1967)支持这一观点,他们写道,尽管在前征服时期举行的公众仪式会受到压制,但在厄瓜多尔、秘鲁和玻利维亚占人口大多数的印第安人仍然以巨大的力量秘密地或在天主教的掩盖下举行许多古老的仪式。赫尔曼·特里姆博恩(Herman Trimborn)指出,大部分前政府时期的宗教在今天仍然存在(1968:146)。朱地玛(R. T. Zuidema)认为,今天社会文化组织的基本形式与欧洲殖民化之前依然相同(1968)。巴斯蒂安指出,因为学术研究的重点一直是关于什么发生了变化,他完全没有准备好去发现,在1972年卡塔人对这座山的看法与他们对社会组织的人体隐喻相同,就像在前征服时期的瓦罗奇里(Huarochirí)传说中描述的那样。他接着指出,这一古老的概念作为一项重要的组织延续至今,它为他们在反对土地征用的斗争中取得巨大成功提供了战斗精神(1978:xvii)。总的来说,前征服时期的习俗得以幸存是因为印第安共同体设法将自己与侵入性的文化影响隔离开来。但他们得以留存也是因为文化入侵的力量刺激了抵抗文化。

在这方面,韦斯顿·拉巴尔写道,的的喀喀湖地区的艾马拉人对基督教怀有敌意:

> 几个世纪以来名义上的基督教只是在艾马拉人的信仰中加入了另一个外来的神话。作为一个被残酷压迫和残酷剥削的民族,他们中的许多人狂热地接受了殖民时代更加奢华的伊比利亚肖像十字架上血淋淋的、带着荆棘冠的受虐待狂形象,以及他们中的一些人将其与自己的古老大地女神的相提并论的、面容悲惨的、仁慈的圣母。尽管他们都被认为是基督教徒,但是许多艾马拉人却像憎恨其代理人一样强烈地憎恨宗教。(1948:171)

胡安·维克托·努涅斯·德尔·普拉多(Juan Victor Nunez del Prado B.)最近指出了这种秘密异教形成的抵抗文化:

我们发现超自然世界的特征与印加帝国时期非常相似，尽管对某些神的崇拜已经消失，并且对其他神的崇拜也出现了。然而令人惊讶的是，超自然世界并没有改变，它并没有完全消失，这是考虑到被调查的文化已经与另一种文化共存了 400 年，而后者一直试图消除本土信仰，并用自己的信仰取代它们。我们可以将这种持续现象归因于这样一个事实，即对印第安人施加的压力、歧视和隔离，首先是入侵者施加的，然后是占主导地位的混血群体施加的，这产生了一种保护性障碍，由于他们的秘密做法，土著传统和仪式在这种障碍的背后得以维持。(1974:250)

阿道夫·班德利尔(Adolph F. Bandelier)认为异教的强度与镇压异教的企图直接相关，而异教的公开出现则与叛乱相关："至少在名义上，玻利维亚的印第安人是天主教徒……但是在大规模起义的情况下，我非常怀疑(在这一点上，我的观点被可靠的教区牧师的意见所证实)印第安人是否不公开回归他们内心仍然信奉的异教，并秘密地在实际中实践它。"(1910:91)

宇宙学：生命结构主义

尽管安第斯地区的形而上学强调人、神灵和土地之间无所不包的统一，但这种统一绝对不是像"宇宙的统一性"或"一切的统一性"这样的短语所暗示的模糊的总体。相反，这种统一是由一个高度分化的二元系统组成的，其部分是通过二元对立的辩证网络而统一起来。作为广泛研究的成果，哈维尔·阿尔博(Javier Albo)写道，艾马拉人的社会组织和象征性组织中反复出现的一个主题"是对立的统一，其内部的连贯性将会使辩证哲学的拥护者感到高兴"(1974-1976:92)。巴斯蒂安的著作中包含了许多说明对比重要性的插图，他观察道，在安第斯地区，"几乎所有的事物都是与它的对立面并列理解的"(1975:58)：共同体有上层和下层两个"部分"；卡塔山上的神殿分为与死亡相关的神殿和与生命相关的神殿，血统通过分成男性和女性亲属群体而变得完整，神殿被成对供奉——男性/女性、年轻/年老、山/湖、奴隶/

主人等等。这个框架固有的二元论与笛卡尔二元论没有相似之处。基于辩证法的一元论，它在本体论和认识论上是对立的。宇宙被视为一系列宏观-微观关系。例如，巴斯蒂安指出，卡塔的阿伊鲁或亲属关系领域的社会细胞"是由一个连续的过程形成的相匹配的关系，并构成一个整体的独立部分；它是山，三层区域上的共同体，以及它们的身体，因为它们相互反映，并聚集在一起形成山/身体隐喻"(1978:192)。在这种情况下，人体是微小的宇宙，反之亦然。无论是唯心主义者还是唯物主义者，就像我们通常模糊地理解这些术语一样，安第斯地区所构想的人与自然关系是一种模式和平衡，这种模式和平衡不仅存在，而且必须持续保持。任何一个事物的自然属性和存在都是它在一个模式中的位置决定的。机械原子论的哲学侧重于前因后果，以便将分散事物之间的物理力链条连接起来，而结构中的位置、相对于整体的位置则不是理解的焦点。例如，正如比希勒所指出的，自然和超自然的领域被看作是相互作用的关系，而不是因果关系，因此平衡是在自然力量中获得的(1971:90,93)。安第斯地区的宇宙就是与这种既没有机械推动力，也没有人或物引导的圆周运动概念相对应的。例如，在卡塔的新土地生育仪式中，羊驼脂和血液从山体中心循环至其末端。共同体生活和存在于所有部分的能量必须被循环和分享。政治权威在于部分和整体的系统，而不是领导者、人、上帝或物。李约瑟关于中国道教的学说中描述了这一点，在道教中自然秩序和政治秩序是同构的。自然过程的规律性不符合法的统治，而是符合共同体生活的相互适应。他写道，在整个人类社会以及自然界，"有一种持续的给予和索取，一种相互的恩惠"(1956:283)。

　　这种框架很难适应像印加国这样的等级秩序。印加的统治是一种有层次的在共同体之上的朝贡式的社会形态。其特点是自治共同体的继续存在与国家对共同体的否定之间的矛盾(参见 Baudin,1961:XIX;Murra,1956:163;Katz,1972:292)。至高无上的上帝的概念很可能是印加贵族强加的诡计。拉巴尔引用了 17 世纪早期有部分印第安血统的艾马拉编年史学家加尔西拉索·德·拉·维加(Garcilaso de la Vega)的话："印加国王停止了所有这些事情，但主要是停止了对许多神的崇拜，并且说服人们相信太阳之所以值得崇拜，是因为它的美丽和卓越，因为它支撑着所有的事物。"(1948:169)

西班牙的征服摧毁了印加国的等级制度，但相对完整地保留了安第斯地区宗教的结构，"其基础当然建立在盖丘亚共同体之上"（Kubler，1963：345）。

尽管印加国创造了一种等级制度，但微观-宏观概念却仍然盛行。根据维加的说法，印加国王将帝国分为四个部分；他给帝国起的名字是 Tawant-insuyo，意为四个不同的部分合而为一。中心是库斯科（Cuzco），意思是世界的中心。维加指出，这个名字选择得很好，因为秘鲁像人体一样又长又窄，库斯科位于其腹部的中央。上库斯科的居民是下库斯科居民的兄弟。163的确如此，他接着说，"就像活生生的身体一样，右手和左手总是有区别的。我们帝国的所有城市和村庄后来都以这种方式被分割了"（Bastien，1978：45）。同样，朱地玛剖析了错综复杂的微观-宏观结构，这是帝国的行政和宇宙结构及其共同体或组织所共有的（1964，1968）。

性结合——男性和女性组成一个整体——是一个反复出现的主题，这与部分和整体之间关系的特征有关。在对当代艾马拉宇宙学的研究中，阿尔博发现其形成的基础是男女婚姻所建立的对立的辩证统一。他断言，这种二元论在所有艾马拉象征主义中都留下了印记（1974－1976：92－94）。我们可以补充说，各地的婚姻都被认为是开启互惠交换周期的一个特别有利的时机（Levi-Strauss，1964：46）。换句话说，在婚姻和基本象征的结构中表现出性结合也表达了互惠原则。这也是朱地玛提出的宏观秩序的一个框架，该框架来自17世纪早期琼·德·圣克鲁斯·帕查库蒂·亚姆奎（Joan de Santacruz Pachacuti Yamqui）的编年史，他在库斯科神庙发现了它。在这个框架中，宇宙由两个对称的镜像组成，男性在右边，女性在左边。这两部分组合成一个圆形。雌雄同体的创造者神灵连接着顶端。人类的生产活动连接着底部。宇宙的元素，如太阳和月亮、晨星和暮星、陆地和海洋，均合乎男性或女性的线条，构成双重的对立，所有这些都在圆周运动的框架中联系在一起。朱地玛试图说明这种基本形式是如何构成许多不同的成分和情形的，并找到了编年史学家佩雷斯·博卡内格拉（Perez Bocanegra）所指出的与安第斯亲属结构有关的相同模式（Zuidema，1968：27）。

特里姆博恩完全独立于像朱地玛或阿尔博这样的学者，对安第斯地区前征服时期宗教的分析系统地建立在男女对立的原则上。在他看来，对太阳和月亮的崇拜是所有安第斯人所共有的。这两个神被认为是由一个至高无上的存在者创造的一对原始神。这体现了一个统一中所有的二元性,代表着太阳和月亮、男性和女性、晨星和暮星的配对等等。这两对形成了一个整体,其中造物主和"到处存在的中心主题是太阳神和月亮女神之间的性结合"(1968:124)。这种文化上的统一是生育的基础。在某些考古遗址,太阳和月亮以人类的形态出现,放射出以蛇头结尾的光线。他们的结合是在一个神圣的地方完成的,通常被描绘成高高的山坡,周围环绕着特定的植物和动物,它们是生育的象征(同上:124 – 126)。

我们不可避免地得出这样的结论:安第斯文化的结构主义不是一个静态的几何蓝图,作为一张认知地图被印在外部世界的空白空间上。相反,它是一种生动活泼的结构主义,通过将元素作为有机宇宙中的关系来协调它们。在统一、互惠、成长和死亡的有机循环中,任何元素都没有超越其位置的存在、力量或意义。互惠和辩证法是元素之间以及个体和宇宙其他部分之间统一的关键原则。最重要的是,安第斯人在面对生活时努力争取互惠交流以及这种交流的经验。

自然的图像学

根据班德利尔的说法,艾马拉人相信自然界中每一个显而易见的物都有自己的神灵核心,并在周围的生活中扮演着积极的角色(1910:94)。这些物通常被艾马拉人称为阿查奇拉(*achachilas*)*,遍及安第斯文化的瓦马尼(*wamanis*)、阿普(*apus*)、奥卡(*aukis*)和华卡(*huacas*)也有同义称呼的术语。所有这些术语都可以指"祖父"或祖先。早期的编年史家反复提到印第安人把山峰视为他们的主要神灵。应当指出,这些山峰的名字在前征服时期没有邪恶的暗示,尽管西班牙人称它们为恶魔或魔鬼(参见 Arriage,1968;Arguedas,1966)。

威廉·斯坦(William Stein)认为,当代华坎(Hualcan)宗教的基本要素

---

* 一般指能够为礼敬者的工作、学习和爱情带来好运的山神。

"是它对渗透着超自然力量的世界的看法。这些力量辐射整个宇宙,但它们同时或多或少会局限于被它们'充电'的物体。大多数时候,这些力量处于平衡状态,但是当有人违反规则时,不平衡就产生了"(1961:295)。通过这些被赋予权力的物体,特别是通过自然环境,这些超自然力量与社会活动和组织密切相关。这种相互联系的模式如此重要,拉巴尔在提到艾马拉人时写道,"基本上,他们的宗教过去和现在一直具有一种强烈的地方性,有时是祖先和图腾崇拜的地方神"。其中最不重要的后果或关联是印第安人对其祖先土地的强烈依恋,这一点可以从他们的祖先或亲属群体的显著地理定位中得到证明。"这就好像",作者继续说,"艾马拉人在他们的宗教中已经把他们自己内部社会组织中明显的地方化趋势投射到了外面的世界"(1948:165)。自然的模式就是社会的模式。

在前征服时期和今日,死者和世系的祖先构成了自然的象征,比如山峰。这种对死者的崇拜使 17 世纪的传教士大为懊恼,他们无法说服印第安人相信基督教的墓地是一个合适的选择(参见 Acoata,1880:314 - 315)。"在许多地方",耶稣会神父巴勃罗·何塞·阿尔里亚加(Pablo José Arriaga)在 1621 年写道,"他们已经把死者的尸体从教堂移走,带到他们的马凯斯(*machays*),或者他们祖先的埋葬地。他们给出的原因是用 *cuyaspa* 这个词来表达的,或者说是他们对他们的爱"(1968:18)。这些马凯斯是印第安人用岩石雕刻成的洞穴或壁龛,用于制作木乃伊或葬礼祭品。它们包含祭坛和仿制门,用于与祖先灵魂交流。传教士毁坏了木乃伊,但神殿依旧存在。当代盖丘亚人将木乃伊描述为仍然存在的东西——就像微小的人在跳舞和吹笛子,在木乃伊遗址附近的泥土中进食。此外,还有适合这些人的城市(Bastien,1973:118)。低地盖丘亚人和其他山地印第安人社会也以同样的方式描述迷幻剂 *Banistereopsis caapi* 的神灵。当他们在萨满举行的仪式中服用药物时,就会看到它们,并以这些小精灵为他们的习俗树立榜样。

阿里亚加(Arriaga)苦涩地指出,印第安人崇拜高山、山脉和巨石,说这些自然的圣像曾经是人,他们为这些圣像起了名字,还有许多关于它们变形的寓言。由于它们无法从视线中消失,教会只能试图将它们从印第安人的心中根除。

克里斯托瓦尔·德·莫利纳·德·库斯科(Cristobal de Molina de Cuzco,1943:9)记录了一个起源神话(罗韦认为这是对印加人征服科拉[Colla]——艾马拉——早期神话的阐述)讲述了造物主用黏土创造了第一批人类。造物主根据不同性别、年龄和地位等级给他们画上不同服装,给每个群体以语言、灵魂和生命,并将其置于地下。最终,每一个都出现在其恰当而独特的地方,一些来自洞穴,一些来自山脉,另一些来自泉水、湖泊、树木等等。他们在那里繁衍,他们的后代崇拜这些地方,把它们作为其血统和生命的起源。第一批出现的人被转变成石头、山、飞鹰、猎鹰和其他动物和鸟类。所有这些东西都叫作华卡。加尔西拉索·德·拉·维加指出,"这个卡维纳(Cavina)民族徒劳地相信并夸口说,他的祖先来自一个湖,他们说那些死去之人的灵魂返回并再次出现,进入那些出生之人的身体里"(1966:52)。

阿里亚加观察到,死者的仪式是由血统原则决定的。"他们按照家族和派系聚集在广场周围,拿出他们祖先的木乃伊……连同从教堂里取出的尸体,看起来活人和死人都会作出判断。"(1968:19)在耶稣会士弗朗西斯科·德·阿维拉对瓦罗里奇神话的记述中,明显可以看到,华卡是以一种系统的方式相互模仿的,这种模式复制了人类的社会组织。这些神话很重要,因为瓦罗里奇在西班牙人到来之前的几代人就被印加国征服了。在与前印加时代有关的该地区居民的神话中,每个阿伊鲁或亲属群体都会获得一个华卡作为新的神话祖先或守护者(Spalding,1967:72-73)。类似于阿伊鲁的裂变,存在着一个来自父母血统的华卡的裂变。像阿伊鲁一样,这些华卡被划分为一个从个人到地区、政府和州一级的更广泛、更包容的体系。土地和水的使用是根据这一等级进行管理的,在如此使用之前,要对相关的华卡举行仪式(参见 Arguedas,1966:113)。印加征服之前,瓦罗里奇没有最高的单一神。只有一对华卡:帕里亚卡卡(Pariacaca)——一座白雪皑皑的山,和他的姐姐或嫂子乔皮纳卡(Chaupiñamca)——一块有五个"翅膀"的大石头。诸如此类的华卡不仅被视为特定个人、家庭或阿伊鲁的创造者,而且被视为所有人和整个世界的创造者和守护者,其中包括更小的山脉、树木、河流、动物和田野(参见 Gilmer,1952:65)。每五年左右,整个地区都会举行一次帕里亚卡卡的特殊仪式。整个地区的居民都涌向它在山上的家。有些人声称帕里亚卡卡和乔皮纳卡都是古代早期华卡的后代,而乔皮纳卡是两性的创造者。他们说,她的节日是他们母亲的节日(Gilmer,1952:72)。特殊的男祭司和女祭司参加了这些华卡,并可以和它们结婚。每个阿伊鲁都有相应的华卡,一些社区土地总是被保留下来,用来种植他们的奠酒所需的玉米。西班牙征服70年之后,当印加国的土地使用制度崩溃时,这些土地仍在为当地的华卡秘密工作。这样的土地总是第一个被种植的,在那之前没有人能播种他自己的土地(Murra,1956:157-158)。

就像西班牙征服之前一样,在华卡的具体结构中对自然的崇拜证明了生命和文明的起源。它也证明了生命和社会的不断重造,在这种重造中,人类生与死的循环出现在更大的公众仪式循环中,然后再循环到景观中,进而到达人类的起源中。生物从自然中出现,自然必然成为山、湖和山坡的神圣地带,世系的首领又传回到华卡,从而完成了个人自传在自然意象中与共同体传记相遇的循环。

人、社会模式和超自然现象之间结构的同构和存在的统一也许没有比它们在山里更明显的了。山过去和现在都被认为是从山峰延伸出来的地区以及这些地区的人民和自然资源的守护者。符号景观和将这些符号融入其亲属系统的人类之间存在着明确的亲缘关系:一个人被称为自然对象所"拥有",而自然对象则是他或她的圣地(Bastien,1978:91)。在今天的卡塔,人们相信一个人来自山顶,死后会回到山顶——而不是天堂。祖先们调解自然和社会的领域,活人和死人的领域。尽管存在传教士的掠夺,他们的坟墓今天仍是为敬拜那些深刻的原则而举行仪式的神社,据说礼仪专家从这些地方获得了权力。这座山的图像在卡塔呈现出人体的形式,就像在古代的瓦罗里奇一样,而根据阿尔博的说法,美洲狮形式的山统一了蒂亚瓦纳科(Tihuanaco)附近村庄的阿伊鲁(1972)。

因此,自然的魅力和它的神灵与人类的结合形成了协调一致的社会表现的有机共鸣。亲属和家族的组织、政治组织、生态圈的使用、治疗、生产和再生产的节奏——所有这些都在同一个生活结构中相互呼应,这是神奇景

168 观的语言。有机形式,如人体和美洲狮,被写入景观指南并激发出这种精神交流模式,这是大自然与人类的共谋。通过移情交流系统,仪式的魔力照亮了这种交流模式,并赋予它光环和权威。这样一来,对于要控制自己的工作和生活并与大自然的图像实现某种协调的农民,拥有这座山就是被它所拥有。

但是对于既不控制自己的工作,也不拥有这座山的矿工来说,仪式照亮了一种不同的交流模式,并带来了一种不同的氛围。在这里,自然的图像是由农民仪式工匠使用的调色板制成的,但是随着恶魔矿山立人的出现,图像经历了重大的历史转变。矿工的艺术让石化的世界说话和生活,但是死亡和不育的阴影不断威胁着要吞噬这生命的闪烁。

第十章 邪恶的问题

与西班牙帝国主义的宗教和民间传说相反，在安第斯神灵世界的形象 中没有全能的邪恶神灵。邪恶既没有具象化，也没有拜物教化，既非与善相对的东西，也不是像恶魔一样神灵化的东西。相反，道德哲学具有有机的关系品质，反映了反思性的社会关系、相互性和互惠性的认识论。然而，就西班牙天主教和安第斯地区自然崇拜的融合而言，邪恶的神灵可能作为消耗西班牙人和印第安人相互理解的矛盾的总和出现在安第斯象征性的生活中。这种对恶魔形式邪恶的拜物教源于欧洲征服所造成的社会等级和阶级压迫结构。

除了对金银的渴望之外，西班牙人还把他们对恶魔——黑暗王子——的恐惧带到了新大陆，这是所有邪恶、残忍、污秽和愚蠢的积极原则，它的胜利是在 17 世纪欧洲的女巫狂热中释放出来的。对西班牙人来说，世界可以说被分成两个相对的部分，美德和邪恶。基督徒培养美德，异教徒煽动邪恶——上帝的仆人和恶魔的代理人，并陷入生死斗争。虽然福音书的力量已经在"他王国最重要和最强大的地方"征服并解除了恶魔的武装，但是"他已经隐退到了最偏远的地方，并且统治了世界上的另一个地方，虽然它在贵族中地位很低，但也毫不逊色"（Acosta，1880：299）。这个宇宙框架是静态的。二元论极其活跃和紧迫。在这种庇护下，安第斯地区的邪恶神灵复活了。

西班牙人把印第安宗教的神等同于他们自己的恶魔。他们认为印第安 人是恶魔的化身，他们的仪式是对恶魔的崇拜。甚至基督教洗礼和忏悔圣礼与印第安仪式之间奇怪的相似之处也被解释为对神圣真理的邪恶颠倒，并证明了恶魔在模仿上帝时的卑劣狡猾和过分叛逆。轻信的西班牙人害怕，而不是蔑视印第安的神灵。毫无疑问，印第安人敬畏西班牙人，也许认为他们是半神圣的。但是西班牙人也被印第安的恶魔力量迷住了。就像他们求助于印第安魔法进行治疗和占卜一样,西班牙人无情地消灭偶像崇拜,并赋予他们的臣民一种奇怪的力量。在征服印第安人的过程中,西班牙人赋予了他们超自然敌人——恶魔——的力量。例如,耶稣会神父阿里亚加告诫印第安人,恶魔是堕落的天使,通过印第安人崇拜的偶像向上帝复仇(1968:109)。西班牙人基督教的摩尼教狂热为印第安人的千禧年起义埋下了种子。

在消灭偶像崇拜的努力中,西班牙人相信印第安众神具有力量且战无不胜。阻碍西班牙人消灭土著宗教的另一个困难是,它渗透到了日常生活、出生、死亡、农业、医疗等之中。此外,它们的神像在很大程度上是不可更改的,因为它们是构成自然神圣土地的山脉、岩石、湖泊和溪流。此外,他们宗教的神灵在土著共同体中活动,1570 年后,西班牙人试图在反对偶像崇拜的伟大运动开始时遏制这种共同体形式。一个世纪后,这种对印第安人自然崇拜的不妥协态度得到了缓解。只要印第安人把上帝放在首位,他们的自然拜物教就被认为是可以容忍的迷信。

尽管旧宗教的追随者受到残酷迫害,但本土祭祀者的权威并不一定会减弱。西班牙人称之为男巫、女巫或巫师,这种祭祀者必然过着神秘的生活。前征服时期的宗教没有消亡;它以"魔法"的形式转入地下,并以各种方式自我掩饰。约瑟夫·德·阿科斯塔(Joseph de Acosta)神父根据他在 16 世纪最后 25 年在秘鲁的个人经历观察到,"尽管印第安人不愿意公开献祭许多野兽,或其他对西班牙人来说无法隐藏的东西,但是他们仍然使用许多起源于这些节日和古老迷信的仪式"(1880:377)。他接着说,是恶魔组织了他们,目的是伪造那些属于上帝的东西,并混淆光明和黑暗的区别。一些共同体保护他们的仪式专家免于献祭和劳动服务(Spalding,1967),阿里亚加神父抱怨说,印第安共同体的领导人告诫他们的信徒来反对基督教(1968:79)。在某些情况下,例如在 18 世纪的瓦罗奇里,负责实施西班牙统治的印第安市长自己秘密地充当祭祀者。

耶稣会神父阿维拉(Avila)简洁地捕捉到了强大的悖论。在他看来,主要问题在于恶魔教会了印第安人既可以信仰基督教,也可以信仰自己的宗教,而且他们绝不能因为害怕惩罚或死亡而忘记他们的华卡(Gilmer,1952:

121)。因此，在印第安人接纳基督教的同时，他们也接纳了这个邪恶的神灵——恶魔，他们认可自然神灵，坚持崇拜自然神灵，将其作为他们的"主人"和他们的身份来源。正如阿维拉很快指出的那样，随之而来的是抛弃这些神会带来的可怕后果。事实上，疾病的流行经常被归咎于基督教。从这种错综复杂的矛盾中，恶魔的含混不清出现了，这些歧义很容易被引向印第安战胜压迫者的承诺。

阿里亚加神父引用了一份当代的录音，这份录音记录了他于 17 世纪早期在各省的消灭之旅。遵循基督教的教导，一些印第安人承认，尽管他们已经不再像以前那样崇拜华卡，但他们仍然坚持在其心中、田野和房子里祭拜它们，并带有"内在和外在的"迹象。在恶魔的催促下，"他们被说服了，此后，当他们可以安全地回到他们古老的道路上时，另一个世界就会到来"（1968：81）。在基督教和本土宗教不稳定的融合中，这种顺从和复兴的辩证法不断高涨。一种新的抵抗文化在大规模的塔基·奥库尼（Taqui Onqoy）（舞蹈病）千禧年狂热被征服仅仅三十年后就已经出现了。这无异于一种再次征服的狂热，它预言了上帝和西班牙人的覆灭，并迅速蔓延到印加帝国的旧中心地带。在 1560 年至 1570 年的十年中，反叛的印加国王策划了从基多到智利的泛安第斯武装起义。安第斯历史的这个风暴时期血腥地结束了，大约 8000 名印第安人受到惩罚，他们的国王图帕克·阿马鲁（Tupac Amaru）于 1572 年被处死。

舞蹈病狂热唤起了伴随着华卡复活的激情，它们团结起来打败了基督教的上帝。正如长期以来的宇宙传说所预言的那样，它们的回归恰逢世界末日和一个新秩序的诞生。华卡被旅居的祭祀者复活了，并为崇拜者建立了入会仪式。对宇宙的传统解释被用来理解对它探索的意义和它灭亡的必然性。据说基督教的上帝创造了西班牙人和所有的动物以及它们赖以生存的东西。但是创造了印第安人和他们谋生手段的华卡现在也支持西班牙人，这证明了华卡的更大价值（Millones Santa Gadea，1964：136）。见证者莫利纳说，印第安人就这样放弃了上帝的力量，世界将会颠倒过来（1943：80；参见 Duviols，1971：112 - 122）。

传统宗教能够解释和反抗基督教的力量的另一个例证是，人们普遍认为,由于印第安人放弃了与它们的仪式交流,华卡在空中游荡,口干舌燥,濒临死亡。正如莫斯在他关于礼物交换和互惠的研究中所指出的,否认与上帝(世界财富的真正主人)的互惠,就是在招致死亡和毁灭(1967)。据说华卡对采用西班牙生活方式的印第安人很生气,除非他们放弃这些方式,否则必须杀死他们,但是那些相信华卡的人将生活在繁荣、优雅和健康之中。华卡禁止吃西班牙的食物、穿西班牙的衣服、进入基督教教堂、祈祷和侍候牧师。疾病和不幸被看作是华卡的愤怒,莫利纳认为,向华卡献祭的治疗仪式是千禧年运动的结果:"为了这片土地四个部分的所有华卡和维卡(*vil-cas*),为了我的祖父母和祖先,无论你在哪里,都要接受这种献祭,并赐予我健康。"这些祭品将被放在祖先墓地的贝壳里,"因为巫师告诉他们祖先快要饿死了,这就是他们制造疾病的原因"。为了完成治疗,受害者不得不走到两条河的汇合处,用白玉米面粉冲洗,把疾病留在那里,把它从房子里移走(1943:82-83)。巴斯蒂安为当代安第斯人描述了几乎相同的治疗祖先疾病和减轻不幸的仪式(1978)。

这种复兴教派的信仰认为,从石头、山脉、岩石和云彩中出现的华卡化身在印第安人的身体里,使他们颤抖和跳舞,这证明了古老神灵的消失威胁所隐含的可怕的紧张关系。此外,印第安人有时会向华卡献祭自己。伴随征服而来的破坏性爆炸力量产生了与之相反的反应:人与神古老结构的突然崩溃在人类身上得到了体现。

正如瓦赫特尔和乔治·库伯勒(George Kubler,1963)所指出的,千禧年运动也说明了文化适应是如何为对抗基督教提供武器的。例如,两名先知的印第安女助手被称为圣玛丽亚(Santa Maria)和玛丽亚·马格达莱纳(Maria Magdalena)。尽管淹没在印第安的宗教中,基督教众神的力量也可以被利用。这在征服后时期魔法的形式中也是显而易见的。阿科斯塔神父称其实践者为恶魔的牧师,并观察到印第安人利用他们的服务来占卜和获得成功的频率(1880:367)。果然,他强调了这与欧洲女巫崇拜的相似之处,突出老年妇女所扮演的角色、涂抹在身体上的油膏的用途、服用引起幻觉的泻药以及恍惚状态的诱导。库伯勒断言,所谓的巫术在征服后时期泛滥成灾,部分是因为贫穷的蔓延。仪式将基督教元素同化为土著形式。据说,上帝的仁慈实际上是有限的,基督教并没有赦免罪恶深重之人的罪恶;然而,自然事件是由华卡控制的。事实上,基督教圣徒也是华卡,耶稣和恶魔是兄弟(Kubler,1963:398)。

通过这种方式,基督教与本土信仰融合在一起,并从属于它。然而,这种方式与其说是无缝的融合,不如说是并列而行。例如,阿里亚加描述了印第安的巫术,它旨在焚烧一名皇家检察官的灵魂。因为这个巫术是针对一个西班牙人的,所以在影响印第安人的仪式中使用了猪肉雕像,而不是羊驼脂。此外,雕像中的脂肪与小麦面粉混合,小麦是西班牙人引进和食用的谷物;对印第安人来说,它应与玉米面粉混合,而玉米是当地的主食(1968:44)。

华卡和木乃伊通常被秘密埋在教堂立起的基督教十字架下。当天主教神父发现它们时,将它们肢解了,但是印第安人又将它们缝补在一起。在这一系列运动和圣像缝补中,基督十字架被放置在秘密埋藏的土著圣像之上,生动地阐释了融合的结构。在天主教牧师肢解和摧毁本地偶像的冷酷决心中,"恶魔就不再把它们联结起来了",我们找到了关键的隐喻(同上:84)。恶魔把被肢解的部分连接在一起的形象,一方面生动地说明了殖民化造成的结构性张力,另一方面也说明了它们的生存和振兴是如何与保持结构形式的完整性联系在一起的。这个主题在安第斯地区的传说和神话中比比皆是,最常见的是关于被西班牙人斩首和分尸的印加国王的起源和救世主般回归的神话。例如,在阿格达斯(Arguedas)记录的当代神话中,被肢解和最终恢复国王完整身体的辩证张力,是代表被肢解的印第安世界最终战胜西班牙统治的主题(1975)。同样,华卡和木乃伊的各个部分可能被西班牙人打碎和分散,但统一的潜力仍然存在于这种滞后的结构中:尽管整体已被撕裂,但这些部分仍然作为充满张力的空间中的关系而存在。在阿里亚加的叙述中,恶魔监视着这种其内在力量已经预先决定解决办法的紧张模式。西班牙和印第安必须在这样的问题上相互理解,从而形成一种跨文化交流和争论不已的复杂语言,以此构成帝国主义的新文化。

在这方面,记住基督教自身具有异教根源的历史和神话是有益的。欧洲早期的基督徒被打上了不信者和异教徒的烙印;然而,他们的对手非但没有否认他们神的存在,反而将他们归类为恶灵,从而增加了魔法的可能性

(Thorndike,1936:661)。但是随着 15 世纪到 17 世纪间权力的巩固,欧洲基督教对异教发起了严厉的攻击,试图消除其对大众感情的控制,而市场的扩张和现代阶级社会的发展则改变了社会道德(Hill,1969:116)。儒勒·米什莱(Jules Michelet)甚至认为,现代早期的欧洲恶魔是一个从流行的异教中显现的形象,在与地主和教会的斗争中,它被视为穷人的盟友。

印第安人的自然崇拜和基督教对恶魔的看法还有一个更重要的联系。在中世纪教会的诺斯替主义观点中,物质和客观现实的世界是由恶魔创造的,在这个意义上,大自然被认为是恶灵的化身(Rudwin,1959:122)。因为恶魔对自然的秘密了如指掌,魔法师和巫师可以通过寻求它们的帮助来创造奇迹。

安第斯地区的基督教神父有着极其艰巨的任务,那就是用教会衍生的
175 教义取代异教的自然观。他们不得不在认知本身的道德基础上进行一场革命。许多华卡的繁衍和协调性质是无法消除的。正如教父们所说,教会因此必须在印第安人的心中扎根。如果这些符号不能被消除,那么它们的意义就必须被根除。一个新的符号语言必须被书写,并像宇宙本身一样广大,一样地包罗万象。印第安人必须被"正确地教导泉水和河流的来源,闪电是如何在天空中形成的,水是如何冻结的,以及其他自然现象,他们的老师必须非常清楚这些"(Arriaga,1968:24)。这突显了两个问题:自然的规律性和个体发生学的内涵。

基督教神父试图向印第安人证明自然现象不可能是神,因为它们是有规律的。例如,太阳不能在人们希望它停止的时候就停止它的运动。因而这是自然的,并屈从于超自然力量。阿里亚加重视这一点,阿科斯塔也是如此,他赞扬了一位"谨慎的首领"的教导,这位首领说服了印第安人相信太阳不是上帝。他还要求一名印第安酋长命令一名印第安送信人携带一封信。然后他问:"告诉我,谁是主,谁是首领,要么是这个送信的印第安人,要么是你派他来的?"酋长回答说他是,因为送信人是按他的吩咐做的。首领教导说,太阳也是如此:太阳只是至高无上的上帝的仆人,它命令太阳快速运行,给所有的国家带来光明,因此,把造物主和万物之主应得的荣誉让位给太阳是违背理性的(Acosta,1880:310)。这说明了一个由相互支持的事物组成

的自我组织系统的概念,是如何转变成一种不同类型的有机统一的概念的,这种统一是由一个单一的领导者主导和协调的,这个单一的领导者就是上帝,它是天体工程师,不动的推动者。基督教试图把一种主奴关系写入自然的体系之中,以此代替那些相互协调的体系。

教会也不得不质疑印第安人的社会和人类起源概念。阿里亚加写道,印第安人所认为的不同"氏族"起源于不同祖先和不同起源地点(*pacarinas*)的信念,如山、洞、泉水等,必须被一个共同祖先的观念所取代。此外,这个新概念必须包括原罪的概念。所有这些都等同于否认安第斯宇宙学中的基本联系,这种联系通过自然的象征将人们与他们的起源联系在一起。试图用一种划分等级的方案,来代替作为分割的整体中往复运动的部分彼此结合在一起的双重对立的框架,也是徒劳的。这种替代需要全新的逻辑,需要不同的关系概念,以及不同的部分和整体关系概念。此外,基督教的方案不可避免地在神学问题上失败了,神学与原罪的观念联系在一起,唤起了恶魔的观念。这些使人们焦虑的矛盾都不会轻易进入前征服时期安第斯地区宗教的结构,随着征服的开展,安第斯地区宗教发现自己陷入了恶魔的领域。

道德与二元性

构成安第斯宇宙学的模式化的二元论与一系列的相互关系联系在一起,从而影响了伦理和宇宙秩序的统一。强加于安第斯地区的基督教的对立二元论认为宇宙不断面临着破裂的威胁,这种二元论的主要标志——上帝和恶魔,体现了纯粹的善和纯粹的恶。然而,安第斯地区的伦理并没有在纯粹道德本质的形式和符号上相互竞争。这些伦理建立在平衡的原则上,不是善神与恶神之间,而是体现在自然象征中的各种各样的神灵之间。此外,安第斯地区的罪恶概念与基督教的个人主义概念大相径庭。许多违法行为和犯罪行为被视为宇宙中普遍存在的干扰。例如,今日在秘鲁高地的华坎社区,某些轻罪被认为危及整个社区、庄稼的未来以及其他自然现象(Stein,1961)。关于艾马拉人居住的社区,布埃勒斯写道,"任何对自然事件(如冰雹)之流的侵犯,都被认为是一种痛苦或带来悲伤的行为,是一种涉及有关个人和社区的痛苦"(1971:92-93)。

　　安第斯众神并没有被构建成善神和恶神的双重等级。甚至最高神,如太阳,其运行原理也是印加国强加的一个诡计。神灵以成对的对立面存在,像作为伴侣男性和女性、太阳和月亮、天空和地球等等。虽然苏帕伊(Supay),或类似的恶魔,如哈胡里,在前征服时期确实存在于安第斯宗教中,但它只是地球上的几个恶魔之一,无处不在全能恶魔的概念并不存在。基督教的善恶区分很难形成。特里姆伯恩指出,在前征服时期的宗教中,善与恶的区别是基于他所说的功利主义而不是伦理标准。约翰·罗韦断言,超自然的存在几乎完全是人类的保护者和朋友,它们希望获得实际利益(1963:298)。他强调说,邪恶灵魂远没有那么重要,似乎除了巫师之外,没有其他东西受到崇拜或尊重,所以他说巫师很少。祈祷中没有暗示恐惧的话语(Rowe,1960:416)。

　　尽管印第安人有一种类似基督教忏悔的做法,但西班牙人认为这是对他们的一种丑陋的模仿(Metraux,1969:138),根据编年史家科博(Cobo,1890-95,4:89-90)的说法,印第安人"在判断罪恶时犯了很大的错误……因为他们从来没有考虑到内心的欲望和感觉"。他们对"罪"的概念是规范性的,而不是道德性的;它适用于战争之外的谋杀、对神崇拜的粗心大意、对印加国王的不忠、乱伦和通奸。也许通过提及另一个伟大的印第安帝国,我们可以理解像科博这样的观察者感到困惑的差异的本质。威廉·麦德森(William Madsen)写道,阿兹特克人(Aztec)"不相信他在吃、喝、笑、玩、嘲笑或未能改善生活方面犯了罪。他不相信世界、肉体和恶魔是灵魂的敌人,也不相信记忆、理解和意志是灵魂的力量"(1960:131)。不用说,印第安人的信仰也不同于西班牙人认为的灵魂的最终安息之地与人在这个世界上的行为有关。科博责难道,印第安人未能区分善与恶,并认为是贵族和平民之间的种姓差异(即归属的社会关系)决定了灵魂的命运(Cobo,1890-1895,3:319-320)。阿里亚加断言,"他们说,在死亡时,他们到外面去耕种他们的农场,播种他们的种子。他们不相信那里会有对恶人的惩罚,也不会存在对好人的荣耀"(1968:64)。特里姆博恩认为,任何关于灵魂的命运是由伦理标准决定的解释都是基督教误解的产物(1968:93),巴斯蒂安关于当代宗教的报告明确指出,即使在今天,天堂也不是一个理想的目标。卡塔人死后想留在山上(1978:171-187)。

普遍邪恶精神的观念是帝国主义的一种输入,几乎所有关于前征服时期和殖民时期安第斯宗教的评论都没有意识到这一事实的重要性。19世纪人类学家丹尼尔·布林顿(Daniel Brinton)有力地表达了这一点。他声称恶魔的观念对所有原始宗教来说都是陌生的,并对那些解释者提出了挑战,他们将美洲土著人的神分为善的或恶的,从而将土著信仰扭曲成静态的二元论形式。他在1876年写道,"据说邪恶的神性实际上是他们认可的最高权力"。他举了许多例子,比如智利阿劳坎(Araucanian)印第安人的阿卡-卡内特(Aka-kanet),基督教评论家认为它是邪恶之父,但实际上它是"他们的牧师所呼吁的良性力量,他在普列达斯(Pleidaes)受苦受难,它给大地送来水果和鲜花,被称为祖父"。至于安第斯地区的苏帕伊,"从来不是普雷斯科特让我们相信的那样,是一种'邪恶的模糊体现',而是他们简单而唯一的死亡之神"。布林顿的观点是,随着欧洲的征服,印第安人"抓住了恶和善的神灵的观念,在对外战争中使它们相互较量,并将其植入他们古老的传统中。书写者急于发现犹太人或基督教的类比,强行解释神话以适合他们所喜爱的理论,对懒惰的观察者来说,把他们的神归类为对立的类别是很方便的"(1968:79)。

印第安人没有把他们的神归类为对立的道德等级,而是通常认为它们在道德上是中立的,或者同时是善的和恶的。关于玛雅人的神,唐纳德·汤普森(Donald Thompson)断言它们本质上既不是恶意的,也不是仁慈的,他把这与基督教截然区分开来(1960:7)。在艾瑞克·汤普森(J. Eric Thompson)的《玛雅历史与宗教》(*Maya History and Religion*)中,唯一提到的邪恶之神是玛姆(Mam),她在一年的最后五个倒霉的日子里掌权,但随着新年的到来,她却被快乐地抛弃了(1970:297-300)。然而,西班牙人盗用了玛雅人死者之神的名字Cizin,用它来表示恶魔,他们也对其他土著群体相应的神做出了同样的事(Correa,1960)。这种情况对欧洲人来说一定是最令人困惑的,因为这些中美洲神灵具有双重性质:它们既可以是邪恶的也可以是仁慈的,既可以是年轻的也可以是年老的,既可以是女性也可以是男性,既可以是人类也可以是动物(J. Eric Thompson,1970:198-200)。同样还存在着上帝的四重性,四在一之中和一在四之中,艾瑞克·汤普森认为这类似于基督教的三位一体教义。奥利佛·拉法基(Oliver LaFarge)基于1932 年在瓜特-马兰(Guate-malan)村庄[坎霍贝尔(Kanhobel)语群]中的田野调查,同样提到了三位一体,"这里将之简化为二元性,圣灵的观念几乎完全丧失。然而,普通印第安人对二元性的理解远比大多数北美人对三位一体的理解清楚"(1947:103)。查尔斯·威斯德姆(Charles Wisdom)在 20世纪 30 年代关于乔蒂(Chorti)玛雅人的文章时说,他们相信一个旋风般的邪恶之神,在西班牙语中他们称之为恶魔(diablo)或王者路济弗尔,但他相信这个神可能完全是一个天主教的概念(1940:405)。类似地,在安第斯地区,苏帕伊被认为是恶魔的同义词,但是拉巴尔、迪维奥拉和班德利尔都说苏帕伊并不真正等同于基督教恶魔,而是一种"沿着基督教路线的特殊化,最初可能只是众多尘世间恶魔中的一个"(LaBarre,1948:168)。

威斯德姆指出,在乔蒂人当中,所有超自然的存在都具有以下特征:道德中立或二元性、性的二元性、多重性、天空和土地的双重性,以及本土和天主教对应物所表达的双重人格。二元性的观念如此引人注目,以至于一个印第安人会毫不犹豫地把它归因于任何存在。在威斯德姆所称的"道德二元论"中,超自然存在有善和恶两个方面,或者它只有其中一个方面对应于另一个具有相反性质的超自然存在。在"性二元论"中,又有两种形式:一种性别的全部神灵与另一种性别的全部神灵配对。另一组包括双重性别的神灵,男性因素涉及或影响女性,而女性因素影响男性。在许多情况下,存在者是一个单一的实体,根据情况随意地呈现性别或道德属性(1940:410)。

大多数乔蒂人的神在天主教圣徒中有他们的对应物。处女成为本地神的女性配偶,与种植、土壤、果树、家庭生活、分娩和其他以受孕和生长为首要理念的活动相关。事实上,生命和成长被认为取决于处女和与之相关的本土神之间的结合。然而,天主教化意味着那些在圣徒中有对应的本地神只具有其仁慈的一面。因此,尽管圣徒象征着仁慈的一面,但本土神象征着同一超自然存在的邪恶一面。伴随着随之而来的文化适应,本土化将一个统一的整体分别分割成善和恶的形象、圣徒和本土神灵。这一惊人的发展表明欧洲的影响如何在美洲土著宗教中产生邪恶的神灵,并证实了布林顿的观点。然而,从威斯德姆的民族志中也可以明显看出,本土的二元化倾向占据优势,尽管分裂成善神和恶神,基督教的神和本土的神,这些形象也远非清晰的伦理上的同质化本质。圣徒如果受到不恰当的对待,可能会给自己的敌人或献祭者带来不幸,而恶魔也有能力做有价值的事。 180

阿尔博很好地抓住了当代艾马拉人道德二元论的含义,他指出,"他们认为善与恶共存于一切事物之中,他们避免极端的过度表现,因为这会带来相反的结果;你不应该笑得太多,这样以后你就不会哭得太多了"(1974 - 1976:94)。基督教徒的恶魔引诱人类走上邪恶的道路,并在一种全有或全无的宇宙戏剧中扩大分裂,与此不同,在乔蒂人的信仰中帮助恶魔的神灵(*chicchans*)会吓退人们的不道德行为。他们的恶意被视为维持而不是分裂道德领域。正如梅特劳所说,尽管基督教忏悔有助于在宇宙斗争中使个人与善良的一方结盟,但安第斯地区印第安人的忏悔是一种旨在恢复自然平衡的本土仪式(1969:138)。

在基督教教义中,纯善和纯恶的力量相对立构成了道德领域,反映了一种本体论和认识论,这种本体论和认识论将总体分解成不能流动和综合的静态二元性。但是辩证逻辑不能像包含善与恶、物质与思想那般对立。安第斯地区的文化是这种逻辑的具体表现,在这种逻辑中,其标志是通过错综复杂的二元对立体系建立意义的相互关系。这些,而不是以物理力量作为媒介的因果关系,是理解和认知开启的原则。正如布埃勒斯在对艾马拉人认识论的讨论中所强调的那样,不同领域之间的联系,例如人类世界和自然界,是根据相似的关系而不是相似的特征建立起来的。无论是微粒状的事物自身,还是纯粹的道德本质,都不能揭示构成安第斯地区认识论的世界结构和功能的有机图景。相反,人和群体与自然的象征力量有着亲缘关系。这种亲缘关系影响了宇宙和伦理秩序的统一,这与道德二元论和道德本质的图景格格不入。这种统一也表现在反对土地和人权异化的共同体经济结构中。它也是通过赋予自然精神力量而崇拜自然的一种统一体。这种拜物教激发了自然,而不是道德本质。当基督教崇拜全能的邪恶神灵时,它就成为了后者。这是一种深刻的自我异化行为,等同于在人类创造上帝之中只

181 是否认了创造者的身份,而把创造人类的功劳归功于上帝。在现代早期欧洲,人们对恶魔形成的邪恶的崇拜之后,资本主义宇宙论的商品拜物教产生了,商品的创造者人类开始看到并谈论商品统治着自己。这种拜物教是安第斯地区自然拜物教的对立面,因为它不是从统一发展而来,而是从人与人之间、人与自然之间以及人与他们的产品之间的异化发展而来。

玻利维亚锡矿中的恶魔提供了令人着迷的证据,使得人们可以准确地捕捉这种拜物教的转变,同时将它置于一种能够抓住它的异教之中。问题不在于他们崇拜邪恶,而在于邪恶本身。

第十一章　自然和征服的图像志

西班牙的征服给新大陆的印第安人带来了一个邪恶的神灵,从而开启了一场毁灭的进程,这个神灵可以象征着这种毁灭。除此之外,征服也进入了自然的图像志。符号的景观开始包括印第安人对西班牙贪婪、统治和暴力的经验。

小哈利·肖皮克(Harry Tschopik, Jr.)谈到玻利维亚丘奎图省(Chucuito)的艾马拉人时认为,金银是由一个邪恶的超自然生物拥有的,它会导致疾病和死亡;它经常被认为是一个穿着西班牙士兵衣服,并被他的叛国者包围的老侏儒。他补充道,考虑到贵金属从征服时期就给艾马拉人带来的悲伤,黄金和白银与邪恶和危险联系在一起也就不足为奇了(1968:135)。但是在前征服时期,贵金属之所以受到尊崇似乎并不与邪恶或危险联系在一起。那时采矿基本上由地方而不是国家控制,金银作为礼物交换,特别存在于当地的库拉卡(酋长)和印加国王之间。

互惠和再分配原则指导着印加统治下的生活并赋予其意义,并使他们的统治合法化,随着这些原则被殖民压迫所取代,自然的象征开始体现这一历史、其持续的张力以及其最终超越的可能性。这一点最明显地体现在自然神灵主人的性格上,自然是民间宗教根深蒂固的崇拜物,它监管当地资源的使用,并能够在反对偶像崇拜的密集殖民运动中幸存下来。这些拜物行为体现了西班牙社会和印第安社会冲突的并置,并且这种并置极大地放大了这些集体抗议中固有的模糊性。

中美洲社区的超自然主人或山的主人是整个拉丁美洲高地的一个非常重要的人物。他是自然的绝对主人,掌握着人们生与死的权力。古斯塔沃·科雷亚(Gustavo Correa)断言,尽管它的前征服时期的仁慈性格仍然存在于少数地区,但它的恶意的次要性格已经扩展到所有地方(1960:59)。换句话说,历史通过强调神圣事物中潜在的邪恶和危险,提高了它们的不确定性。山的主人被认为拥有和管理着它治下的资源,就像他在前征服时期所做的那样。但是今日,以前由印第安人控制的大部分土地已经被非印第安人征用,而随着印第安人进入由市场原则和商品交换组织的新经济体系网络,印第安人仍然管理的一些资源获得了新的意义。这是因为印第安人可以对群山环抱的资源拥有一定的控制权,无论是个人的还是集体的,也是因为严格地说,他们的内部经济并没有组织成资本主义制度,他们的政治和经济状况具有一种特殊的双重特征,这种特征是由系统性的紧张局势所驱动的。一方面,这些共同体越来越融入资本主义贸易和劳动关系的巨大力量,这种力量正在把山区变成越来越稀缺和可转让的商品,而印第安人之间的社会关系正受到原子化的威胁。另一方面,针对商业入侵的制度化防御反应正在发生,这促使埃里克·沃尔夫将它们归类为"封闭的共同体"(1955)。在资本主义经济的束缚下,被山神主人监管的共同体本身并不是资本主义的。这些共同体是一个国家甚至国际资本主义体系中的功能性齿轮,但它们不是该体系的复制品。不可避免的是,它们的内部制度和实践将反映这种独特的二元性,自然的神灵主人也是如此。简而言之,我想提出的论点是,自然的神灵主人已经开始反映出一种新的所有权制度,这种制度被叠加在早期的模式之上,在这种模式中,所有权符合互惠和再分配的非市场原则。随着征服以来一些地区的变化,神灵主人已经开始体现出这样一种矛盾,即互惠与白人和混血人的商品交换和剥削并存,印第安人通常以仇恨、恐惧和畏怯来看待它们。

今天,在中美洲高地,超自然的山神通常被认为是有欧洲血统的邪恶而危险的人:富人、外国人、城市人、赞助人、传教士,有时甚至是人类学家。莫里斯·西格尔(Morris Siegel)指出,危地马拉(Guatemala)西北部高地超自然生物中最突出的是身穿欧洲服装的威斯阿卡尔(*wits akal*),这种神灵是完全邪恶的,一心想要毁灭印第安人,它引诱印第安人到它的住处去吃饭。陌生人、外国人和传教士通常被谴责为威斯阿卡尔,令人非常恐惧(1941:67)。理查德·亚当斯(Richard N. Adams)发现,在危地马拉首都附近的高地社区里,这座山的神灵主人经常被描述为一个来自城市的金发碧眼之人,一个占据着当地赞助人位置的富有的局外人(1952:31)。人类学家亚当斯自己以这种方式被描绘成山脉的"管理者",就像一个庄园的管理者一样。据说,为了成功狩猎和金钱,可以与山的主人订立契约(像中世纪晚期欧洲的恶魔契约),作为交换,订立契约的人死后必须住在山神的家里。在恰帕斯省(Chiapas)的泽纳坎坦(Zinacantan),拥有并关心土地的土地主人被想象成一个肥胖贪婪的混血人(拉迪诺人),它的企业常常需要工人和驮兽。它拥有成堆的钱、成群的马、骡子、牛,还有成群的鸡。他控制着泽纳坎坦人赖以生存的水坑,从洞穴中涌动出的为庄稼降雨的云,以及土地上所有有用的产品。没有适当的仪式和祭品来补偿土地主人,你就不能使用土地或其产品(Vogt,1969:302)。

安第斯地区的情况与之类似。罗韦指出,对山的崇拜是现代盖丘亚宗教的一个非常重要的元素,因为它存在于前征服时期(1963:296)。巴斯蒂安发现卡塔山与其说是一个"元素",不如说是宗教的基础,它被认为是一个巨大的人类身体,拥有同样的居民和资源(1978)。奥斯卡·努涅斯·德尔·普拉多(Oscar Nunez del Prado)将山的灵魂描述为库斯科分裂时期奎罗(Q'ero)印第安人宗教的主要层面。这些神灵被组织成一个等级体系,由最大的山埃尔罗阿(El Roal)的神灵所覆盖,埃尔罗阿也是造物主的神灵。它控制着较小的山峰,比如瓦曼里帕(Wamanripa),埃尔罗阿把奎罗居民的日常护理委托给了瓦曼里帕。像其他自然物体一样,岩石和树木也相互交流的灵魂,就像山神和人类一样,尤其是通过萨满交流。几乎所有来自库斯科地区的成千上万的印第安人参加了埃尔罗阿的年度仪式,其中包括来自奎罗的人们,他们攀登大约 16 000 英尺高,以到达它的神殿。几代人以前,庄园主在奎罗村建造了一座天主教堂,但印第安人对此漠不关心。

在秘鲁阿亚库乔省(Ayacucho),山神是其承袭的祖先。它们被描述为"像我们一样的生物……与凡人有着同样的需求和组织,它们作为自然的绝对主人生活在村庄和群山奇妙的宫殿里"(Palomino,1970:119)。它们被称为瓦马尼,是迄今为止最重要的神,对印第安人、他们的庄稼和他们的动物拥有掌控其生死的力量。各种各样瓦马尼的组织形式被认为与共同体自己的政治机构组织形式是一样的;与此同时,据说它们直接为秘鲁政府服务(Earls,1969:69),以便为共同体提供帮助(Isbell,1974:118)。它们非常富有；在它们的山里拥有许多牲畜、黄金和白银。这些财富是从印第安人供奉的祭品中获得的。例如，献祭的羊驼被瓦马尼转化成黄金和白银，每年都被移交给海岸边的政府。作为仪式祭品的回报，瓦马尼给予人身安全和牲畜繁殖能力。如果被惹怒，如同不正确的仪式执行或缺乏尊敬会发生的那样，瓦马尼可能会杀死牲畜，毁坏家庭，导致疾病甚至死亡；它们甚至可能吃掉受害者的心脏。它们有时被描述为穿着昂贵的西方服装的高个儿留胡子的白人男子，有时被描述为律师、牧师、警察或富有的白人地主，他们也可以表现为秃鹰、从石头上冒出的火，或者简单地表现为湖泊或山峰。厄尔斯写道，它们的权力通常被赋予白人或混血人（1969：67）。但它们也是世系祖先，因此受到崇拜和崇敬！难怪人们会对它们表现出极大的含混性：尽管它们是生命的主人和保护者，但它们也被认为是恶魔，并与污秽联系在一起。

伯纳德·米什金（Bernard Mishkin）主张，在安第斯地区，人们普遍相信，称为阿普（主人）或奥卡（萨满）的山峰中隐藏着宏伟的宫殿和庄园，以及由这些山神的仆人所守护的牲畜群。这些助手中有可卡亚（Ccoa），一只有能力杀死和摧毁庄稼的猫；它是人们日常生活中最活跃、最令人畏惧和最重要的神灵。可卡亚是巫师的保护者。此外，据说人们分为两类：为它服务的人和与它作战的人。前者富裕，庄稼繁荣，而后者贫穷，收成不好，家庭被疾病所扰（1963：463-464）。在其他地方，如秘鲁的华坎，恶毒的灵魂也可能以动物或混血人和外国佬（*gringos*）的形式出现，他们是巫师的守护神，以长着很多头发和巨大的牙齿而闻名（Stein，1961：32，3）。在这方面值得注意的是，被视为当代玻利维亚矿井真正主人的蒂奥或恶魔形象也被描述为外国佬，高个子、红脸、金发、留胡子、戴牛仔帽。矿井发生致命事故后，矿工们说蒂奥吃掉了矿工，因为它没有得到必要的祭品；它更喜欢年轻矿工新鲜多汁的肉（Nash，1972）。就像米什金描述的山神一样，蒂奥也有一种熟悉的动物——公牛，它帮助与它订立契约的矿工。

至少可以说，对神灵主人作为安第斯地区资源的新的合法所有者和管理者的认同是惊人的。圣像、拜物教和神灵形象被塑造成征服者和一小群被认为统治至今的人的形象；与此同时，这些圣像记录了印第安人与土地和矿产统治者联系在一起的邪恶和侵略。图像学是流行的史学。征服和新经济的入侵导致了自然图像志中令人眼花缭乱的自我描绘,但这是一幅难以捉摸的、充满矛盾维度的肖像。它的象征显示了安第斯地区历史和社会的强大张力。神灵主人不仅仅反映压迫者的力量。它们也反映了被压迫者的向往。

> 如今
> 陶器褪色了,暗淡守旧
> 失去了红木胭脂红点缀的织品
> 没了色彩
> 丢了风格
> 针脚粗糙
> 再也织不出"完美的线"
> 土壤属于地主
> 金蝴蝶囿于河畔
> 独裁者有财无德
> 多么阴郁啊
> 雅拉维人(*yaravies*)的音乐多么阴郁啊
> 印加帝国被永远困在了
> 那个只有古柯和玉米酒的
> 不真实国度
> (只有这样,他们才是自由快乐的
> 才能高谈阔论
> 才能在印加帝国中获得存在的意义)

埃内斯托·卡德纳尔:《印加帝国的经济》

187

弥赛亚主义

自征服以来,唤起印加黄金时代的弥赛亚式的叛乱一直是安第斯历史上的固定事件。这种弥赛亚主义通常以被西班牙人杀死的印加国王得以复活的观念为中心（Ossio，1973；Wachtel，1977）。在阿格达斯于 20 世纪 50 年代收集的神话中，印加国王因卡里（Inkarri）被西班牙人斩首。尽管他一直在遭受苦难，但他一定会完整归来，这将意味着印第安人社会和统治的恢复。

通过分析阿亚库乔省普基奥（Puquio）共同体的神话，阿格达斯得出了结论：这些神话"对人类和宇宙的起源和历史、印第安人的实际情况以及他在革命性的变革进程开始之前的最终命运，都给出了必要的解释"（1975：44）。在这里，山神或瓦马尼被认为是由第一位神因卡里创造的。它创造了所有印第安人的东西，并由瓦马尼给予和管理，例如牧场、水和神圣治愈疾病的力量。米斯蒂斯（*mistis*）或白人无法获得这些神圣或治愈的力量，因为他们没有必要的抵抗力来承受瓦马尼要求的惩罚和考验。此外，这些秘密只有长时间生活在山里才能获得。然而，有时米斯蒂斯可能会寻找那些受过这种训练的巫师，印第安人认为，当他们遭受奇怪或无法治愈的疾病时，如果没有他们的帮助，米斯蒂斯就会死去。

188　　　在位于同一个省的奎努阿（Quinua）共同体中，大多数印第安人会说盖丘亚语和西班牙语，这表明他们的跨文化接触程度要高于普基奥。在这里，因卡里的神话和他的回归与在普基奥发现的神话类似，但其天主教的意象更加强烈。与普基奥相比，这个神话中的弥赛亚主义更受到某些条件的制约：它只是作为一种可能性而存在。

在安卡什省（Ancash）的维柯斯（Vicos）庄园，印第安人长期以农奴身份存在，他们与天主教传教士频繁接触，作为人类造物主的神被描述为孕育圣女的古代人类的造物主之子。此子用一场火雨摧毁了古代人，但是他们并没有完全死去，他们的抗议声可能会被美洲豹和狐狸的猎手听到，这些就是古代人的牲畜。他还创造了今天的世界，将之分为两类人：印第安人和他们的统治者米斯蒂斯。印第安人因此被迫为米斯蒂斯工作，但在天堂，也就是和地球完全一样的地方，阶级地位完全颠倒了：印第安人变成了米斯蒂斯，并让地球上所有的米斯蒂斯都像印第安人一样为他们工作。

最后，在奎罗（库斯科省）这个比普基奥更孤立、更少受到非印第安影响的社区,因卡里神话中没有弥赛亚主义的成分。此外,神话中没有提到西班牙人和他们杀害因卡里的事,也没有任何天主教的形象或提到天主教的上帝。相反,它宣扬了奎罗人未被稀释的神圣血统,他们与自然的象征融为一体,并对征服的历史和遥远的非印第安当局一无所知。有趣的是,在这个版本的因卡里神话中,据说他是由该地区最大的山神埃尔罗阿创造的,它也有主宰太阳的力量,在其他地区的神话中,太阳被视为印加之父(参见 Nunez del Prado B. ,1974:240)。

通过比较这些神话,问问我们自己,它们解释了什么样的社会经验,为什么某些形式会重现或改变,以及它们是如何令人惊讶地概括前西班牙神话中印加帝国起源的基本主题的。同样引人注目的是,这些神话根据不同社区遭受的外国接触和压迫的程度所展示的适应和恢复的承诺。自然山神主人的角色与印第安复兴的承诺紧密相连,除了两个对立和极端的例子:文化适应最弱的奎罗和受外来统治影响最大的维科斯。在维科斯,也许除了 189 古代人在猎杀他们的"牲畜"时发出的抗议声,我们没有听到山神的传说。在与外界隔绝相对安全的奎罗,不仅没有弥赛亚主义的迹象,而且山神被视为实际上创造了印加国王,并继续控制所有自然资源和人民。如果处于这两个极端之间的普基奥和奎努阿的神话可以作为指导的话,我们可以看到自然山神的矛盾心理是如何凸显出来,以及它是如何与印第安最终复兴的承诺联系在一起的。它们的二元性来自两种不同类型的中介。一方面,他们在普通人和强大的印加国王之间进行调解。另一方面,他们调解了印第安人弥赛亚主义的可能性。

邪 恶 与 社 会 控 制

关于将邪恶归因于自然的重要神灵主人,还有很多话要说。首先应该指出,这种归因可以保护印第安社会免受金钱和财富分层的不利影响。金钱和财富都可以通过与神灵的非法契约获得。然而,这种契约据说对社区的其他人来说意味着灾难,比如疾病和农作物歉收。米什金对可卡亚所熟悉山神的描述就是一个很好的例子,佩德罗·卡拉斯科(Pedro Carrasco)认为在墨西哥的塔拉斯坎（Tarascan）印第安人中有一个类似的信念，即人们为了获取金钱或反对自然法则以及加速牲畜的生长或回报，把灵魂卖给恶魔。一个人用灵魂作为交换可能会得到一条能够排出硬币的蛇，或者一只长得比正常情况更快的公牛或绵羊。在一个与沃尔夫（1955）对整个拉丁美洲高地的印第安"封闭的共同体"的分析时提出的相似主题中，卡拉斯科写道，"他们为贫困辩护"，"可以被视为对印第安生活方式的辩护。外部强加的货币经济对乡村社区产生破坏性影响，在乡村社区内部造成冲突或土地被外来者夺走"（1957：48）。埃文·沃格特（Evon Vogt）详述了涉及土地主人的巫术指控的相似功能，这些指控旨在减少社会分层和反对金钱（1969）。

白人上帝！

190　　　关于他们的神灵主人与白人以及混血人的认同，值得注意的是印第安人有多么讨厌这些外来者，他们巨大而强烈的敌意反映了一种潜在的泛印第安的团结意识。拉法基在提到危地马拉时写道，"印第安人作为一个整体，显然意识到自己在国内特殊条件下形成了一个庞大的团体。这种感觉可能不够强烈到足以带来部落间的持久合作，但它依旧存在。直至今日，他们似乎仍然认为自己是一个被征服的民族和真正的本地人"（1947：15）。大卫·福布斯（David Forbes）在 1870 年写道，艾马拉人对白人怀有根深蒂固的仇恨，并安慰他们自己说，总有一天他们会得到他们祖先曾拥有的国家。20 世纪 40 年代在对艾玛拉人进行实地研究的过程中，拉巴尔得出了同样的结论，他强调了其对白人的敌意，这些白人很少被允许在印第安村庄过夜。他指出，科罗科罗（Corocoro）的美国工程师居住区是一个用机关枪保卫的高墙大院，在他看来，印第安人已经发动的挑衅被白人仅仅用"上层种姓通常的恐怖手段"压制住了（1948：158）。

考虑到这一点，当这些神灵的利益与白人控制的财产、企业或动机相融合或与之相关时，我们对印第安人将白人的特征归因于某些神灵主人的激烈程度和合理性就有了更深的理解。然而令人费解的是，至少可以说印第安人也可能尊崇这些神灵，例如作为祖先和生命的保护者：在玻利维亚，山中的矿工神灵被毫无疑问地描述和恐怖化为白人，用纳什的话来说，他也是矿工对未来及其盟友希望的投射(1972:2,33)。

变　化

并非所有印第安共同体都将邪恶或非印第安特征归因于神灵主人。即使在那些有一个或多个神灵被如此指派的共同体，它也不包括所有的神灵主人。在远离商业生活的共同体或成功地将外来者拒之门外的共同体，如库斯科省的奎罗和玻利维亚卡塔省的库拉尤亚(Qollayuaya)阿伊鲁，山神并没有被描述为恶人或非印第安人。巴斯蒂安反复指出，共同体与山神的联系赋予共同体以完整的感觉，这种感觉为阿伊鲁的团结提供了坚实的基础，也为抵制外部侵占山体的行为提供了斗志和理由——其中很大程度上包括非印第安人侵占印第安人土地的企图(1978)。就像特肖匹克所描述的丘奎图艾马拉人的金银拥有者，还有其他被视为仁慈的神灵主人，比如骆驼的拥有者一样，在一个特定的神灵主人被认为是非印第安人的特征和邪恶的共同体里，他有一个印第安名字，并住在一座山上(1968:135)。其他自然界的神灵主人，都以带有基督教圣徒名字的山为其标识，因此在祭祀中被指定。的确，如果受到冒犯，它们会收回支持，除非是在紧急情况下，它们不会被视为活跃的邪恶者，因此对这些神灵主人的安抚仪式往往是周期性或季节性的。然而，湖中鱼类的神灵主人要不断受到安抚，煮熟的鱼刺按照仪式被烧掉，风被要求把烟带到湖中，这样其他的鱼就会知道捕获的鱼得到了很好的处理。这个仪式的主要目的是让鱼的主人相信他的臣民受到了尊重。如果不这样做，就不会再有鱼被捕获，渔网也会被撕破。

具有非印第安特色的神灵主人可能与代表印第安利益的印第安人共存。在恰帕斯省的泽纳坎坦，印第安人的身份绝对不存在于土地主人的形象中，但它却存在于十二个祖先的神身上，而且最显著的是，这些神在土地主人的允许下居住在十二座圣山中(被描绘成贪婪肥胖的拉迪诺人)。与土地主人不同，这十二个神是泽纳坎坦人所有恰当和正确的原型，他们的基本仪式复制了这些模型，并通过类比将属性从神的领域转移到印第安人的领

域。相比之下，在与土地主人交换金钱的过程中，财产的转移是通过出售来
实现的，就像是与他所象征的肥胖的拉迪诺人进行商品交易一样。尽管土
地主人控制着自然，并有权力在威胁到社区其余成员的交换中为灵魂提供
金钱，但从属于它的十二个祖先山神调节着印第安的社会关系。在邻近的
印第安社会中，这些神甚至更具组织性，属于特定的父系家族，而这很可能
是早些时候泽纳坎坦的情况(Vogt,1969)。

即使山的神灵主人拥有一个富有白人剥削者的特征，他也可以具有将
自己与印第安人和前征服时期的意象联系在一起的特征，正如厄尔斯对阿
亚库乔的瓦马尼的描述所记录的那样，它经常以人类的形式出现，骑着"一
匹漂亮的白马，佩戴着华丽的马鞍和圣佩德拉诺(San Pedrano)马鞍布，带
着银缰绳和眼罩——所有这些都是完整的。它穿着一件漂亮的斗篷，是古
代的帕莱(*pallay*)斗篷，有很好的马刺；它装扮成这些富有的农场主"
(1969:67)。

互惠和调解

在这方面，瓦马尼让人联想到库拉卡的模棱两可的形象，库拉卡是当地
的酋长，他在前征服时期与印加国王，在征服后时期与西班牙的官员之间进
行调解。事实上，17世纪印第安编年史学家波马·德·阿亚拉(Poma de
Ayala)提到印加帝国时期阿亚库乔地区的地方酋长被称为瓦马尼(Earls,
1969:77)。在考察库拉卡和自然的神灵主人之间的类比时，有必要分析库
拉卡在西班牙统治下不断变化的角色，以及互惠作为一种交换方式所固有
的模糊属性。

人们认为，在印加帝国末期，库拉卡正在积攒越来越大的权力，这与封
建领主的权力并无不同，这一过程是由印加政府的结构预先决定的，它播下
了自我毁灭的种子(Wachtel,1977)。征服之后，这个进程加快了。库拉卡
在新的种族主义剥削体系中倾向于成为西班牙的傀儡，尽管他们的总体权
力下降了，但他们控制的专制性质却加强了。库拉卡不再将调节互惠礼物
交换作为社会分配经济商品的手段，而是调解对立的交换制度，每个制度对

人类、宇宙和社会交往意义的定义都有着截然不同的含义。一方面,库拉卡体现了礼物交换相互作用的中心,而另一方面,它现在也在通过调解强制征收贡品和商品交换以获取利润。因此,三层模糊性相互叠加:互惠固有的模糊性;印加帝国末期库拉卡地位的模糊性;最后一个模糊之处始于西班牙统治时期,一直延续到今天——以利润和暴力为基础,与礼物交换体系对立的商品交换制度。 193

　　在前征服时期,一个精细平衡的交换制度决定了经济的效率和稳定性,其中没有金钱、私有财产、市场原则或商品交换。这种经济平衡是由农民生产者在社会基础上的互惠交换构成的;他们把贡品视为礼物送给他们的直系首领,后者反过来又负责重新分配这些慷慨的赠与物;其中大部分回到了生产者那里,当然,也有一些回到了印加国王那里。在很大程度上,由于印加贵族建立的一丝不苟的官僚制度,这个经济体系运转良好;然而,宗教和仪式对交换的限制对于它的成功运作也是必不可少的。

　　值得注意的一个特别重要的特征是,在前市场社会经济中起决定性作用的交换与其说是经济交换,不如说是互惠的礼物交换。因此,正如列维-斯特劳斯所写的那样,交换的商品除了它们的实用价值之外,还是"另一种秩序现实的工具",它标志着这不仅仅是经济事件(1964:38)。它们是"完全的社会事实",同时是社会的、道德的、宗教的、魔法的、经济的、情感的和法律的。这意味着对所交换商品价值的评估是高度主观的、因地制宜的,其所建立关系的功能远胜于交换事物所固有的价值。互惠礼物交换也意味着和创造着社会友好关系,并使个人成为伙伴;因此,它为交换的价值增加了新的特性。这样的制度强调慷慨和分配,也激发了合作和工作的需要。还必须存在一个更深层次的原则在起作用——即在人类能力和与他人认同的需要中的反思;通过与他人的这种认同,一个人认识了自己。互惠交换是一种共情,它激励着一种社会生产方式,其目的是使陌生人感到亲密,使冷漠的人变得不同。否认这种交换就是否认友好和维系身份的差异制度,在这种情况下,众神的愤怒如同随后与人类的战争一样无情。

　　然而,在一个由抽象的和一般的货币等价物所调解的商品交换市场制度中,强调的是占有性的个人主义和竞争性的利润追求。在这种情况下,自 194

我责任和私人积累的无情刺激激励了工作,并将合作从目的本身转变为牟取私利的工具。交换反映了社会关系,这种关系使共情从属于自身利益,使人从属于物,正是在这种关系中,价值看起来就像价格一样客观、精确和普遍。

在库拉卡对印加统治权的调解下,平民耕种的土地被留给国王和太阳祭祀者,而将剩余土地留给共同体,由共同体每年或多或少地对土地进行分割,以满足不断变化的家庭需求,这就暗中承认了地方的控制权。该省田地的农产品一部分被送往州粮仓,以备饥荒时使用。徭役或米塔(*mita*)要求的组织化程度既不危害共同体,也不危及家庭自给自足,工人的报酬由国王支付。慷慨是确定交换主旨的基调,也是必须的。这让我们想起莫斯关于基于礼物交换的经济的陈述:"慷慨解囊是必要的,因为复仇女神会替穷人和诸神对那些过分幸运和富有的人加以报复。"(1976:15)1567 年,西班牙王室的一名督察员注意到,艾马拉领主给了他的封臣充足的食物,否则他们就会被冒犯,在督察员看来,这是一种基于"迷信的滥用"形成的不足的补偿(Murra,1968:135)。但正是这种"迷信的滥用"处于经济体系的核心,使得对外人来说不平等的交换看起来是其参与者平等的交换,从而将自然、劳动、上帝和价值观的象征结合成一个有意义和合法的整体。例如,艾马拉语词典中没有区分献祭给自然神灵主人的羊驼和献祭给库拉卡的羊驼。

在一个由多种使用价值相互作用而组织起来的交换制度中,宗教情感和构成价值的符号系统都将受到社会关系中游戏和结构的限制,而社会关系是交换的渠道,并得到了它们的承认。从这个意义上说,不仅"经济"从属于"社会",而且交换会持续地倾向于不确定性,给予者预先假定了接受者的信任,反之亦然。非市场环境下交易的谨慎和仪式性证明了这种不确定性。交换不能保证能够得到回报,无论是为了更大回报而向其献祭的神,还是自己的领主或邻居;人们不需要太多的期望,对自己承诺,用魔法促进,并等待它。人们可能被神灵吃掉,也可能被它们喂饱;作为与其他人的交换,节日和战争紧密相连。另一方面,在市场制度中情况却大不相同。市场的和平和社会的稳定需要少得多的信任和冷峻得多的功利主义计算,在这种计算中追求个人利益是最重要的。不确定性在这里被视为抽象经济机制市场的功能,而不是信任的功能。

作为互惠基础的模糊性在很大程度上解释了在安第斯地区自然崇拜和上帝与农民的关系中所发现的信任和恐惧的混合色调,在这种混合色调中,人们在和平中相遇,但是"在一种好奇的心态中,有着夸张的恐惧和同样夸张的慷慨,这在除了我们自己之外的任何人眼里都是愚蠢的"(Mauss,1967:79)。通过对仪式的集体参与、戏剧性的组织和对礼物交换至关重要的一切戏剧性修饰,人们将这些矛盾倾向整合成一种平衡的形式。随着交换伙伴之间的关系变得更加模糊,和平民与他们的首领或神之间的社会距离的扩大,这样做的必要性增加了。当历史俘获酋长和神,让熟悉的陌生人和不同的人无动于衷时,这将更具挑战性。在这一点上,互惠作为一种共情过程将容易受到极大的干扰。

印加国王建立在当地社区互惠互利的基础上。他通过库拉卡的代理来吸收和再分配贡品,从而改变了它的原理。因此,库拉卡最尖锐地体现了印加国家的紧张局势——共同体的持续存在和国家对共同体的否定之间的矛盾。约翰·莫拉(John Murra)写道,比亚斯·瓦莱拉在编年史中最清楚地看到了这一点:"私人和公共任务中的互助、互惠是一个古老的习俗;印加人批准并通过他们颁布的法律重申了这一点。这种古老的习俗是国家税收制度的基础;其余的是意识形态上的尝试,除了一些欧洲编年史家之外,很少有人相信这一点。"(1956:163)毫无疑问,印加帝国是建立在剥削农民的基础上的,它的再分配是一个建立在互惠基础上的、以统治阶级对神性的诉求为支撑的本土结构,但正如瓦赫特所说,同样重要的是要理解"受剥削的人没有经历过这种剥削;相反,在一个前后一致的世界观中,这是有意义的"¹⁹⁶(1977:83)。

征服之后,制约这种剥削隐蔽性的因素基本上消失了。作为整个系统宗教领袖的印加国王被杀害了,库拉卡不再是帝国的神圣中心。印加宗教的傀偏被消灭了,留下农民和他们当地的华卡,他们继续在秘密仪式中祭拜它们。许多印第安人的土地被西班牙人没收,生态模式被破坏。印加人统治下的米塔徭役制度成了对其前身的拙劣模仿;加上西班牙人的苛捐杂税,导致了强制雇佣劳动。这种新的剥削制度决定性地削弱了以前将臣民束缚在统治者手中的合法性。库伯勒(Kubler)写道,"在18世纪劳动与其回报的不利比例逐渐恶化,这在 18 世纪最后 25 年中的激烈叛乱中得到了体现"(1963:350)。印加经济的自给自足遭到破坏,因为除了侵占土地和破坏使用生态之外,以进出口为基础的商业经济的引入打破了普遍存在的经济平衡,极大地提高了对印第安生产能力的需求(同上:370)。在多个方面,这个新体系的关键仍然是库拉卡,他调解了西班牙的统治和印第安人的敌意,并发现有必要利用他的臣民来履行他自己的朝贡义务。库伯勒认为,这严重影响了印第安人生活的社会道德。乔治·阿尔贝提(Giorgio Alberti)和恩里克·迈耶(Enrique Mayer)写道,"在这种情况下,库拉卡篡改了古老的互惠概念,以构成了广泛的个人追随者,这对社群关系和传统互惠体系产生了深远的影响"(1974:20)。库拉卡立即控制了印第安社区;他为矿山和其他地方动员了徭役,并向西班牙人交付了集体组织的贡品,就像今天在阿亚库乔的瓦马尼一样,据说它们将印第安人提供给它们的供品转化为金银,然后将其传递给利马的白人统治者(Earls,1969:70)。他且只有他被允许并急切地采用了西班牙服饰和马具的威望象征;在这一点上,它也像瓦马尼一样,穿着古老的斗篷和白人的衣服,代表着困扰印第安经济、社会和宗教生活的混合形式和尖锐矛盾。

197　　为了更好地理解这一点,有必要把握库拉卡的形象和自然神灵主人所体现的历史张力,通过这种张力,在西班牙和印第安的宇宙观中,征服和印第安抵抗的敌对潮流共存。征服和殖民化摧毁了印第安社会的大部分,这是事实。但同样真实的是,正如瓦赫特尔和许多其他人所指出的(1977),印第安传统被改写为防卫的主题,并战胜了文化渗透。前西班牙经济体系的内在逻辑是建立在互惠和再分配的基础上的,它从属于西班牙霸权,这种霸权更多地是通过蛮力、工资奴役和市场机制来维持的(参见 Lockhart,1968,127-133)。但是正如阿尔贝提和迈耶所言,即使考虑到他们的流离失所、无产阶级化和剥削,印第安人仍然保持互惠经济,尤其是在生产关系中的互助(1974:20)。正如瓦赫特所表明的那样,最重要的是,印第安人继续以互惠的标准来评价他们与新主人的关系,无论是白人还是印第安人,尽管这种关系经常被滥用或否认(1977:115)。只要这种互惠原则在印第安人心目中是一种生命力,就意味着麻烦。概括莫斯的观点就是,否认互惠就是唤起战争，并招致诸神的愤怒。

这使我认为，从征服之时至今，自然神灵主人的恶意与这种拒绝互惠的行为相对应，因为商品交换的总体系统不得不否认这一点。死者的灵魂和众神是安第斯地区财富的真正主人。与它们进行交换过去是，现在也是必要的——不交换是危险的。正如礼物交换的美学和道德所显示的，互惠旨在购得和平。通过这种方式，能够杀死一个人的潜在邪恶被遏制住了。印第安人坚持以这种方式看待他们的世界并非没有理由。旧经济虽然沉寂不语，但也与新经济形式并存了。二元经济建立了，反对征服的声音不仅持续存在，而且在重要意义上成为了文化本身。然而，这个世界并不符合互惠原则。在神灵主人的调解下，自然和生产者之间的交流环路受到了西班牙人统治的严重威胁。

正是因为他们对世界的一致看法遭到了攻击，被征服者的宇宙远非毫无意义。取而代之的是，它有着令人恐惧的过多的意义，在这些意义上，旧神必须被喂养以便避免邪恶——正如在征服后不久的塔基奥库尼运动和今天玻利维亚矿井中为恶魔神灵主人举行的仪式中所痛苦表现的那样。征服和商品交换可能加剧了神灵主人的模糊性，但是必然表达出的这种模糊性的仪式把他和矿工的心联系在了一起。这也有助于将他对生产和毁坏的倾向结合成一种超越性的综合——一种互惠本身的相互肯定。

第十二章　采矿和采矿神话的转变

前征服时期的采矿

　　在印加人的统治下,采矿只是一项相当小规模的活动。它由国家垄断经营,劳动力则由轮换的徭役提供,前面提到的米塔对矿工来说不是特别繁重(Rowe,1957:52)。约翰·莱迪·费伦(John Leddy Phelan)回应了当时流行的观点,他认为采矿只是一种次要的经济活动,因为印加人只是把白银和黄金作为一种装饰的形式,而不是货币或财富的储存物(1967)。前征服时期和征服后时期的本质区别在于,前者是自给自足经济的一小部分,而后者成为迅速发展的世界资本主义经济的支柱,来自新大陆的贵金属在资本积累的早期阶段发挥了至关重要的作用。

　　在印加经济的其他领域出现强制性贡品时,加尔西拉索·德·拉·维加并不情愿确信这一点,他坚持说,贵金属在前征服时期被开采,不是作为强制贡品的一部分,而是作为给神圣统治者的礼物。

　　　众所周知,印加国王拥有如此大量的黄金、白银和宝石,不是由印第安人有义务支付的任何强制性贡品导致的,也不是统治者要求的,因为这些物品既不被视为战争或和平所必需,也不被视为财产或珍宝。正如我们所说,没有任何东西是为了黄金或白银而买卖的,这些金属也没有被用来支付士兵的工资或用来满足任何需求。因此,它们被认为是多余的,因为它们不好吃,也不利于获取食物。它们只是因为它们的光彩和美丽而受到尊敬,被用来装饰皇家官殿、太阳神殿和圣女之家。(1966:253)

　　这些金属具有神圣的地位,这与它们作为礼物被送给国王的地位相称。

库拉卡在庆祝太阳、羊驼剪毛、伟大的胜利和王位继承人命名的重大节日期间，以及就更世俗的行政事务去拜访国王进行磋商之时，如果不给他一些金银，他什么也不会做。

> 在所有这些场合，只有把他们的印第安人在无事可做时所开采的所有黄金、白银和宝石都带给他，他才会亲吻印加人的手。因为采矿不是维持生命所必需的，他们只有在没有其他事情可做时才从事采矿。但是当他们看到这些物品被用来装饰他们非常重视的皇家宫殿和寺庙时，他们就利用业余时间寻找黄金、白银和宝石，以献给印加和他们的神：太阳。(1966:254)

科博告诉我们，矿工们崇拜矿场上方的山和矿场本身，要求它们献出矿物。皮萨罗的一位秘书描述了一口 60 到 240 英尺深的矿井，这些矿井是由几十名男女矿工开采的——20 名来自同一个首领手下，50 名来自另一个首领手下。他被告知矿工一年只工作四个月，莫拉解释说这是因为他们必须返回他们的村庄才能重新获取他们在农业上的责任（1956:189）。莫拉还引用了齐耶萨·迪·里昂（Cieza De Leon）的话，大意是，当村民不在矿场时，他们的土地由共同体的其他人为他们工作，而单身男子不能成为矿工。只有身体健康的户主才有资格。其他消息来源称，一百个家庭必须轮流供应一名矿工（同上）。阿科斯塔在 1588 年写道，印加人用他们所需要的一切来招待矿工，采矿"对他们来说不是奴役，而是一种愉快的生活"（1880:418）。

殖民采矿

随着西班牙人的到来，采矿业成为一个庞大而贪婪的行业，成为殖民地经济的基石。拉巴尔认为，在任何时候，都有略微超过 14％的艾马拉人在矿场从事强迫劳动，这些印第安人的死亡率极高。他说，在整个殖民时期，大约 800 万安第斯人死于矿难，其中大多数是艾马拉人（1948:31）。

采矿是社区解体和亲属关系破坏的一个重要原因。这是强迫劳动征召的直接后果，也是印第安人为逃避征召而逃离原籍社区的间接后果。其他印第安人被吸引到矿场并作为自由工资劳动者，以获得支付皇家税收的资金。还有一些人似乎更喜欢矿场，而不是国内更糟糕的工作——这可能发生在残暴的库拉卡凌驾于陷入困境的农民的时候。

随着矿井内外人员组成的变化，旧的阿伊鲁组织也发生了变化。已婚夫妇很少来自同一个村庄，而且"在没有通过传统的互惠和交换被阐明的亲属关系的情况下，财富和社会声望的标准和模式被打破"（Spalding，1967：114）。性别比例严重失衡。1751 年，在靠近瓦罗里奇的采矿区尧利（Yauli），成年男性人口中的 2.4％是单身男子，这还不包括鳏夫（同上：121）。

但是还保留下来一点古老的阿伊鲁形式。卡伦·斯伯丁（Karen Spalding）谈到它正在"重建"，并向我们提到矿工之间经济合作和互助的制度化。事实上，这对西班牙人和印第安人一样有利。如果不允许印第安人对自己的活动有一定程度的掌控，这样一个庞大的企业怎么能在如此恶劣的条件下维持下去呢？这里和安第斯地区的其他地方一样，西班牙的战略是让土著社会融入新的经济形式。如果从上面得到正确的指导，在很大程度上基于互惠原则的印第安社会组织模式可以帮助西班牙人维持他们的统治。例如，正是通过阿伊鲁或准阿伊鲁形式，西班牙人将毗邻矿山的土地分配给了印第安矿工。西班牙人无法发展现代劳动组织原则。他们没有资源来发展，更不用说维持一个完全专业化的采矿阶级；因此，互惠和再分配的一些要素被纳入不断演变的资本主义框架的基础。下层社会的社会关系既受制于新剥削模式的紧迫性，也受制于西班牙人到来之前的过去。

矿井里的工作非常压抑。矿工在米塔制度下工作和作为自由工资劳动者工作时都能够获得工资，尽管前者的工资低于后者。米塔工人负责他们自己的运输。罗韦认为，大约 100 里格 * （league）的距离需要两到三个月的时间才能跨越。工人们经常乘坐大型火车旅行。例如，16 世纪 90 年代米塔工人从丘奎图出发到波托西，包括 7000 名妇女、男子和儿童，以及超过

---

    * 长度单位，1 里格约等于 4000 米。

4 万头骆驼和羊驼用于食物和运输(Rowe,1957:174)。

16 世纪末,波托西引入了两班制,工人们从周一晚上到周六晚上都被关在潮湿、污秽的矿井里。他们通过蜡烛的长度来给他们的轮班计时,用重量在 25 到 30 磅之间的镐敲击通常是燧石般坚硬的岩石。在 18 世纪,工作是由配额制度而不是时间来管理的。采掘工作是由自由工人完成的,而米塔工人则用长梯子将矿石运送到地表。使用的袋子里有 100 磅矿石,每个工人需要在 12 小时内搬运 25 袋,否则工资会按比例削减。达到配额的一种方式是工人与其他印第安人分包,从工资中支付给他们。在这种情况下,许多米塔工人负债累累地结束了他们的服务,这迫使他们逃到原籍社区以外的某个地区,或者作为自由劳工留在矿场。每次逃离社区都进一步增加了那些留在家里的人的负担。米塔配额的减少比满足草案的原产地(*originarios*)的减少慢得多,并且"波托西的所有者无情地坚持配额要达到最后一人"(Rowe,1957:174 - 176)。

难怪就连一些西班牙人也把每年吞噬成千上万无辜和安静平和的当地人的波托西称为"地狱之口",并说"从秘鲁运到西班牙的不是银子,而是印第安人的血汗"(Hanke,1956:25)。矿井喷出了一群无家可归的人和无主者——一个殖民的流氓无产阶级——他们的存在和活力在消除大规模的不满和叛乱中变得非常明显,特别是在 1780 年的图帕克·阿马鲁印第安民族主义起义中。

宗教与殖民采矿的变革

采矿总是涉及仪式和魔法。但只有在征服后时期才涉及邪恶的神灵。在提到前征服时期的习俗时,科博写道:"去矿场的人崇拜矿场上方的山,也崇拜矿场本身。他们称之为科亚(*Coya*),并恳求它们献出金属。为了达到这一目的,他们喝酒跳舞来崇敬这些山。同样,他们也崇拜金属,将之称为玛玛(*Mama*),而石头包含这些金属,他们称之为科尔帕斯(*Corpas*),亲吻它们并举行其他仪式。"(1890 - 1895,3:345)矿业城市波托西被奉为圣地(Kubler,1963:397)。另一个当代资料来源于马丁·德·莫尼亚(Martin de Monia），他描述了前征服时期的生育仪式，这在农业、建房和采矿中很常见。在这些仪式中，有两个人物得到了安抚：帕查玛玛或大地母亲，以及与考虑中的事业有关的华卡（1946：278－281）。在这些报道中，没有任何地方像玻利维亚锡矿中的当代恶魔一样有邪恶的迹象。相反，是生育的女性形象占据了舞台。

采矿中心，如波托西，是西班牙文明和宗教灌输计划的伟大中心。"由于西班牙人频繁的贸易和交流，这些省份的印第安人比西班牙人较少的其他地区的印第安人更注重人类的善良和教导，并从基督教中获益更多。"（Cobo，1890－1895，1：292）然而，与西班牙人如此接近和频繁的交往并不一定会产生如此愉快的效果。一位大约与科博同时代的牧师写道："这些不幸之人的虚弱是普遍的，尽管在波托西更加明显，在那里，这种可恶的偶像崇拜瘟疫肆虐到了顶点……从这个国家到查尔卡斯（Charcas，与之相距 100多里格路程，也是秘鲁人口最稠密和交通最发达的地区之一），信仰还没有被植入，因为人们的方式反映了冷漠和傲慢，没有一丝虔诚。他们似乎更有仇恨和敌意，对上帝的态度也不好。"他认为印第安人在这一点上几乎是合理的，因为"我们用来教导他们的人似乎证明了快速致富是我们的主要目标"，教会几乎没有为印第安人的殖民问题提供任何答案（Arriaga，1968：78）。

如果教会不能提供答案，印第安人不得不宣扬自己的答案并坚持"偶像崇拜"，这就不足为奇了。合乎逻辑的假设是，在开采和商品开发最为普遍、西班牙人对其文化抨击最为激烈的矿区，这种偶像崇拜的最极端表现将占上风。如果恶魔出现，他就会出现在这些矿井里。在这里，我们期待着在他最凶残、最清晰的时候找到他。从土地上获取的数量远远超过印加时代的任何东西；然而，在阶梯的顶端，印第安人只会欠下更多的债务，而矿石则被转移到西班牙国库。既没有物质上的回报，也没有精神上的回报来克服强加给山神的创伤，这些创伤因其巨大而无意义的规模会使任何传统仪式的重新合成能力不堪重负。事实上，没有任何东西回报给矿工或他们的神——印第安人和周围的大自然都会感激它们。土著世界充斥着从早期的交换循环中的防护区释放出来的，宇宙的毁灭性破坏力。最初的总体性在每一处都被分割。人类和自然先前存在的循环再生被疯狂地解读成单向线性运动,更神奇的是,它被想象成无穷无尽的。

与此同时,西班牙人带来了他们自己独特的关于采矿和贵金属的形而上学。我们在阿科斯塔对自然历史的描述中看到了这一点:贵金属被认为是植物,是由太阳和其他行星的美德在地球内部产生的。根据保罗·塞比洛特(Paul Sebillot)的说法,在 16 世纪末的欧洲,矿工们认为地球是稀有金属的母体储藏地,这些稀有金属是由阳性天空与下面的地球相互作用而产生的。移动的行星作用在地球的血管上:金是太阳的后代,银是月亮的后代,锡是木星的后代等等。地球散发出潮湿的硫黄和水银,它们在行星的作用下结合在一起产生不同的金属。硫黄蒸气被认为是父亲的精液,而水银蒸气是女性的种子或母亲。矿脉被认为是子宫,它们的倾斜度和身体方向将它们与一组星体影响联系在一起,而不是另一组。此外,由于是有机的, 205
矿物质可以再生:当一个矿被开采到枯竭时,它可以被允许休息几年;这些影响将再次与枯竭的矿脉相互作用,产生更多的矿物。这一再利用原则的验证不仅来自欧洲矿山,也来自波托西矿山(1894:392 - 399)。

这种动态的结构主义的微观-宏观模型在某些本质上与印第安人没有很大不同,从而允许了印第安矿业形而上学的大量文化适应及其连续性。然而,欧洲的概念强调单一力量——上帝——而印第安的概念强调世界有机体不同部分的自发合作和整体的和谐,而不依赖于外部力量的权威。例如,阿科斯塔描绘了一个清晰的等级制度和功能,在这种制度和功能中,劣等物种被上帝命令去服务优等物种。植物和矿物质的存在是为人类的幸福服务的,人类自己是上帝的臣民,上帝是一切事物的创造者。在贵金属的所有用途中,最突出的是它们作为货币的用途,"衡量一切的尺度";事实上,"这是一切"。根据同样的教义,上帝在印第安地区安置了矿藏,那里的人们不了解这一点,也不像欧洲人那样贪图财富,因此引诱教会寻找这些土地并占有它们,以此作为安置真正宗教的回报(Acosta,1880,1:183 - 187)。

19 世纪的秘鲁矿山

约翰·冯·楚迪(Johann J. von Tschudi)在 1840 年左右参观了秘鲁高

地的塞罗·德·帕斯科(Cerro de Pasco)银矿,他给我们留下了一些深刻的见解。他写道,除了追求财富,没有什么能吸引任何人住在那里。寒冷和暴风雨的气候在一个不宜居住的地区肆虐,那里的土地寸草不生。大自然把她的所有财宝都埋在地下,印第安矿工在地下挖掘的不断的敲击声让旅行者晚上睡不着觉。大多数矿主都是西班牙古老家族的后裔,虽然他们有时获得了巨大的财富,但他们大多背负着 100% 至 120% 利息的利马(Lima)高利贷的债务。从罢工中获得的钱很快就被用来支付利息、寻找新矿和赌博。他写道:"从事采矿的人保持热情真的很了不起,他们不受失望的抑制,继续他们已经开始的事业。即使毁灭看起来是不可避免的,但对金钱的热爱也平息了理智的警告,并希望年复一年地唤起人们对未来财富的憧憬。"(1852:236 – 237)在其他几个地方,赌桌上有如此巨额的赌注。纸牌和骰子从早上最早的时候一直玩到第二天,在未来的罢工中,人们经常赌输掉他们的股份。

为了偿还债务,矿主会让印第安雇佣劳工尽可能多地挖出矿石,而不采取任何预防事故的措施。地道经常倒塌,每年都有许多矿工死亡。竖井的危险部分没有支撑起来。"腐烂的木块和松动的石头用作台阶,在不能放置东西的地方,大多数情况下几乎使用垂直延伸的竖井借助生锈的链条和绳索下降,同时松散的废物碎片不断从潮湿的墙壁上落下。"(同上,231)装载机的工作是将矿石运出矿井,每班工作 12 小时,采矿在整个 24 小时循环中不间断地进行。每一个重物的重量从 50 磅到 75 磅不等,尽管天气寒冷,但这些人还是赤裸工作,因为他们被繁重的劳动弄得浑身发热。

银是通过使用汞从矿石中分离出来的。虽然在一些地方这是通过马匹的踩踏来完成的,但在其他地方,这是由赤脚的印第安人在混合物上踩踩几个小时来完成的。水银迅速而不可挽回地损坏了马的蹄子,很快就不适合继续工作了;对于印第安人来说,它将导致瘫痪和其他疾病。

白银是附近地区唯一生产的商品,包括住房在内的所有生活必需品都非常昂贵。仓库里存放着最好的奢侈品,市场上的商品与首都利马的商品相当。尽管冯·楚迪认为指望欧洲工人是徒劳的而印第安人以一定程度的耐心工作,但他们却极度任意挥霍他们的工资,很快就在周末把工资花在了各种奢侈品和酒上。印第安矿工从未想过存钱，"在享受当下的时候，忘记了对未来的所有考虑"。即使是从遥远的地方迁移过来的印第安人，也总是像离开时一样贫穷地回到家乡。他们以大幅上涨的价格购买的欧洲商品很快遭到了冷落。昂贵的商品（只有当矿工在高产矿井工作因此按计件工资获酬时才购买）在显示出最微小的缺陷或满足过眼前的好奇心后 207 被扔掉。冯·楚迪讲述了一个印第安人是如何花 204 美元（平均周薪是 1 美元）买了一块金表，在看了几分钟手表并发现对他没有用后，把它摔到了地上。

尽管印第安人挥霍着他们在白人矿场挣来的工资，但当他们从对白人保密的地方中提取银，并按照自己的理想工作时，他们表现出了完全不同的行为。他们只有在迫切需要某项具体采购时才开采，并且只提取履行所涉现金义务所需的具体金额。冯·楚迪向我们保证，这是一个普遍现象，他对他所说的印第安人对自己获得财富的漠不关心非常感兴趣——这种态度与白人矿主的态度截然相反。英国采矿工程师罗伯特·布莱克·怀特（Robert Blake White）描述了 19 世纪后期在哥伦比亚西南部的帕斯托印第安人的类似行为。"他们只有在想购买一些只有用钱才能买到的特殊物品时，才会去河里淘金。但是如果他们提取的黄金超过他们实际想要的，他们会把剩余的扔回到河里。没有什么能说服他们出售或交换它，因为他们说，如果他们借的比他们真正需要的多，河神就不会再借给他们了。"（1884:245）

值得注意的是，冯·楚迪听到印第安人认为可怕的神灵和幽灵出没于白人拥有的矿场时，感到非常惊讶。他认为这是印第安人非常不寻常的行为，他说他们的想象力"在制造这种恐怖方面并不十分丰富"。

当代玻利维亚矿业中的恶魔、圣女和救赎

覆盖在当代玻利维亚锡矿上的山脉被认为居住着一种叫作哈胡里的精灵，他现在是恶魔或者蒂奥，是锡矿的精神主人。"是他说服人们离开他们在地里的工作，进入洞穴去寻找他储存的财富。他们放弃了耕作土地的高尚生活，转而饮酒和午夜狂欢，用他们从矿井中的不义之财来支付。"（Nash,

1972:224)

与农民农业相反,采矿业被认为是坏的。这是个错误。农民被财富的许诺吸引到那里,但财富缺乏美德。这是安第斯版本的浮士德故事,对他来说,这是一个巨大的代价。"接着又来了一条可怕的蛇、一只蜥蜴、一只蟾蜍和一群蚂蚁来吞噬它们,但是当它们向城镇前进时,其中一个受到惊吓的居民召唤了印加少女纳斯塔(*Nusta*),后来被认为是矿山的圣女"(同上)。

一位女性报道人向纳什描述了这位圣女:"夫人,我要告诉你矿井中的圣女。她在金属的上面,在矿井中仍然存在的金子上面,在教堂和纸浆厂的下面。沸水流过这种金属,结晶水正在沸腾。圣女是不可思议的。金属是液态的。它非常干净,你根本不能移动它。我们曾经进过碎浆机下面的竖井……(金属)多漂亮啊! 就像原糖一样。"圣女不得移动。"如果她被转移,奥鲁罗的村镇可能会失去她。水可以把她带走,因为圣女在水上行走。奥鲁罗的村镇可能会消失……这座山会被烧毁,我们会迷失其中。"(1976:77)

因此,矿井圣女停止了毁灭的征程。如今,各种各样的怪物可以以岩石、沙丘和湖泊的形式出现。矿工们因此得救了,即使只是暂时的,但也免于最终的毁灭。这既是历史的,也是持续不断的。这是一种力量结构,局势一直保持不变。雕刻在周围景观中的石化怪物现在被认为是无声的见证人,但它们被赋予了复活和继续前进的潜力。

人们相信,如果没有圣女在矿上的调解,银和其他矿物的挖掘将不可避免地导致毁灭。但是这部拯救的宏大戏剧不只每年在狂欢节期间重演一次。本质上,无论何时发生危险或事故,同样的仪式是在矿井内进行的。这种矿工仪式也是从持续的毁灭威胁中反复上演的拯救戏剧;在这里,调解人的角色也是为了对抗恶魔的破坏力。调解者是帕查玛玛或大地母亲。矿工们在感到危险时要求她向蒂奥求情,当他们引爆炸药时,他们求她不要生气。一名矿工说:"这名矿工,尤其是在八月份,购买了他提供的羊毛、油脂、古柯和其他东西,并说,'帕查玛玛不会惩罚我的。'有了这个,他内心相信他已经完成了对帕查玛玛的建议,从那一刻起,他就可以忘记一场事故了。然后他可以平静地继续工作。这是不是祭司们强加给我们的习俗。"(Nach,1972:229)

众神之战与生育力之争

男性恶魔和大地母亲之间对抗的背后是什么，一个是矿主，另一个是大地和生育的神灵？纵观拉丁美洲高地殖民化和文化适应的漫长历史，人们意识到玻利维亚矿井中被认为是蒂奥（恶魔）和大地母亲（或圣女）的特征只是一个非常普遍的观点和共同历史经验的具体表现。欧洲殖民化对土著生活方式的社会影响似乎扭曲了男女关系的理想化特征，以至于现在已经转变为敌对关系了，最明显的是那些异化最为极端的印第安共同体。女性神——圣女或大地母亲——可以被视为印第安利益和被压迫者意识的体现，而男性神通常被视为外来力量的体现，这些外来力量致力于毁灭那些由女性滋养和保护的人。

在中美洲和安第斯地区，都存在着一种根深蒂固的信仰，即上帝——基督教上帝——毁灭宇宙的循环被一位女性圣徒——通常是圣女——印第安圣女——避免或改变，她祈求她的人民的生命。在墨西哥山谷的南部圣弗朗西斯科特科斯帕（San Francisco Tecospa），据说人类的罪恶使土壤变黑。当上帝看到这一点时，他变得如此愤怒，以至于他决定灭绝人类。然而，瓜德罗普（Guadelupe）的圣女，所有墨西哥人的母亲，仍然爱她的孩子，她恳求同样是她儿子的上帝宽恕他们。但后来她同意了他的判断，于是他引发了大洪水。上帝仍然想毁灭这个世界，但是圣女保护人类免受他可怕的愤怒，尽管和以前一样，当她认为人们有罪而不能再活下去时，她会让他得逞。当这一切即将发生时会有预兆：薄荷会开花，竹子会开花，雄性会生育（Madsen,1960:143－144）。

危地马拉东北部的圣欧拉利亚村也有类似的概念。这个村庄的守护神 210 圣欧拉利娅（Santa Eulalia），等同于圣女，被视为代表她的人民不断地祈求，反对上帝的愤怒力量。第一次世界大战就是这种情况之一，它威胁要消灭人类，却放过了这个村庄的居民。在秘鲁的华坎村，圣乌苏拉（Santa Ursula）是主要的宗教人物，是她在照顾健康和收成。人们亲切地称她为乌苏拉妈妈，村民们遇到困难时会向她求助。她也被视为战士的保护者，她自己也是一名伟大的战士。此外,她被含蓄地认为是圣女,被称为上帝之母。

在墨西哥,瓜德罗普的黑皮肤圣女是印第安人的民族圣人。她象征着莫雷洛斯(Morelos)和伊达尔戈(Hidalgo)在 19 世纪初独立战争中的革命运动,就像她在 20 世纪头几十年里为萨帕塔主义者(Zapatistas)在夺回传统土地的斗争中装饰他们的衣服一样。事实上,她是掩盖前西班牙大地和生育女神托南津(Tonantzin)的基督教面具——根据一位 16 世纪著名的教会神父所说,托南津是掩盖偶像崇拜的恶魔的策略。有人认为,这位圣女被认为是成功反抗权力人物的承诺,并等同于生命和拯救的承诺,而基督被视为受难、死亡和失败。最终,圣女的形象延伸到生命的承诺和印第安独立的承诺,尽管圣女现在被描绘成在许多方面从属于男性上帝,她仍然能够为印第安人的救赎和回归"饥饿和不满意的社会关系被最小化的原始状态"而抗争(Wolf,1958)。

同样,在欧洲中世纪,神圣的圣女是抵抗恶魔的主要保护者。马西米兰·鲁德温(Maximilian Rudwin)把她描述成一种瓦尔基里(Valkyrie)或亚马逊女战士(Amazon),总是与恶魔作战,以便从恶魔手中夺走悔改的人的契约和灵魂。他赞同这样的猜测,即她是普通人供奉同类女神权利的辩护者(1958:178-179)。

因此,玻利维亚矿井中大地母亲(或圣女)和恶魔人物之间的对抗,基本上类似于在拉丁美洲即便不是全部也是许多高地印第安地区上演的一出威胁毁灭和拯救的戏剧。男性力量体现在来自征服文化的外来符号中,被视为决意摧毁印第安社会,而体现印第安关切的女性力量则被视为阻止他的力量。

然而,在采矿社区,这种对抗的仪式戏剧化程度明显高于农民生产者社区。在矿井里,戏剧高调上演,仪式的频率令人震惊。在 20 世纪 60 年代中期国家政府镇压矿工工会之前,它每周举行两次,现在似乎仍然经常举行。在给予大地母亲支持的同时,矿工的文化似乎也同样呼吁维护和恢复她所体现的生育原则——即社会关系和整个自然中的互惠与和谐。尽管在人们的仪式中上演的拯救戏剧包括对个人拯救的关注,但它也包括对一种陷入阶级斗争的生活方式拯救的关注。

此外,尽管上帝和圣女的特征在上面的描述中来自农民共同体,但在玻利维亚矿井中,主要的男性形象不是上帝而是恶魔,而且是一个可怕的男性恶魔。他巨大的阴茎竖立着,仿佛充满了死去矿工和动物牺牲的血,他站在矿工和大地母亲的旁边,作为男性居所的怪诞象征。如果有关瓜德罗普圣女、圣弗朗西斯科特科斯帕、圣欧拉利娅和华坎的叙述显示了超自然象征的戏剧性转变,其中性别角色的变化反映了共同体动态的类似变化,那么这在玻利维亚矿工查拉中表现得更加果断和有力。这最终发生在这样一种情况下,这种情况是一个进一步的阶段,远离了土著人对征服前的过去的赞美和理想的社会经济组织形式。男性恶魔取代男性神肯定是对此的回应。

从山神到矿井中的恶魔

哈胡里生活在玻利维亚奥鲁罗周围富含矿物质的山区;然而,他以蒂奥或魔鬼的形式被尊崇为矿山财富的所有者。这有什么联系?

哈胡里这个名字是苏帕伊这个词的旧版本,它在殖民时代和今天一样被用来表示恶魔。苏帕伊是编年史家和修士们常用来指代恶魔的术语,就像哈胡里可以指代"坏幽灵"一样。根据拉巴尔的说法,恶魔仍然被艾马拉印第安人称为苏帕伊,他们"使用这个词时会吐唾沫在地上诅咒"。但这是什么样的恶魔?拉巴尔坚信,尽管苏帕依无可争议地是一个大地恶魔,但它只不过是他所说的"基督教路线上的特殊化,这种特殊化原本可能只是许多大地恶魔中的一个"(1948:168)。班德利尔简短地驳斥了任何认为苏帕伊真的和基督教恶魔是一样的观点。"苏帕伊是恶灵的统称,但任何恶魔或魔鬼也是苏帕伊。印第安人对至高无上的上帝几乎没有概念,他们对至高无上的魔鬼也几乎没有概念。"(1910:150)

在编年史作者伯纳贝·科博看来,印第安人是苏帕伊的忠实信徒,认为苏帕伊是人类邪恶的灵魂和腐败者,科博把苏帕伊翻译成恶魔。他坚信苏帕伊已经获得了成为印第安人的权威,他们以极大的尊重服务和服从他,根据科博的说法,这源于他们对苏帕伊伤害他人能力的恐惧(Cobo,1890 -

1895,2:229)。

但是苏帕伊不是唯一的邪恶人物。他也不是纯粹的邪恶。皮埃尔·杜维奥（Pierre Duviols）引用了许多其他此类人物的存在：*achacalla*、*hapiñuñu*、*visscocho*、*humapurick* 等等（1971:37 - 38）。只有通过基督徒的努力，它才成为邪恶的最高人物。玻利维亚作家里格韦托·帕雷德斯（M. Rigoberto Paredes）提出，该国印第安人邪恶精神的演变遵循了这一逻辑："一步一步地与他们在西班牙人和混血人手中遭受的残酷迫害成比例，随着传教士和牧师坚持说教，大意是他们的邪教是恶魔，苏帕伊变得合意并更坚定地固定在他们的理解之中。"（1920:57）根据同一作者的说法，当代土著人对苏帕伊的评价达到了如此不同寻常的程度，以至于这个词被用来表示任何坏人或反常的人。此外，苏帕伊被召唤去消灭敌人和满足仇恨。与苏帕伊的这种契约要求出卖一个人的灵魂，帕雷德斯以一句漫不经心的评论对此不屑一顾："对印第安人来说，只要减轻他在这个世界上承受的痛苦，在来世获得荣耀并不重要。"（同上:59）

苏帕伊这一概念与米什莱关于现代早期欧洲恶魔崛起的观点是一致的（1971）。在教会镇压异教运动中，许多异教神灵中的一个被提升为黑暗王子，这个社会开始感受到商品生产和市场交换的影响。然而，当局施加的反作用有所反弹。苏帕伊变得更加友好，甚至可能成为盟友。他的毁灭能力可以被引导去满足自己的欲望。这一点很重要，当我们考虑哈胡里转变成矿山恶魔的角色时，要记住这一点。

意识形态进化所对应的宇宙斗争类似于地球上争夺物质生产和交换的竞争系统。应该强调的是，这不仅是对物质或资源的争夺，而且过去是，现在仍然是对完全不同的经济组织体系的争夺。征服使两种截然不同的生产方式和生育原则相互冲突，这种冲突后来因 19 世纪自由放任主义的兴起而加剧。山神掌管着一个交替式的系统，确保了再分配和最低限度的社会保障，而更抽象的基督教神是不平等交换的仪式规范和法典化的一部分，这在采矿业无产阶级劳动的情况下最为清楚。为了进一步描述这两种制度，我们现在转向农民的生产方式和他们所谓的生育仪式。

第十三章　农民的生产仪式

　　忽视安第斯地区农民生活中的个人主义和冲突是幼稚的。然而,不强调互惠和集体所产生的力量将更加错误。农民的生产仪式调解了个性与社区的相互作用,从而反映了农村生活构成中的不可剥夺性原则。矿工要么直接来自于这种生活,要么有这种生活中的规定和情感的背景。然而,他们在矿井中遇到的情况是基于疏远和拒绝互惠的。他们的劳动和生产仪式反映了这种对比。

　　互惠劳动是安第斯高原最常见的组织工作方式之一,公共形式的土地保有权和工作管理很常见(Nunez del Prado,1965:109;Albo,1974 - 1976:68 - 69),尽管这可能不如 19 世纪(Klein,1969:7;Forbes,1870:200)。在1948 年出版的关于艾马拉人的专著中,拉巴尔指出,农民的土地通常是不可分割的,他们实行轮流和公共任期模式。单个家庭拥有使用权,每年由头人(headman)分配。头人由社区选举产生,负责向政府一次性支付社区的税收负担。有人认为,头人往往是从富人中挑选出来的,因为他们可以为穷人承担责任。下面是一个受到几个世纪习俗支持的非正式和非法的程序。在玻利维亚法律中,至少直到 1952 年,国家拥有土地;印第安人个人被认为把它作为私有财产出租。同样,头人通常被认为是政府任命的,或者在庄园里被认为是由庄园主挑选的。在实际生活中,社区通常挑选头人,然后由中央政府认可,土地所有权的概念仍然是不可剥夺的。正如班德利尔所指出的:"如今庄园主认为,他们任命印第安官员时,并没有征求印第安人的意愿⋯⋯在岛上,这两名主要官员是在每年 1 月 1 日左右被所有者接受而不是任命的⋯⋯举行查拉的当地人特别告诉我,有一个老年委员会,这个委员会提议每年任命地方当局(hilacata)、市长(alcade)和村长(campos)。所有者否认了这样一群人的存在。"(1910:82 - 83)

　　拉巴尔写道,尽管在法律理论上,每个家庭的土地都被认为是个人的私有财产,但实际上这并不成立。事实上,如果一个人拒绝使用分配的土地,整个社区将会防止其认为属于自己的任何土地归个人所有。一个家庭唯一的个人私有财产是它的小屋和它所在的临时的小块土地(1948:156-157)。此外,所有权与生产活动密切相关。例如,房子属于建造它的人。此外,所有武器、器具、陶器、纺织品、房屋和其他此类财产都在所有者死亡时被销毁(同上:145-146)。甚至贵重的牲畜也可能被如此毁灭。与此同时,社区成员之间的互助和互惠原则规范着社会关系,它们通常被称为艾因(*aine*)。这一原则是在仪式中颁布的,例如在查拉中。

查拉的实践活动在农民生活中无处不在。拉巴尔写道,艾马拉人无论何时做了什么重要的事情,在此之前总是会有一个被称为查拉或廷卡(*tinka*)的赎罪祭祀或献祭。按字面上来看,"喷洒"通常包括向地面喷洒几滴酒,也许还会添加一些古柯和其他东西。它可以单独献给大地母亲,也可以献给山峰的祖先灵魂,或者两者兼而有之。通常来说,查拉是在捕鱼、打猎、盖房子、旅行或购买之前进行的(1948:172)。

帕雷德斯把农民的进行描述为一杯酒达成的交易。在他看来,在交换一些重要物品时,如房子或牲畜,仪式首先感谢大地母亲,其次感谢交易的人类参与者。新主人邀请授予者或出售者、朋友和亲属喝酒。但在招待之前,一部分被洒在地上,以寻求大地母亲的善意,以示交易成功。没有这种216 "在盛况和热情的影响下的仪式,他们认为交换既不会持续也不会快乐,大地母亲不会对新主人表现出仁慈"(1920:118)。

在本世纪初艾马拉地区的考古工作中,涉及了当地劳动力的使用,班德利尔遇到了一些查拉的生动例子,他总结说,"这里的想法是给大地一个报酬或补偿它的好处"。没有它,任何工作都不可能成功(1910:96)。

班德利尔说,没有查拉,房屋建设就无法开始。考古学家对此一无所知,于是开始指示从当地请来的印第安人开始建造,但是他被一个主要的巫师打断了,他坚持认为必须用廷卡或查拉来防止灾难。人们为地基的角落准备了特殊的包裹,每个包裹包含羊驼的胎儿、猪的胎儿、一块羊驼脂、一种在该地区无法获得的植物和古柯叶。当所有的工人都聚集在现场时,主要的建筑商放置了一块特殊的布,每个工人在上面放了三片古柯叶,而建筑商做如下祈祷："孩子们,全心全意地,把古柯放进你们的嘴里。我们必须奉献给圣女大地,但不是两颗心,而是一颗心。"然后他们开始工作,下午又聚在一起,将这些捆扎在地基的角落里,负责建造的人说:"孩子们,我们要请求上帝(Dius-at)、阿查奇拉(山神)和祖母不要让邪恶降临到我们身上。"然后,当包裹被埋后,他继续说:"你们所有人一起拿走古柯,把古柯扔在地上,给它们应得的。"

在任何考古发掘之前,必须进行类似的仪式。这些开始于一个萨满给阿查奇拉的通知,一个查拉即将发生。初步的通知要求萨满获得最适合安抚的地点,这通常是梦的结果,并在那个地点的地面上放置两捆东西。捆的东西与上面描述的几乎相同,在把它们放在地上之前,萨满说:"下午好,阿查奇拉们:Kasapata 阿查奇拉,Llak'aylli 阿查奇拉,Chincana 阿查奇拉,Calvaiio 阿查奇拉,Santa Maria 阿查奇拉,Ciriapata 阿查奇拉。我们已经向你们所有人问好了,有一个白人陌生人让我来问候你们;为了他,我来了,因为他不能和你说话。请原谅,我要请你帮个忙。"晚上,在几个男人的陪伴下,举行了同样的仪式,但规模更大,有 22 捆东西,使用白兰地和葡萄酒。萨满重复了下午使用的形式,向五位阿查奇拉洒了葡萄酒和白兰地,说:"你的所有礼物我现在都带来了,你们必须全心全意地对待我。"这时,他开始一个接一个地数出 20 捆,把每捆都指定为一担(quintal,担是西班牙的一种 50 公斤的度量单位,但是,正如在这个地区所使用的,它也被认为意味着一个不确定但非常大的数量——这是一个重要的事实,因为对这些人来说,阿查奇拉意味着回报他们的巨大恩惠)。然后,这 20 捆被放在火上,火开始噼啪作响。人们跑着说,"阿查奇拉在吃东西"。当火熄灭后,他们回来,盖上盖子,然后把剩下最大的两捆带到另一个地方,萨满在那里挖了一个洞,宣布:"现在邀请圣女大地。这是你的宝藏。"然后他把它们放进洞里,继续说,"印加人的东西你必须拿出来。现在,如果你允许,我们将离开,原谅我"。

第二天下午,在午餐休息时间,另一个巫师出现在工人中间,在他们都吃了一些古柯后,他朝五位阿查奇拉的方向洒了酒和白兰地,说:"阿查奇拉不要让我受太多的苦,我们是领工资工作的人;你必须归还他付给我们的钱;为此,你受到了召唤和邀请"——这是对工资-劳动条件下可互惠概念持续存在的最显著的证明(Bandelier,1910:95-99)。

努内斯·德·普拉多描述了在库斯科附近的奎罗社区里羊驼繁殖的类似仪式。他理解这些仪式在那个社区的社会生活中是最重要的,因为(像矿工和矿石一样)人们不是他们所占有土地的所有者;因此,他们的动物,而不是大地,是维持社区和家庭团结的中心。大家庭成员在晚上聚集在一起,召唤该地区的主要山神埃尔·罗阿尔以及较小的山神。一块特殊的布放在中间,中间放着一个宽的容器。在那个容器里放着一个石雕像,它代表了渴求生育的动物类型。古柯在布上,广口瓶里装满了吉开酒(玉米酒)。然后,他们向山神祈祷,邀请他们接受祭品,并伴有祈祷:"让羊群生长且繁殖。"然后,聚集的人们喝下容器里的吉开酒,剩下的倒在被集中在畜栏里的动物身上。接下来是动物的打烙印庆典,动物身上装饰着彩色的羊毛飘带(1968:252)。

在种植土豆之前,他们向帕查玛玛祈祷。他们在地上挖了一个洞,里面放了一些种子和精选的古柯叶,然后他们说:"帕查玛玛,我把这些种子放在你的心里,这样你就可以把它们盖住,如此你就可以让它们大量繁殖和生产。"(同上:252-254)布埃施勒一家见证了的的喀喀湖畔艾马拉人的马铃薯播种仪式。在长笛演奏者的带领下,印第安人向大地母亲和几个用带泥土的布包裹着的土豆敬酒。如果打开布时,泥土粘在土豆上,那么未来的收成会很好。在它们被植入古柯叶和羊脂然后人们咀嚼古柯和喝烈酒之后,这些土豆是第一个被种植的。一两个月后,头人让社区除草。各家各户争先恐后地完成他们的犁沟,有时会回来帮助较慢的家庭。然后开始下一轮犁沟。这些家庭在收割庄稼、烘干庄稼、清理灌溉渠等方面表现出了同样的合作精神和工作精神(1971:11)。

史蒂文·韦伯斯特(Steven Webster)也描述过奎罗的羊驼仪式。仪式的结构包括人、羊驼、山神和大地。这种仪式每年都举行,动物患病时也是如此。正如他所表达的那样,目标是在一个三位一体的组成部分——家庭、畜群和影响双方福祉的具有非凡力量的万神殿——之间重建和谐关系。在仪式的各个阶段,查拉是频繁的和必不可少的。和上面描述的其他生育仪式一样,虽然山神经常被召唤,但是他们从来没有像在矿井里那样被拟人化或者用雕像来表现(1972:190)。

帕查玛玛在这种羊驼仪式中的协同作用在霍斯特·纳西提格尔(Horst Nachtigall)的描述中再次显现出来,其中大地母亲占据着重要的位置。在这些场合大量燃烧的伊兰塔(*irantas*)或香烛,被认为是为了纪念帕查玛玛或圣山。虽然纳西提格尔并不完全清楚,但他观察到的生育仪式似乎包括埋葬一个羊驼胎儿作为给帕查玛玛的祭品。埋葬一只献祭羊驼的骨骼是为了确保另一只羊驼通过帕查玛玛的力量重生(1966:194-195)。

在秘鲁阿亚库乔省的里奥潘帕斯(Rio Pampas)地区,牲畜烙印仪式再次说明了当地山神(这里称为瓦马尼)在维持牛群中的重要性。山神被认为 219 是动物的守护者,在每年的烙印仪式的复杂步骤中,它不断得到安抚。如果做得不对,人们会很担心它会大发雷霆。除了山神饮酒,酒也是参与者喝的,还有对神灵、人类参与者和动物使用的兰普(*llampu*)。这种兰普被描述为一种神圣的物质,由黏土和谷物在一种特殊的仪式中混合而成。它主要用于"缓和或平息因扰乱与山神关系的和谐而产生的逆境"(Quispe M.,1968:39;参见 Tschopik,1968:297-299,382)。

巴斯蒂安对玻利维亚北部卡塔的仪式的描述补充并超越了上述所有内容,因为他和他的妻子能够看到不同仪式发生的整体形式,以及相反的,任何特定仪式作为表达整体的时刻的方式。阿伊鲁的土地是卡塔山。这座山被认为是一个有生命的人体,它与人体同构,并与居住在山上的社会亚群体形成的模式同构。太阳的周期和人类的生命周期是互补的,两个周期都以山为中心。黎明时分,太阳爬上了山。它的大小和力量不断增长,在祖先居住的山顶上达到顶峰。然后它下降到山里,缩小到橘子大小。人类起源于峰顶附近,然后沿着山坡走下来死去,并被埋在山里。然后他们像微型人一样向上游,回到顶峰,在那里循环又开始了。出生仪式确立了这座山对人的所有权。

这座山的不同生态区有利于不同类型的农业和畜牧业生产。居住在不同生态区的子群体相互交换他们不同的产品。根据异族通婚和父系氏族的规则,女人横跨山的三层区域结婚。

生产仪式戏剧化地表现了这些融合和交换模式的意义。新大陆的破土仪式就是一个很好的例子。这个仪式由两个脉冲运动组成,离心运动和向心运动。祭祀者从山的中心出发,将血液和脂肪运送到周围的土地神庙、高地和低地。然后外围的人带着礼物来到中心,给那里的山神庙供奉食物,并献祭一头骆驼。他们从低地带来百合、玫瑰、康乃馨和玉米酒;从中间地带传来金鱼草、毛茛和其他花;而从高地来的只有骆驼和生长在那里的植物。准备好一盘盘的贝壳,供奉给季节和庄稼的神灵主人、阿伊鲁的主人和田地神殿。祭祀者在每一个贝壳上放置古柯、羊驼脂、康乃馨、薰香和血液。在准备这些的时候,一男一女伴随着笛子和鼓的演奏,把大地划分为几条沟壑。豚鼠被解剖来预测庄稼的未来,它们的血被洒在地上。参与者围着被捆绑的骆驼站成一圈,拿着贝壳盘子,把它举到太阳诞生的神殿前,然后绕着骆驼旋转,面对山中不同的主要神殿,邀请它们吃东西。田地神殿的入口处点燃了一堆火,参与者被四人一组地引向它,而精通礼仪的人说道,"阿伊鲁,只有阿伊鲁,只要你组成一个阿伊鲁,就可以供养这个神殿"。他们把他们的仪式食物放入火中,说:"请享用,田地盛典。看在我们的心血和汗水接受这一切,请享用。"骆驼被他含泪的随从按住,亲吻,告别了他的高原之旅。人们向神殿、农年、庄稼和阿伊鲁的神灵祈祷,请他们吃骆驼,喝骆驼的血。人们拥抱并亲吻骆驼。其他人喝着酒,向它洒酒。骆驼的脖子被切开了。当心脏还在跳动时,就立即将它移除,它的血液向四面八方洒在地上。人们呼喊:"献祭的骆驼的主人,阿伊鲁的主人,农年和庄稼的主人,从骆驼那里接受这血。给我们一个丰收,给我们好运。大地母亲,喝下这血。"巴斯蒂安写道,阿伊鲁最尊贵的动物之血"流向阿伊鲁身体的各个部位,使其底层充满活力,产生更多的生命"(1978:74 - 76)。

　　所有这些仪式都表达了隐藏在山神中的全部意义。他们的中心主题是给山供奉食物,这样山就会给人们食物。交换唤醒有机生命,重构了形式,恢复了力量的回路。控制来自经验,而经验来自交流。

　　厄运表明了山体的解体,而厄运的仪式旨在重组解体。在这个背景下,交流是在身体被不幸撕裂后重建身体的工具。与其他仪式不同,卡塔的厄运仪式只能发生在周二或周五——也就仅有的几天。玻利维亚矿工向恶魔表演他们的仪式,恶魔是矿藏的主人、财富的源泉和厄运的创造者。

当被问及植物的魔力，特别是迷幻剂时，一位于20世纪60年代在秘鲁北部接受道格拉斯·沙龙(Douglas Sharon)采访的民间治疗师(*curandero*)解释说，治疗师把他个人的精神力量强加给植物，从而激发它们内在的治愈潜力。这种分享和交流的观念是非常重要的。用他的话来说，治疗师给了植物这种神奇的力量：

> 我们可以说，这种神奇的力量成为植物所拥有的力量，因为它植根于大地并分享了地球的磁力。因为人类是地球的一部分，拥有智慧的力量……他在植物上释放出这种潜力。植物接受这种影响，并把它归还给人类……换句话说，所有植物的精神都是……受到人类的影响——智力、精神和人性——的强化。他是形成植物神奇潜力的人。因为它们是在一个与世隔绝的地方，一个没有被陌生人接触过的地方，一个没有被外来因素接触过的地方，植物和水一起凭借它们的二重性产生了神奇的力量。(1972:123)

地球的"磁力"遍及植物和人类世界，植物和人类在辩证的交流中相互激发。这种神奇的能量与治疗师描述的"看见"的意识密不可分——这也必须是人们祖先的灵魂和山神的统一。他描述的超然和心灵感应的感觉，带着人们穿越时间和物质。人们可以清楚地看到非常遥远的事物；一个人可以看到过去、现在或不久的将来；他说，一个人从意识中"跳"出来，潜意识"像花一样开放"。它本身就能说明问题。非常实用的方式……这是秘鲁古人所知的"(同上:131)。事实上，山的隐喻将人们与他们的起源和不断的轮回联系在一起，这一点没有被忘记。"我呼唤着某些圣徒、山丘、古老的神庙；然后我消失了。我的人格有所展现……我的人格已经去了其他地方……在某些时候的活动中，我一直在寻找某种力量，例如一座古老的神庙或一座小山，当我吹口哨和唱歌时，账户突然被激活了，我感觉自己进入了打开所有通道和迷宫的小山。突然我又回来了。我已经看到了，并用我全部的精神去想象了。"(同上)

在这种交流中存在着一种启示：一个"账户"被激活。在我们称之为互惠的交换中,如果不是迫切的需要,似乎也有一种愿望,那就是将交换本身作为目的,而随之而来的启发,即被激活的账户,是将差异混合起来形成一个整体。但是在另一种形式的交换中,一种不同类型的账户被激活;在这里,交换本身不是目的,而是收益或损失的工具。这些是资本主义市场达至完美的交换,在资本主义市场中,社会结构对个人来说仅仅是实现个人抱负的一种手段。当印第安人进入矿井时,他们会遇到这种交换系统。他们与魔鬼的对抗证明了这两种交换制度的对抗,并说明了政府的镇压迄今为止阻止了他们与社会本身的和解。

第十四章 采矿魔法：商品拜物教的中介

让我们简要回顾一下农民生产魔法和采矿魔法之间的鲜明对比。农民拥有他们的生产资料，矿工则没有。农民控制工作的组织；矿工们在工作控制和工资水平上不断与管理者发生冲突。农民把以生存为目的的生产和一些产品的销售结合起来；矿工完全依赖劳动力市场：劳动力的买卖。与生产和生产资料相关的农民仪式是对山神的祭祀交换。这些交换确保土地使用权并确保其丰产；此外，这些仪式维持着农民社会组织、其具体模式、团结和意义。据说在阿亚库乔，山神将这些祭品转化为金银贡品，并将其运送给海岸上的国家政府。农民和山神之间的交流是必不可少的。然而，这些神灵既不像矿井的神灵那样具有破坏性，也不像矿井的神灵那样邪恶；祭祀上安抚也不必如此狂热地进行：农民们在矿工们定期开展工作的日子里安抚这些神灵，只是为了克服厄运。像厄运祭祀一样，矿工的祭祀与生产密切相关。

据说，矿井附近的骆驼牧人看到哈胡里（矿产的恶魔所有者）在夜间用骆驼和羊驼车队运送矿石进入矿井。矿石被堆放在那里，后来被矿工发现，然后他们挖掘矿石并与老板交换工资（Nach，1972）。每天晚上，蒂奥都以这种方式孜孜不倦地工作，积累大量的矿物，这样矿工就不会耗尽矿井的财富（Costas Arguedas，1961，2：38－41，303－304）。这是上述交换环路的显著转化。在那些地方，农民给山神主人礼物，山神主人将礼物转化为贵金属，并把它们交给政府，以换取对农民及其资源的封建控制。这条环路确保生育和繁荣；它基于互惠礼物交换的思想。

然而，在矿井中，矿工站在自然的神灵主人和矿井的合法所有者之间，在 20 世纪 50 年代初以前，矿井是私人资本主义企业，现在则是国有的。事实上，安第斯地区的交流链条是这样的：农民与神灵主人交换礼物；神灵主人将这些礼物转化成贵重的金属；矿工挖掘出这些金属，只要与神灵进行礼物交换的仪式，他们就会"找到"；体现在锡矿中的矿工劳动作为商品出售给合法所有者和雇主；他们最后在国际商品市场上出售矿石。因此，互惠的礼物交换以商品交换告终；站在恶魔和国家之间，矿工们调解了这种转变。这个环路确保了贫瘠和死亡，而不是丰产和繁荣。它建立在互惠转化为商品交换的基础上。

矿井的神灵主人可能是怪异的男性化的，有时被雕刻成巨大的阴茎。他既贪婪又贪心。然而，矿工们面临着失去男子气概和因神灵愤怒而死亡的风险，这似乎是无法平息的。保持或省下工资是不可能的，正如合法所有者不可能不积累资本一样。关于谁拥有矿山，恶魔还是合法所有者，存在着根本性的争议，但在重要的方面，他们是彼此的代表。

矿工们可能会把他们的压迫状况看得很重，以至于他们把自己的敌意发泄在恶魔雕像上，这些雕像如此形象地体现了他们的绝望。一些矿工甚至可能试图摧毁它。纳什引用了一个新手矿工的生活，他异常努力地工作了七个月，却失去了所有的积蓄。他变得疲倦不堪和心灰意冷，开始经常摔倒，并说他厌倦了生活，不能像以前那样工作了。在一次工间休息时，他突然撕毁一尊恶魔的雕像，把它的头撞在一块岩石上。他的同事被吓坏了。他们告诉他，他可能会死，他回答说，"不，不，我现在不会死。这些都是幻觉。我不相信这些事情。这不会发生在我身上。我已经毁坏掉蒂奥很多次了，什么都没发生"。那天下午，他死于一起升降机事故（1972：227 - 228）。

在卡塔的农民社区，血是土地所有权的象征。农业仪式的一个重要部分是用鲜血浇灌土地，这是用生命的原则为土地注入活力，同时也是与土地亲缘关系的象征。特里姆博恩写道，前西班牙时代的神提供了大地的果实，但并不是没有积极的安抚，这种安抚通常采取献祭的形式。在希望丰产的地方，最受欢迎的祭品是血（1969：126）。一名玻利维亚矿工告诉纳什，曾有三人死在圣何塞矿井时发生的事情："这些人相信蒂奥（矿井的神灵）渴求鲜血。一个代表团要求政府给他们空出时间来做一个查拉，他们筹集了一些钱，购买了三只骆驼。萨满被雇来主持仪式。所有的矿工都向蒂奥献血，说：'拿着这个吧！不要吃我的血。'"（1972：229 - 230）最终的牺牲是矿工自己。否认互惠就是承认被众神吞噬的幽灵，然而，考虑到他们所处交换结构的位置，矿工们又能做些什么呢？他们如何能够成功地调解互惠向商品交换的转变？商品交换的账簿只由一方即合法所有人来平衡，并且是以血和资本来书写的。

尽管最终的牺牲是矿工自己，但矿山的神灵主人是矿工挖掘出的商品：它就是锡。在农民的这种情境中，神灵主人不是被雕塑出来的，它们与所需的丰产的产品截然不同。这些产品，比如奎罗的骆驼，可能是用小石像来代表的，但是这些石像很小，并不可怕。在矿山里，神灵主人同时是产品和被崇拜者，通常比人类还大，他被雕刻立于矿山的泥土之上，用锡矿块做眼睛，用水晶或玻璃做牙齿，还有一个张开的嘴巴。农民社区的山神充满活力；它们看起来像骑在马背上的骑士，或者像秃鹰，或者像石头上闪过的闪电，等等。它们出现又消失。在矿井里，神灵主人不仅是人格化的，而且实际上也是雕塑化的，一动不动地嵌入在泥岩中。它被埋葬在矿井里，尽管外表栩栩如生，却散发着死亡的气息。它被以人形的外表来表现，当它以商品的身份出现时，它的现实预示着所有现实的终结。

商品交换和礼物交换不能轻易地被调解，因为它们是完全对立的。市场，而不是祭祀，调解着矿工用锡矿换取工资；这种交换的节奏不是长笛和鼓的节奏，而是世界商品市场上争夺利润的波动。在礼物交换中，赠与者仍体现在已转让的商品中，交换不是为了盈利。但是一旦拿到工资，矿工必须依法放弃对矿石的所有控制权和所有权。可转让性和可获利性占了上风，商品是超越的，摆脱了使用价值经济中商品与人、仪式和宇宙观绑在一起的束缚。作为一个被解放的物，商品凌驾于它的主体之上，进而发展出它自己的仪式和宇宙观。

然而，矿工的仪式中有足够多的模糊性，表明他们的文化远未完全被商品生产的动力所塑造。印第安人虽已进入矿场，但他们仍然是作为资本主义框架内的外来主体。资本主义霸权是不完整的，生产的连续性需要暴力和强制。工人阶级尚未获得将资本主义视为不言自明的自然法则的传统或教育。正如卢卡奇指出的那样，商品已经成为普遍结构原则的情况与商品仅仅作为许多调节人类社会新陈代谢的形式之一而存在的情况之间存在着巨大的差异。他指出，这种差异对商品类别本身的性质和有效性产生了影响：作为普遍原则的商品与作为特定的、孤立的、非主导现象的商品有不同的表现形式(1971:85)。尽管商品的兴起意味着印第安结构性原则的分解，但至少在矿业中，它还没有实现与自身的奇特对立。此外，矿工们还远远没有将自己的状态定位为一种自然状态：相反，他们认为这完全是不正常的。矿工胡安·罗哈斯说："每一个进入矿井的入口都像一个坟墓。每一次离开矿井呼吸到新鲜空气就像一次重生。"(Rojas and Nach, 1976:110)所有适合于工作场所以外的生活的所有神圣交流的姿态，在工作场所内都是禁忌；在那里，邪恶和巫术的象征占据了主导地位。

227　　恶魔也是蒂奥，也是伯父，正如帕雷德斯和其他人所说的那样，哈胡里或苏帕伊既是一个令人恐惧的人物，也是一个令人感到亲切的人物。大地母亲仍然站在矿工一边；她与他们一起斗争，在辩证二元论的旧形而上学体系中保存新的生命。矿工对恶魔的恐惧，以及他所占据的象征性语境，都表明对人类和自然一体化的信念的坚持。为了保持繁殖力，任何单一的元素都不能以牺牲其他元素为代价，将整体转化为一种手段而不是自身来获利。许多矿工，包括政治激进分子，坚持认为矿井中的仪式必须继续；它们是发展批判意识和社会主义改造的论坛(Nach, 1971:231 - 232)。

随着征服的进行，印第安文化吸收但也改变了基督教神话。邪恶神灵的形象和救赎的神话被重新塑造，并诗意地表达被压迫者的需要。基督教的象征开始调解对立文明之间的冲突，以及理解现实之间不同的冲突方式。随着资本主义生产的发展，就像今天的矿山一样，有争议的领域已经扩大到包括资本主义世界观所提倡的工作和事物的意义，特别是它对商品的拜物教和对人的生命力的贬低。

在这种神话结构的基础上，矿工们发展出了自己的生产仪式。这些仪式重塑了商品生产的象征意义，从而产生了独特的诗学智慧和政治洞察力。它们证明了一种创造性地抵制资本主义强加的物化的意识，正如矿工工会和 20 世纪的政治历史为他们的社会主义斗争提供了充分的证据一样。

矿工的仪式承载着传统的遗产：一种预先确立的看待世界的方式，它构建了新的经验。这些新的经验改变了传统；然而，即便如此，这种转变从历史的角度记录了当下的意义。因此，矿工的仪式是神话历史的浓缩表达，由超越历史的张力构成。列维-斯特劳斯质疑道，"它唤起一个被压抑的过去，并将其像网络一样应用于当下，以期发现一种意义，在这种意义中，人所面对的自己拥有的现实的两个方面——历史的和结构的——是一致的，这难道不是神话的特征吗？"(1967b:7)

矿井中的查拉不仅仅是农民生产仪式的遗留物。尽管矿工们把锡矿看作是对农民生育、生产和交换原则的回应，但事实上，锡矿位于一套截然不同的社会关系和社会意义中。因此矿工的查拉不能反映发生在农民社区的互惠交换原则。尽管如此，矿工的查拉代表了互惠的伦理要求，而商品交换的意识形态却否认了这一点。所表达的意识表明了这种否认所带来的紧张——以及颠覆征服历史的需要。大地母亲和恶魔的对立形象，以及查拉从农民到无产阶级生产的转变，是开启这种辩证法的关键，只有当真正的互惠实践允许人类像控制其想象力的产品一样控制其劳动产品时，这种紧张的矛盾才能得到解决。

在矿山中，商品的神化在矿山神灵主人的拜物教中导致了恶魔的神化。在对资本主义发展的回应下，本土的图像学和仪式将市场交换的人类意义描绘成礼物交换的邪恶扭曲，而不是不言自明的自然法则——这证明了阿格达斯对帝国主义文化的应答，即人类真正拥有灵魂，几乎是无需商榷的。

结　　论

229　　将民间魔法中反映的社会经验解释为随着一个群体对其生产方式失去控制而发生的变化，这是我已经着手做的冒险工作。这也是一项必要的工作；无论我们多么辛苦地绘制历史大事、人口统计、贸易网络和物质基础设施的清晰可见的年表，我们都会对历史给社会和未来带来的重大教训视而不见，除非我们既纳入对权力的想象，也纳入集体想象的力量。

正如人们创造历史一样，它也是在一种历史形成的想象中创造的，这种想象赋予缄默事物以人类意义。尤其是马克思主义者，不能忘记《资本论》关键的副标题——政治经济学批判。有了这个聚焦中心，马克思的著作战略性地反对资本主义创造的客观主义范畴和文化上对物化世界的单纯的自我接受，在这个世界里，经济的产品被称为商品，事实上，对象本身不仅表现为物本身，而且表现为形成它们的交互人类关系的决定因素。这样一来，商品劳动时间和价值本身不仅成为历史上的相对范畴，而且成为现实的社会结构（和诡计）。对政治经济学的批判要求对现实进行解构，并对这种诡计进行批判。

本书所讨论的信仰和仪式促进了一种批判性解构的任务，这就是质疑商品的物化及其拜物教，因为它们揭露了被商品文化的神秘主义所掩盖的230　人类现实的一些至关重要的东西。但是，对这个秩序的洞察仅仅是一个开始；作为历史发展的一个阶段，它会很快被商品生产的强化所吞噬，唯心主义不能仅靠理想来对抗，尽管没有理想就没有希望。此外，由于对人类关系和社会的非拜物教模式的理解对于人类解放是必要的，因此，前商品主义和商品拜物教都应受到谴责。

在想象的艺术和政治的艺术之间介入了广泛的实践，特别是政治组织，而集体想象与适当的社会环境相结合而产生解放实践的情况是罕见的。然而，只有在这种契合点上，集体心态中的多重模糊才能获得社会方面的创造性和清晰的表达,而压制的力量是警惕性的,几乎总是过于强大。在这种契合点出现之前,民间魔法文化中蕴含的政治同时在几个方面发挥作用。

如果神灵世界的幻象保持团结,并支持被压迫者之间平等的理想,那么它们也会制造分裂或后果严重的因循守旧。弗朗茨·法农(Frantz Fanon)写道:

> 神话和魔法的气氛让我害怕,因此呈现出一个不容置疑的现实性。通过恐吓我,它把我融入我所在地区或部落的传统和历史中,同时它又使我放心,它给了我一个身份,就像它是一张身份证一样。在欠发达国家,神秘领域是属于完全处于魔法管辖之下的共同体的一个领域。通过将自己缠绕在这个不可分割的网络中——在这个网络中行动以水晶般清晰的必然性重复,我找到了属于我的永恒世界,以及由此确定的属于我们的世界的永恒性。相信我,僵尸比殖民者更可怕。(1967:43)

然而,这无疑被夸大了——盲目信仰原始的盲目信仰。诚然,神话和魔法的气氛呈现出一种现实,但这是什么样的现实呢? 这与其说是一个真实的现实,不如说是一个可能的、假设的现实。这是一个信念和怀疑容易共存的现实。仪式认可这个设想的现实的真实性;但是除了仪式之外,其他的现实也介入其中,心灵在精神和世俗的解释之间并没有发现张力。

神和神魂无时无刻是矛盾的,而恶魔是矛盾的主要象征。与其说它决定了具体的行动,不如说提供了人们用来创造解释的影子和模式。正如我们所看到的那样,这些创造绝不意味着与现状相符。此外,在殖民状态下,僵尸或灵魂会改变以便反映新的情况,而不是前殖民时期的神灵世界。它们像包含信徒的社会关系网络一样充满活力和不断变化,它们的意义调节着这些变化。考卡种植园和玻利维亚矿场中的恶魔都来自前殖民地时期的西非和安第斯的土著信仰体系,这些体系对征服、基督教和资本主义发展作出了回应。这个恶魔并不十分可怕。他并不比殖民者更可怕。

被压迫者的宗教可以缓和这种压迫并使人们适应它,但它也可以提供对这种压迫的抵抗。在试图理解这些对立倾向的共存时,我们必须再次回到前资本主义时期拜物教的社会意义上来,尽管它有各种各样的幻想,但并没有把经济关系伪装成物之间的关系,它们的根源隐藏在人类的互惠之中。法农指出,殖民主义语境的独创性"在于经济现实、不平等和生活方式的巨大差异永远不会掩盖人类现实"(1967:30)。在政治斗争和武装斗争中,把幻觉的现实和物质的现实混为一谈,无异于在招致灾难。但是前者照亮了后者,为斗争的过程提供了声音和方向。"当地人发现了现实,并将其转化为他的习俗模式、暴力行为和他的自由计划。"(同上,45)考卡山谷南部的种植园工人不再认为他们的老板相信巫术,而周围山区庄园的农奴和农民正确地认识到他们的主人在这个问题上的轻信。种植园工人学会了用现代术语而不是巫术来进行阶级斗争,但他们是在一个愿景中这样做的,这个愿景是由使用价值和交换价值取向之间的冲突所产生的梦幻般的创造所启发的。玻利维亚矿工对恶魔形象的祭祀显示了同样的冲突,这些矿工站在阶级斗争的最前线。他们的魔法仪式刺激了这个愿景,并维持了这场斗争所依赖的士气。"山中的这种传统必须继续下去",一位工会领导人说,"因为

232 没有比查拉的那一刻更亲密、更真诚或更美丽的交流了,这是工人们一起咀嚼古柯并献祭给蒂奥的时刻。"(Nach,1972:231 - 232)在这种交流中,无论是作为强烈的交互体验,还是对不公正和实际政治状况的尖锐陈述,批判意识都获得了它的形式和活力。"在那里,他们表达了他们所面临的所有问题的声音,并且诞生的新一代人如此具有革命性,以至于工人们开始考虑进行结构性变革。这就是他们的大学。"(同上)

魔法和仪式以无数不可能的方式可以强化一种批判意识,这种批判意识是对现实迫使劳动者在种植园和矿山劳动的毁灭性敌对。没有文化的遗产,没有修辞的形象、意象、寓言、隐喻和其他富有想象力的创造,这种意识就无法发挥作用。然而,它可以意识到自己的创造力,而不是把这种能力归因于它的产品。社会进步和批判性思维都与这一辩证的解构任务紧密相连。为此,劳动发挥自己的作用:像控制它的物质一样控制它的诗学产品,而不是被它的产品所控制。在这场斗争中动摇就是迷恋于一种明显虚假的意识的拜物教,这种意识的物质标志支撑着一种不可理解和神秘的现

实——一种空虚、缺乏人性和生活的从事日常生计的人。矿工和种植园工人关于生产意义的信仰和仪式无视这一现实,用人类的关切填补这一空虚,在这方面,他们激发了我们时代一些最强大的阶级斗争和诗人。巴勃罗·聂鲁达(Pablo Neruda)在几乎是他最后的遗书中写道:

> 特别是对我们这些生活在极其遥远的美洲地区的作家而言,我们不断倾听用血肉之躯填补这一巨大空虚的呼声。我们意识到自己作为充实者(fulfiller)的责任——与此同时,我们面临着在一个空虚但同样充满不公正、惩罚和痛苦的世界中进行批判性沟通的不可避免的任务——我们也感到有责任重新觉醒沉睡中的旧梦,它沉睡在被毁坏的古代遗迹中,沉睡在地球平坦寂静的平原上,沉睡在茂密的原始森林中,沉睡在雷鸣般咆哮的河流中。我们必须用文字填满一个无言大陆上最遥远的地方,我们被这个制造寓言和命名的任务陶醉了。这也许 233 是我个人卑微情况下的决定性因素,如果是这样的话,我的夸夸其谈,或者我的充裕多产,或者我的华丽辞藻,都将是一个美洲人日常工作中最简单的事件。(1974:27 - 28)

太阳给予而不求回报：
对恶魔故事的重新解读①

20 世纪 50 年代,我还是个孩子,经常看着母亲用珠宝商的手艺缝制食物的包裹,从阳光明媚的澳大利亚寄送给留在饱受战争摧残的维也纳的她的母亲,在我的记忆里,包裹里总是装着几磅黄油,我对她把吐司铺得这么厚感到惊讶,更不用说她乐呵呵地承认这种不健康的过量了,直到 1970 年,我在哥伦比亚西部一个炎热的甘蔗种植园小镇定居下来,这个镇没有饮用水或足够多的污水,我才意识到黄油可能是一种特权的象征,金黄色和奶油色悬浮在固体和液体之间,它依赖于冷藏,还取决于优良的奶牛、乳品工业和良好合宜的气候。

然后我听说了恶魔契约。

和恶魔签订了契约后,他赚了更多的钱,但只能花在奢侈品上;黄油、太阳镜、花哨的衬衫、酒……如果你买或租一个农场,这些树就会停止生长。如果你买一头猪来养肥,它就会变瘦并死去。塞卡尔(secar)是他们用的词。变干,变干,像一棵因缺水而干枯的绿树,在无情的阳光下干枯。同样的词也适用于牲畜,猪变得越来越瘦,直到变得皮包骨。塞卡尔。干涸。过多的阳光。

为什么恶魔契约只能购买和消费奢侈品? 黄油、太阳镜、花哨的衬衫、酒……我想,这是一个奇怪的清单,把黄油放置一旁,一个新的迹象危险地向我暗示了新的第三世界存在的不同,以及这种存在与另一个穿越时间和记忆的运动的关联方式,一段我的父母从未提及的逃离欧洲的历史。仿佛它从未发生过,欧洲也从未存在过一样。普鲁斯特(Proust)写道:"我们自己的过去亦是如此。""试图重拾过去是徒劳的:我们理智上的所有努力都必须证明是徒劳的。过去隐藏在国土之外的某个地方,隐藏在理智无法触及的地方，隐藏在我们并不怀疑的某个物质对象中（在那个物质对象将给我们的感觉中）。至于那个物质对象，那要看我们在死之前能否偶然碰到它。"

但是，一个人是否在正确的时间遇到正确的对象，是否仅仅出于偶然的机会？瓦尔特·本雅明认为，不是这样的，这是错误的说法。时代反对这种事情发生。历史本身已经发生了转变，人们越来越无法通过经验来汲取世界的数据。记忆能力受到了围攻，因为在一个被炮弹击中的世界里，我们的经验能力不得不萎缩。本雅明认为，普鲁斯特八卷本作品的艰巨性证明了以讲故事者的形象将经验还原为现代性所付出的努力；即便如此，这也是一次独特的胜利。至于普鲁斯特所谓的"非自主记忆"（involuntary memory）的主张，它是由一个对象触发的，也许是偏好于一个美食的对象，如果不是过量的话，那么这个对象的触发能力也是历史对人类经验和记忆能力的影响的产物。在过去，会和现在有什么不同吗？会非常不同吗？本雅明当然这么认为：

> 在有严格意义上的经验的地方，个人过去的某些内容与集体过去的材料结合在一起。仪式和他们的仪式，他们的节日（很可能在普鲁斯特的作品中没有被回忆起来），一次又一次地不断产生这两种记忆元素的融合。它们在特定的时间触发了记忆，并终生保留着对记忆的操纵。这样，自主的回忆和非自主的回忆就失去了它们的相互排斥性。[②]

这个节日是一个被许可越界的时刻，包括过度的消费和过度的给予，挥霍和放纵。因此，如果我们要赋予这种仪式以酒神精神（Dionysian）元素，包括它的重复和更新，它的制造信仰、神性、祭祀、交换、赐予、暴力和快乐，如果这种节日的越界行为在融合记忆的非自主的和自主的这两种元素中有决定性的作用，那么我们该如何看待和恶魔有关的仪式呢？在同等程度上，它创造了慷慨，要求奢侈消费，并引发死亡和贫瘠——一个我们可以定位在现代性门槛上的契约，当本雅明想在这个契约中划出一条界线来区分对象引发记忆的能力之时，这是一个越界的契约吗？与恶魔的契约首先是抹去本雅明所说的"严格意义上的经验"的仪式吗？如果是这样的话，那么与恶魔契约的故事本身是否也有一个惊人的记忆功能，或者至少是适用于"严格意义上的经验"的记忆功能？恶魔契约的故事在世界范围内无处不在，更不用说它的戏剧性了，因此，它会不断地重复，不断地诉说着失去的感觉，就像它诉说着获得的欲望一样。不是失去的东西，只是失去本身。

这也将把我们带入巴塔耶对 20 世纪思想的奇特的核心贡献，他将耗费与越界纠缠在一起，创造了一个完全不同的政治经济学、资本主义和共产主义的历史和科学，它不关注生产，而是关注消费，他称之为"非生产性消费：奢侈、战争、邪教、建造华丽的纪念碑、游戏、景观、艺术、反常的性活动……目的在自身之中"。但是首先在我们这个时代，经济已经达到自然状态，并支撑着稀缺的科学和形而上学，在我告诉你更多关于恶魔、伟大的模仿者和他强大的契约之前，我需要告诉你关于他狂热的活动区域。③

太　阳

> 太阳能是生命蓬勃发展的源泉。我们财富的来源和本质都来源于太阳的照耀，它不求回报地施与能量——财富。太阳给予而不求回报。
>
> 乔治·巴塔耶④

确切地说，1970 年，我和一群女性朋友在哥伦比亚西部考卡山谷南端的甘蔗种植园里做饭时，第一次听说了恶魔契约。当时我正在使用伦敦大学的资金研究该地区奴隶制废除的问题，我住在一个约有 11 000 人的以黑人为主的小镇上，这个小镇位于安第斯山两条支脉之间的一个长达 125 英里的山谷的最南端，此处没有下水道和饮用水。当时有三个大型种植园，面积达数千公顷，由三个白人家族迅速发展起来——一个来自西班牙殖民地时代，一个来自 19 世纪末来到哥伦比亚发财的德国领事的后裔，第三个来自俄罗斯犹太血统的新移民。这三个家族发挥了强大的影响力，吞噬了周围农民的许多土地，这些农民是 1851 年解放的非洲奴隶的后代，他们通常在没有所有权的情况下，持有该地区大约四分之一的平坦谷地。因此，出于需要或选择，农民们都在种植园里找到了作为工资工人的工作。大批黑人妇女和男子从偏远的太平洋海岸的森林涌入，他们渴望金钱和冒险，也在甘蔗地里找到了有薪工作。这一切都是新奇的。非常新奇。用一个受欢迎的话来说，该地区听起来有点像得了某种皮肤病，很快就变得无产阶级化了，尽管是以不均衡和无计划的方式，在货币经济中创造了大量异质的阶级形式和重叠的职业领域。这是历史的一个时间尺度，一种谈论历史的方式。⑤

这个山谷几乎位于赤道上，土地极其肥沃平坦，数千年来，湖泊沉积物和火山灰从山上倾泻而下，形成了数英尺厚的黑色表层土，覆盖在史前时期的一个巨大湖泊上，在那个时代，这个湖泊流入今天的考卡河，并流经这个狭窄的山谷。这是历史的另一个时间尺度，体现在今天农业企业赖以生存的肥沃土壤上。

这一定是一段关于战争元素的史前史。炽热的土地耗尽了自己，喷发到下面的平原上，冷水穿过岩石，一滴一滴地流过，历经千年："在运动中产生的水，在花岗岩和斑岩的尽头变得更好"（布莱希特的革命性变化形象，来自道家老子）——两种截然不同的节奏，两部历史相互呼应。本雅明写道："这些联系是记忆的数据——不是历史数据，而是史前数据。让节日变得伟大而有意义的是与早期生活的相遇。"⑥在其他地方，本雅明仔细阅读了他的朋友阿多诺关于前者对辩证形象难以捉摸的概念的笔记："因为在辩证法中，自然不会作为永恒的生命和存在而占据优势。辩证法栖居在形象中，在历史的最后引用了早已消失的神话：自然作为史前史。这就是为什么形象……真的是'大洪水之前的化石'。"⑦我们可能会问，本雅明认为这个节日与什么节奏相对应——是地球爆发式自我毁灭的可怕壮观景象，还是被柔弱的水不知疲倦地侵蚀？

答案令人困惑，非常奇妙，耗费和停止发生的双重节奏，如同本雅明在他的《历史哲学论纲》中所表达的预言，即现代记忆和社会革命的紧张关系将共同行动，打破历史的连续性。然而，这并不能保证通过辩证的形象来表达过去的必要的联系会结合起来。⑧这就是现代文化的特征。"过去只能作为一个形象被抓住，它在被识别的瞬间闪现后就再也看不到了。"⑨

这也是令人敬畏的停滞的节奏，"这是救世主般的停止发生的标志，或者换句话说，是为被压迫的过去而战的革命机会"⑩。因此，如果话语在火山破裂的一边，本雅明在其他地方称之为当下（*Jetzteit*），那么现在充满存

239

在的时间——不是同质的、空的、进化的时间——必须意识到，这种节奏正处于它的暴力之中，这也是一个极度静止的时间，这或许与地球板块的移动和重新定位相适应，不亚于现代记忆的板块在一个没有节日的世界中寻求相应的位置。这是震惊的寂静，暂停在时间之外。这是消极的工作，就像巴塔耶的主权概念，在这个概念中，界限被超越了。

高高在上的太阳，没有它什么也不能生长，太热了，站不下；太强了，看不见。高耸的云层紧贴着山顶越过山谷底部的蓝色和绿色，中午散发着热量，梦游般进入漫长炎热的下午。你很快学会寻找阴凉处。分别有两个持续时间不等的夏季和雨季。植物大量生长。"我将从一个基本事实开始"，巴塔耶在《被诅咒的部分》(*The Accursed Share*)的开篇写道。"在由地球表面能量的活动决定的情况下，生物体通常会获得比维持其生命所需的更多的能量。"① 当一个农民在 20 世纪 70 年代种植玉米时，她或他会拿着一根锋利的棍子和一个装满玉米种子的围裙在土地上笔直地行走，这种情况并不常见，因为人们更喜欢种树。将棍子戳入土壤，扔几颗种子进去，然后动动脚盖住这个洞，通常是不穿鞋的。没有犁，没有化学物质，没有洛克菲勒那样的"改良种子"。如果你愿意，你可以一年收获两种作物：四个月后收获嫩玉米或甜玉米，六个月后收获干玉米。世界上很少有地方能在丰产或在丰产与大多数人的贫困之间的对比上与此相提并论。

在 20 世纪 70 年代，你可以看到成群的树木和散乱的丝带——农民农场的标志，可可树，咖啡树，大叶子的、几乎发光的绿色芭蕉，所有这些都被巨大的红色开花的仙人掌树保护着，以确保遮阴。四周是无边无际的甘蔗种植园，烈日下没有阴影。

至少三分之一的农民农场由妇女拥有和经营。资本投入可以忽略不计，维持和收获树木作物所需的工作也很少，这种作物全年都结出相当稳定的果实，以确保收入源源不断。没有太阳的全部力量，杂草几乎无法生长。下雨时，树木吸收了水分。当太阳落山后，树木慢慢释放水分。森林地面有几英寸深的叶霉，它会慢慢进入土壤施肥。这种农民生态复制了雨林，正因为如此，它与首先从西班牙传入的耕作原则背道而驰，而在我们这个拥有约翰·迪尔和美国对外援助的时代，则是从美国大平原引进的，那里曾经有印第安人和野牛出没。在种植园和那些屈服于斧头和推土机的农民土地上，为了给新的商业作物让路，开始了欧美式的露地农业，但阳光和雨水使杂草生长成为一个主要问题，这需要大量的劳动力，并且从 20 世纪 70 年代中期开始，化学品的安全性就受到质疑。

如果你看看我在一片开阔的田野后面所拍摄的一个传统农场的照片，你可以看到底部的阔叶芭蕉树，中间点缀着一些咖啡和可可树。在它们上面是果树，矮树丛里矗立着一棵烟斗树。

具有讽刺意味的是，新的生产方式所带来的破坏，即砍伐树木以建立露地耕作制（open-field system），这使得这个传统农场展示出的荣耀和宏伟不亚于其复杂性。古老的方式在它们消亡的那一刻暴露出来，伸向天空。这张照片不仅捕捉到了超越农场的横截面。它还保留着一个穿越时空的横截面，一个统治的历史。

随着新型农业的推广，越来越多的农民农场被夷为平地，人们看到一个新的特征：整齐堆放的树干和成堆的木柴。由于树木被砍伐，它们的根不能吸收一年两次大雨的雨水，所以土地被淹没了。树林中绿叶的阴影曾让农场保持凉爽，现在夏日的阳光把光秃秃的土地灼成了灰褐色。

年轻的农民男子（赌徒）恳求他们的母亲（坚忍的保守主义者）从银行借款，砍掉农场，种植新的"绿色革命"作物，这种作物可以快速赚大钱，大豆和

242 其他种类的豆类需要化肥和杀虫剂，还需要钱来雇佣拖拉机和收割机。许多地块上的树木都被砍伐了，但是除了最富有的农民之外，快速获利的计划几乎总是出错。债务增加了。老妇人试图不屈服于儿子的要求。"它给了我很少，但它给了我"，他们会谈到他们境况不佳的情节。

随着种植园喷洒化学物质来杀死虫子和杂草，农民的树木开始死亡。该地区奇迹般地摆脱了影响可可树的最严重的瘟疫，这种疾病被称为丛枝病，但是到了 20 世纪 80 年代，几乎没有一个农民农场没有受到这种疾病的破坏。成熟时，可可豆有光泽，呈紫色，重达数磅。然而，当被丛枝病折磨时，会发生一些骇人的事情。会有更多的豆荚生长出来，只是它们会长成细小、干瘪、纤细的外壳，磨损不堪，看上去近乎疯狂；飞速地成长，扭曲的死亡形态。因此……更多的树被砍伐。

树怎么样了？有些在还未成熟的时候被带到锯木厂，切成细条，用来做箱子，用来装农民在新开垦的土地上种植的西红柿。其他的被当作炉子的木柴卖掉，当农民变成砖瓦制造商时，炉子奇迹般地在各地涌现。西红柿和砖头这两种处理土地严重匮乏的物质选择，都把我们带进了历史的梦魇。第一种选择是使用有毒化学物质，第二种选择是截取（amputation），这个术语将在以后变得清晰。

西红柿是小农户在 1970 年左右喷洒农药种植的第一批作物，现在，在这个国家的大部分地区，如果不是全部的话，所有的作物都要在一场革命中大量使用这种化学物质，这场革命包括了富人和穷人。无辜的（很快就没味道的）西红柿是拉斯顿·普里纳（Ralston Purina）带领农民在这个地区使用化学品的媒介，这种使用对土壤和水的影响也是如此。

现在，当我走在老地方之时，我看到那些被烧成白色的化学药剂进入了土壤，我的喉咙也闻到了这种味道。1992 年，一位专门研究毒素的农学家来到镇上，并在一次公开会议上宣布，土壤已经被污染到了种植其中的作物不能给动物喂食的地步！

同样令人吃惊的是，除草剂在 20 世纪 80 年代如此平静地发生了这场革命。有一天，我们醒悟了，从农业中心到共和国最偏远的角落，农民们已经放弃了用铲子或砍刀人工除草，取而代之的是在土地上撒粉末，说那样便宜得多。例如，即使在普图马约的边境，萨满们沉浸在天然药物和草药中，喷洒百草枯来杀死"杂草"。⑫

　　在照片中，你可以看到锯木厂的年轻人砍伐树木来制作西红柿盒子。操作锯子的人不久前失去了右前臂。但他仍在做这项工作。他用一个闪亮的黑色皮鞘套在残肢上，上面布满锯屑，他把树干引到锯片上，自觉地微笑着。此刻，图像的暴力使这一刻静止了。

　　至于第二个选择，即截取：平均情况下，农场缩小到四分之一英亩或更小的程度，以至于现在只能铤而走险，通过出售好土制造的砖块来赚取最后的金钱。一些人把它卖给从附近因大规模扩张可卡因所资助的城市开卡车

过来的人。目前的通行价格是每卡车六美元。相比之下，每天的工资大约是三美元。"卖给洞"，他们说得比我的翻译所传达的更简洁。

"卖给洞"

还有一些人在农场里搭建自己的制砖炉，然后在旁边挖掘。当然，这需要大量的薪材，并增加了传统农业的砍伐需求。一个四分之一英亩的农场用租来的反铲挖土机挖了一个 7 米深的洞，这将持续大约四年，直到什么都
244 不剩下。农场将会消失，取而代之的是只是一个个的洞。这里的土以它制造的砖块而闻名。它不需要稻草。只需要火山喷出的泥浆作为火山灰在湖面上沉淀下来，压成乳白色的黏土，就像陶土一样。

过不了多少年,除了种植园的甘蔗地之外,可能再也没有土地了,这些甘蔗地位于被化学污染的微型湖泊蜿蜒的水道中,孩子们在这些湖泊中快乐地游泳,激起的水花丝毫不少于地球对史前湖泊的记忆。当然,除非最新的生产模式得以确立——目前,农民正在被来自城市搬运有毒垃圾的人接近,并用这些垃圾来填补他们的洞——这是一个真正邪恶的、不可想象的事态转变。

恶魔契约

1972 年,甘蔗地里的厨师们第一次告诉我恶魔契约的事,这比我刚刚描述的发生的惊人转变还要早很多年。他们对此很实事求是,在摆弄锅碗瓢盆和生火中滔滔不绝地说着,他们的幽默感与食物的分量相当。有什么东西——我不记得是什么——引起了我的注意,于是我要求澄清。是的,有这样一群人,通常是甘蔗切割工,他们与恶魔有一个协议,允许他们不用额外的努力就能切割比正常情况下多得多的甘蔗,从而赚得比正常情况下多得多的钱。(种植园工人是根据他们的生产数量而不是工作时间获得报酬的。)此后几个月里,我询问的大多数人都对这种情况很熟悉。这是不寻常的,但并不罕见。仅有一次,我遇到了一个真正了解此事的人,而且他对此很是了解,他曾试图在甘蔗地里与恶魔订立契约,在这种情况下,他惊慌失措。他是一个在山另一边的太平洋海岸的乔科地区出生长大的年轻人——从甘蔗区的角度来看,这个地区因它的魔法而为人所知。依靠在墨西哥市场上从普图马约流浪而来的印第安草药师和治疗师那里买到的一本魔法书,他把自己藏在一片成熟的甘蔗地里,这里远远高于头的高度,并把一只黑猫的心脏挖了出来。当他试图背诵他的书里指示的祈祷词时,一阵大风不知从哪里刮来,天空渐渐暗了下来。他大惊失色,丢下一切逃走了,当天空巨响时,他撞上了藤条。

但通常的故事都是关于一个遥远而没有名字的人,是人类的手段在地平线上的影子,是一幅描绘一个命中注定的男人的漫画——这个男人像僵尸一样在甘蔗林中砍自己的树时发出奇怪而重复的叫声,这个男人带着巫师准备的小神偶,他立刻被种植园监工解雇,因为他砍得比其他人都多,并被他的同事取笑,"天哪! 你今天带着你的小神偶走了多远的路啊!"大多数人都有一些这样的故事。

多年后，当我和我的老朋友雷吉娜·卡拉巴利（Regina Carabali）提起这个话题时，她告诉我，"嗯，他们不再使用恶魔了。他们使用大麻"。这是一个有价值的教训，我必须要不断学习，事情随时都在变化，而且在任何时候，很多事情都取决于你的观点。但我也能看出连续性，一种波德莱尔（Baudelarian）式的恶魔和大麻之间的联系——在这里本雅明的定义跃入脑海，波德莱尔所说的联系就像物与物之间的交感魔法，"可以被描述为一种试图以危机防御的形式确立自己经验的方式"⑱。

247

也有人说，一个人在恶魔契约的影响下耕种的甘蔗地将变得贫瘠。甘蔗被切割后也不会再发芽了。甘蔗就像巨大的草。你砍掉它，几周之内它又出现了，一年或稍长一点，根据日照和雨水的情况，就可以为下一次的收获做好准备。这种情况持续大约五到七年，直到糖含量降到经济水平以下。同一时间内种植的每一块或每一批甘蔗都被称为一个苏伊特(sueite)，如果一个苏伊特中的一些甘蔗是根据恶魔契约切割的，那么这个苏伊特就不会再有甘蔗从根部冒出。而整块土地都必须翻耕，重新种植。我记得有一次走过一片空地，那里什么也没有生长，我的一位多年来一直在种植园挖沟的同伴告诉我，据住在附近的人说，这是一个签订了恶魔契约的人干的。这片空地就在甘蔗种植园本身的烟囱的视线范围内。几个月后，它就被人用犁头耕种过了，重新种上了甘蔗。

当我进一步询问时，还有一些其他奇怪的特征。契约的细节很模糊。谁有制作这些东西的专业知识，以及它们是如何制作的，这些还有待猜测，尽管经常提到小神偶暗示了这是受到来自太平洋海岸的印第安魔法的影响，而太平洋海岸是许多黑人劳工移民的来源。

有两类人似乎可以免于签订这些契约，即妇女和个体农民，后者是那些拥有小农场或为赚取工资而在小农场工作的人。当时，在 20 世纪 70 年代早期，有大量的妇女在种植园工作，通常是拿着 18 世纪和 19 世纪奴隶使用的锋利长铲除草。当 20 世纪 70 年代化学品被引进后，这些妇女和她们的孩子就找到了手工喷洒杀虫剂的工作。当然，这些女人和任何男人一样需要帮助，甚至更需要帮助，因此，从表面上看，她们应该被恶魔契约的明显好处所诱惑。但是当被问及此事时，我的一些朋友会指出，由于不管是事实上还是原则上，妇女对抚养孩子和维持家庭负有主要责任，所以恶魔契约的工资不太可能有用。事实上，它们可能是彻头彻尾的谋杀，就像这些工资被描述为只能花在奢侈品上一样。

换句话说，这本来就是不育的钱。甘蔗地将不会再有收成；购买或租赁的土地将变得贫瘠；用这些钱买的牲畜也会被浪费掉。几乎没有足够的钱来抚养孩子！这是不能盈利的钱。它不能作为投资。它的消极影响更大。金钱看起来是积极的消极因素——不仅可以这样或那样发挥作用，而且可以故意使自然界的繁殖能力丧失殆尽。

出于同样的原因，据说，你不会指望一个个体农民会签订这样的契约，无论是男是女，因为不管那个人多么想增加他们的收入，都会杀死庄稼。甚249 至连农民土地上的雇佣工人都没有被认为订立过恶魔契约。这种契约只限于男人出售自己的商品——马克思称之为劳动力——以换取种植园范围的工资。

在这里，我们最好去思考这些恶魔契约中邪恶的本质——由这些怪异的故事、越界的门槛、未探索也许无法探索的深渊所产生的危险感觉。即使谈论这样的事情，无论多么轻微，都有被有关权力污染的风险；因此，我想提请人们注意危险和不道德的结合——也就是实践宗教的一个特定焦点，即人们对禁忌的普遍了解甚少，因此也就有了越界行为。因此，扩大范围来考虑在我记忆中恶魔在近代经济史中活跃的其他地方，可能会有所帮助。

黄　金

不久前，在哥伦比亚炎热潮湿的太平洋海岸的廷比基河（Timbiquí River）上，在独木舟最前面的一个博加人（*boga*），在我们向下滑行，船在岩石间旋转之际，他把桨指向一个人最近淹死的地方。这个人的独木舟在洪水中倾覆了。虽然他会游泳，但他还是被胶靴缠住了。这个博加人的心思更多地放在我们面前的岩石上，他漫不经心地补充道，但这个人死于假牙窒息。在这个世界上雨水最多的地区，森林明亮的绿色不时在雨中闪烁。

山脉紧贴着海岸平行延伸。河流湍急而径直地流淌着。当洪水泛滥时，它们会产生一种叫作水泵（*la bomba*）的潮汐——一道道水墙穿过黑暗的岩壁。

但是溺水者一定很自信。那里的人在独木舟上长大。我能想象他会说，只要轻轻一跳。然后，他的靴子开始灌满泥水，越来越难踢掉了。他的假牙又卡在喉咙里。到底有多少人会有一副假牙？那需要钱来买。摇摇欲坠的破烂建筑和岩壁上的金矿张开的大口飞速掠过，锈迹斑斑的铁轨从矿井中伸出。这些建筑是法国矿业公司在大萧条时期留下的。一定经过了一番争夺他们才拥有了它，更别说获得矿石了。祝愿最佳者获胜。

　　我猜他确实是这样做的。因为溺水者是矿井的主人，据说他是和恶魔勾结在一起。他就是这样找到黄金的。任何人都是这样找到黄金的。这一切如此重要，却又如此平凡。我的思绪回到了1975年上一次访问时，当时 250 另一个人死了，一天晚上被用白兰地酒瓶砸死了，尸体被扔进了河里。他从内地的种植园回来过复活节，在那里他是甘蔗切割工或装载工。他赚了很多钱，穿着花哨的衣服——戴着墨镜、穿着花哨的衬衫（还有黄油？我不知道）。如果你离开这条河进入内陆，你必须带着显耀的成功回来。但是，如果你成功回来，你会引起嫉妒。如果你引起嫉妒……在海岸上有一句地区性的自我意识的谚语，很好地诠释了互惠的概念："在海岸上，有来有往。"⑭

精灵女王

　　现在天色已经相当暗了，在印第安男子汉（India Macho）神庙后面，我们可以看到蔗糖厂闪烁的灯光，巨大的烟囱和上升的烟雾。几年后，我恍然大悟，原来委内瑞拉中部这座隐约可见的蔗糖厂建筑群不仅就像坐落其阴影下的一座山，更像一座魔幻般的山，成千上万的朝圣者从全国各地来到这里。它们之间有一种亲缘关系。两者都笼罩在虚构的现实中，尽管显然截然不同。山完全是虚构的；工厂却是严酷真实的，尽管灯光闪烁，一天24小时不停地活动。工人们甚至在圣诞节也工作。他们在耶稣受难日焚烧甘蔗地！他们从未放弃。也许我们可以把其中一个看作是另一个的偶然寓言，有趣的、也许重要的是，当这座山作为明显想象的作品跃然纸上，成为一个奇观和艺术作品时，其底部的蔗糖厂却像根本就没有那样出现。相反，它看起来是自然的，是理所应当的。山上的自然是被赞美的，是作为精灵女王的魔法领地的一部分，她自己就是这个国家的象征，而蔗糖厂则是真正的自然，因为它是日常的。但是当你意识到这种对比和亲缘关系时，工厂也开始变得像被施了魔法一样，或者至少是恶意和闹鬼的，不再那么自然了。⑮

　　在哥伦比亚的阿格斯内格拉斯（Aguas Negras）（离山约25英里），和世界上最偏远地区之一的哥伦比亚太平洋海岸，这里的甘蔗切割工们告诉我说，他们永远不会为这家工厂工作，因为老板是古巴人，他与精灵女王签有契约，这样他就可以维持自己的生意。契约要求每隔一段时间就要死亡一251 个工人，这样恶魔才能获得他的灵魂。74 岁的委内瑞拉人路易斯·曼努埃尔·卡斯蒂略（Luis Manuel Castillo）出生在科罗，独自一人在离山 20 英里的山上的一个小农场当看守人。他告诉我，当他第一次听说精灵女王时，他才 22 岁，当时在为奇瓦科亚（Chivacoa）小镇的公共工程部门工作。人们说精灵女王与古巴人签订的契约要求每周有一名工人死亡！那是 1940 年的事情了。他记得蔗糖厂花了大价钱请了一个人来粉刷烟囱。日复一日，油漆工在烈日下工作，一步步往上爬。当他到达顶部时，他摇晃着坠下去了，在下面的炉子里被活活烧死。然而，大约十年前，路易斯·卡洛斯继续说，一个不同的故事开始流传。据说，精灵女王不想要穷人的灵魂，毕竟他们只是在保护他们的家人。现在她想要主人自己的。

生　命

从 20 世纪 70 年代中期到 1990 年，我经常和一位名叫圣地亚哥·穆通巴约（Santiago Mutumbajoy）的印第安老医师住在一起。⑯殖民者在安第斯山脚与亚马孙河上游的云层和雨林交汇的地方，将神奇的力量归功于印第安治疗师，这让我很感兴趣。正是在那里，我学到了一件最重要的事情，那是我成长过程中几乎瞒过我的一个最重要的事情——那就是奇特而压倒一切的嫉妒。治疗者不得不用歌声和药物将嫉妒提取出来，嫉妒作为一种物质和力量通过巫术影响被注入被嫉妒者的身体，因为几乎所有的严重不幸都是由于嫉妒者魔法般的攻击造成的——即使是穷人中最贫穷的人在生病时也认为这是因为有人嫉妒他们——任何事情都可能引发嫉妒。

是什么引起了嫉妒？事实上，被嫉妒者被认为拥有更多东西。更多什么？更多的牛？好的长相？有用的孩子？更多的健康？更多的金钱？没有共同的标准把这份清单放在一起，当然也不是金钱，除非它与生命本身的旺盛有关。在这里，死者对活人的嫉妒是有益的。

一天，一个讲印加诺语（Ingano）和西班牙语的老妇人带了几个孩子来治疗。他们在这里安顿下来住了几天。孩子们的父亲几个月前去世了。然后母亲也去世了。据说，她的父亲给她打过电话，"从另一边"。死人会这么做。现在孩子们也可能被召唤。治疗师会在白天抽出时间和其中一个孩子坐在一起，轻声唱歌，用他的治疗扇子扫过孩子，吹着药，抽着烟。

252

　　几个月后的晚上，喝着能让人头晕目眩的强效药，在潮起潮落的景象中歌唱，关于这些孩子的话题就来了。我非常怀疑，如果我们没有服用这种药物，我和治疗师会不会谈论他们。他们的父亲是印第安人，他死了，因为他和恶魔撒旦有牵连。他鲁莽地买了一本旅行草药师在市场上出售的魔法书，并正在研究它的咒语。一天，黎明时分，他出去钓鱼，遇见一个陌生人坐在河边的雾中。当他回家时，他因发烧和腹泻而生病。几天后他就去世了。然后是妻子。现在他正在呼唤他的孩子们。治疗师呢。他也在呼唤。在这边。两边都在呼唤。

可卡因

　　大约在同一时间，我在山上另一个治疗师的房子里遇到了一个饱经风霜的老殖民者，他是一个来自海岸的黑人，多年前移居到普图马约，在那里他现在有一个小农场。他笑得很开心。他和他的儿子非法种植古柯，这是可卡因的来源，他们有生以来第一次赚钱。他心满意足，当他问我是否知道如何通过警察和军队路障走私可卡因时，他的眼睛闪闪发光，好像在玩游戏或排练一堂课。我摇摇头。"好吧，你找到一个死去的婴儿，打开腹部，取出肠子，装上可卡因，缝合腹部，把婴儿放至胸前，好妈妈抱着她的宝贝穿过路障，谁知道呢，也许还能到迈阿密和纽约哩。"

油

　　20 世纪 70 年代中期，在墨西哥的莫雷洛斯州和格雷罗州（Guerrero），我听到了儿童尸体被斩首的故事，有时是在桥下发现的。整个村庄都让他们的孩子待在家里，远离学校。尸体的肢解是以迂回的方式描述的，这种方式将细节作为圣物的碎片抓住并阐明。一个叔叔或是叔叔的朋友参加了一个孩子的葬礼,偷偷看了看尸体。天哪! 无头尸体! 没人说过什么! 但是现在我们都知道了。在格雷罗,一个女人告诉我,一伙男人是如何在墨西哥东南部挖洞寻找石油。一个声音从洞里传出:"如果你想要石油,你必须给我这么多孩子的头颅!"工人们告诉领班。领班告诉管理者。管理者告诉了共和国总统,总统告诉了联邦警察。"如果这是需要的,我们会答应的。"这时,墨西哥正对巨大的石油发现满怀期望。

姆　提

在南非索韦托(Soweto),⑰人们在报纸和几乎每天的讨论中都会发现,人们对被称为姆提(*mhuti*)的巫术及其据称的增加感到担忧。据我所知,一周之前,一名索韦托男子残缺不全的尸体在一个移民工人宿舍附近的田野里被发现。心脏、生殖器和舌头都被切除了。据报道,农村地区,如羚羊岭(Bushbuck Ridge),有大量学生攻击据称成功的商人,这些商人的成功据称是由于他们使用姆提得到的——例如,把舌头埋在门下以吸引顾客;把生殖器埋在门缝可以促进商业的发展。据说,婴儿也经常被利用。"女人呢? 她们的身体被利用了吗?"我新认识的一个女人说:"不,她们只是被强奸了。"

被诅咒的部分：消费理论对消费的
意义只字未提（你能相信吗？）

这些故事对本文主题有何启示:将消费置于历史的视野中?⑱让我通过巴塔耶毕生致力的哲学规划来引导我的讨论,这个规划旨在理解越界(transgression)和耗费(expenditure),特别是耗费的过度,当然,这与消费出奇地一致。我所指的过度跨越了界限,以令人困惑和着迷的方式将对立面联系在一起。

"我是唯一一个想到自己的人",巴塔耶写道,"不是作为尼采的评注者,而是作为和他一样的人"。对此,我们不妨在尼采的《偶像的黄昏》(*Twilight of the Idols*)〔或《如何用锤子进行哲学思考》(*How to Philosophise with a Hammer*)〕中补充一个观点,在他与达尔文主义意识形态"为生命而斗争"的争论中,尼采断言,浪费,而不是"为生命而斗争",是生活和人类历史的动力,凡是有斗争的地方,伪君子,即伟大的模仿者总是战胜强者,这是我们在考虑恶魔、伟大的模仿者的力量和天赋问题时必须回到的一点。[19] 同样,尼采第一次提出他的"永恒轮回"的概念时,一种无限支出的溢出感比比皆是。向太阳致谢,感谢接受了它的盈余,尼采想要给予——不是给予什么,而是单纯地"给予"——一种必须让他屈服的行为,就像太阳在夜晚降临冥界一样。"祝福这将要溢出的杯子吧,让水金子般地从中流出,把你祝福的反光带到任何地方去! 瞧! 这杯子将再次变空。"[20]

1933 年,巴塔耶 36 岁时首次正式阐述了这个问题,他认为人类活动不能简化为生产和保存的过程,消费必须分成两部分:一部分"代表在特定社会生活中,为保护生命和维持个人生产活动所需的最低限度的使用",另一部分〔被诅咒的部分,"被诅咒的"(accursed)在拉丁语中也是神圣(*sacer*)的意思〕是作为非生产性支出的消费。这里依次举出了奢侈、节日、战争、邪教、眼镜、游戏、艺术、革命、死亡和性的例子。巴塔耶坚持认为,当耗费被定义为非生产性和非功利性时,显然强调损失,"这种损失必须尽可能大,才能使该活动具有真正的意义"[21]。总的来说,他断言,"一个社会总是生产超过其生存所必需的东西;它有盈余可供支配。正是它对这种盈余的利用决定了它"。他在一个极其重要的评论中继续说,这种盈余"是社会的骚动、结构变化和整个社会历史的原因"[22]。

"我并非以合格的经济学家那样对事实进行思考",巴塔耶在副标题为"消费"的《被诅咒的部分》第一卷序言中写道。"从我的这个视角来看,人类献祭、一座教堂的建造或一个珠宝的馈赠与小麦的销售具有同样的意义。简而言之,我不得不徒劳地竭力阐明一种"普遍经济"的概念,在这种概念中,相较于生产,财富的"耗费"(即"消费")才是其首要对象。"[23] 第一卷的题词来自威廉·布莱克:"繁盛就是美",随后的章节是如此之多的案例研究,展示了世界历史上不同的生活方式处理盈余问题的方式。阿兹特克人的牺

254

牲和战争；夸扣特尔人（Kwakiutal）和他们的邻居（就在加拿大温哥华以北）
255 在夸富宴（Potlatch）上的竞争天赋；激进的伊斯兰教；西藏的宗教经济
（1917 年，每三个成年男性中就有一个是僧侣，教会预算是政府的两倍，军
队的八倍）；加尔文主义利用旺盛的禁欲主义来消除盈余，从而巩固资本主
义和资产阶级世界；苏联为了工业化而暂停奢侈消费；最后是马歇尔计划。
在这些案例研究之前，巴塔耶介绍了一个引人注目的理论，其中 20 世纪的
太阳和伟大的世界大战（很大程度上包括冷战）都被描述为大规模的耗费，
意味着消耗、浪费或非生产性盈余的挥霍。通过这种令人震惊的策略，以及
许多其他的策略，巴塔耶希望能完成他经常认为不可能的事情（不可能是他
所谓的小说作品的标题之一）——对无用及其在人类快乐、残忍和生存中的
后果的理解和把握。正如我已经说过的那样，这种对过度的关注使他形成
了一门奇妙多样的经济科学，它融合了死亡、性、欢笑、暴力和神圣（在现
代，不少于非现代的世界）。把这些东西结合在一起的是吸引和排斥的流
动和激情的混合，这种混合是由耗费在一个无休止的、双重的、瞬间的运
动中调动禁止和越界的方式引起的。㉔

　　因此，这就是一个典型的消费理论，如果它存在的话。事实上，这里的
理论似乎是一个有些有限的术语，因为巴塔耶所谓的普遍经济不能避免把
它的规则应用到自己身上，这与当"天堂敞开"时对过度和跨界的关注是相
称的，因此巴塔耶谈到"思想的顶点，其终点越过了它所行驶的轨道"㉕。

礼　物

　　那我的故事呢？那批评呢？最重要的是，要在它们的力量和想象的范
围内。我们绝不能让故事屈从于让它们说一些本来可以说的话——例如，
将它们视为实现其他事情的工具，如平等、个人主义的局限、反对贪婪的道
德故事、挥霍和资本主义逻辑。我自己以前也曾提出过恶魔契约，正如我在
256 哥伦比亚西部的甘蔗种植园里听到的那样，它是如何以惊人的精确构建
（*constelled*）——我谨慎地使用这个词——卡尔·马克思在《资本论》第
一部分中提出的论点，它不仅涉及商品形式的使用价值和交换价值的复杂

移动,还涉及马克思所说的"商品拜物教"。㉖这个说法创造出的强大力量(不用说还存在有待进一步解释的神秘之处),存在于我提出的在这一地区农民耕作中礼物经济特征(正如马塞尔·莫斯提出的那样)和最近建立的摧毁农民农业的种植园领域的商品形式之间的紧张关系中。㉗

把这种分析从功能主义方法普遍的奴性中拯救出来的是它所引用的异域性,因此,它有权力疏远与市场交换、生产和消费相关的熟悉方式。但是疏远并不一定是异域性所保证的,在这里我想重新回到马塞尔·莫斯关于礼物的有影响力的文章,由于巴塔耶的缘故,它有了新的解释,如果加以观察,这将从根本上改变本世纪人类学的历史。因为莫斯的礼物大体上被理解为平衡交换的象征,由此构成了"总体性社会事实",用克洛德·列维-斯特劳斯的话来说,也就是"一个同时具有社会和宗教、魔法和经济、功利和情感、司法和道德意义的事件",并包含在前资本主义社会中著名的经济要素,即给予的义务、接受的义务和偿还的义务。㉘

义务这个词,就如在给予的义务中一样,提出了一个问题,这个问题困扰着巴塔耶(就此而言,也困扰着莫斯),因为礼物中独特的和最大的矛盾是,一方面它是自发和慷慨的,另一方面它又是精于算计和自私自利的。㉙莫斯在他的文章的第一页确立了这一点,他写道,"交换与契约总是以礼物的形式达成,理论上这是自愿的,但实际上,送礼和回礼都是义务性的"㉚。

巴塔耶的决定性行动是在"给予的义务"的点上进行干预。他用尽了他所知道的每一个修辞手法,然后是一些修辞技巧,以使读者打破常规思维,使之能够认识到给予的义务所包含的难以理解的矛盾的极端性质,以及慷慨和私利的"混合";他甚至更加努力地让读者欣赏他所说的礼物中包含的"自主性品质",认为这是无利可图的耗费("太阳给予而不求回报")。

与此相反,莫斯在一种方式上强调给予的义务,这种方式让给予看起来更像是遵守规则,而不是给予本身。当然,提出的整个问题是:什么是给予本身?巴塔耶承认慷慨和自私的混合,就像夸富宴一样,但从逻辑学和社会学的角度来说,"我们不能把对抗的原则放置在给予礼物起源的自主性慷慨原则之上;这样做就等于颠倒讨论的条件"。

计算将站在给予者一边……如果是这样，游戏就会结束。即使给
予者佯装慷慨，归根结底还是慷慨压倒了一切。毫无疑问，这是一个规
则，在这些古老的形式中，给予者应该假装慷慨，但如果没有过度，他
的慷慨仍然不会生效。最终，慷慨过度的人获得胜利，其自主性特征
迫使他人尊重他。㉛

这并不是与交换甚至平衡交换的存在相矛盾。相反，这是一个分析的
重点在哪里，以及这个视角的含义是什么的问题。功利主义的阅读侧重于
把礼物作为一种互利的交换，在这种交换中，我从中得到一些东西，你也一
样——亚当·斯密的交往、易货和交换（truck, barter, and exchange），使礼
物的欺骗性意识形态不亚于一条普遍规律。与这种认为社会是一个精心设
计的互惠互利机制的观点相反，巴塔耶式的阅读提出了一个额外的、不可避
免的颠覆性特征——即通过为其地狱给予和消费从而给社会世界的一致性
和平衡所带来的创伤——并主张这一点，以及反对对耗费的禁忌，这对于构
成人类文化和使人类成为人类的东西是不可或缺的。在这种耗费和禁止耗
费的禁忌之间的神秘空间里，隐藏着一个完整的世界，一个令人惊奇的世
界，一个我们似乎知道很多但却说不清楚的世界，部分是因为形而上学的原
因，部分是因为有组织的宗教或其留下的道德体系的巨大压力，部分是因为
文化和精神上的政治压抑。㉜巴塔耶的作品致力于描绘这个世界这一不可
能完成的任务：人类面临着双重视角：一方面是暴力快感、恐怖、死亡——确
切地说是诗歌的视角——另一相反方面，是科学或实用的现实世界的视角。
只有有用的和真实的才具有严肃的品质。我们从来没有权利偏爱诱惑：真
理比我们更有权利。的确，它完全有权利。然而，我们能够，事实上我们必
须能够对一种东西作出回应，那就是这种东西不是上帝，而是比每一项权利
更强大的东西，我们只有通过忘记所有这些权利的真相，只有通过接受消
失，才能接受的这不可能的东西。㉝
现在，我多年前对甘蔗地里恶魔契约的马克思主义解释是，从"礼物的
视角"来看，这是对商品形式的流行文化领域的一种非常精确的表达。虽然
恶魔契约可以被视为对作为平衡交换的礼物原则的一个惊人的甚至是病态

的确认，即通过传播贫瘠和死亡来换取慷慨的礼物，但我现在认为它的特别
之处和值得强调的一点是它的绝对过度——它的解释可能性太多以至于对
它的分析是无止境的，它的关键术语"太多了"，这些术语之间的剧烈运动，
以及从礼物到死亡、从创造到毁灭的可怕相近。㉞恶魔契约是一个古老而无
处不在的故事，它似乎试图告诉我们一些关于礼物的重要信息，关于它如何
将投入和耗费清楚地表达为围绕越界为中心的生死攸关的问题。

　　在这一点上，巴塔耶对礼物的解读很有意义。首先，他允许我，实际上
是强迫我，思考恶魔的存在，并就历史的邪恶面孔提出更大且更好的问题。
其次，他让我问，为什么我所有的故事都包含如此严重的越界禁令？从非法
的恶魔契约本身开始，然后在甘蔗地里传播不育，谋杀儿童或非法使用他们
的尸体，就像石油和可卡因，以及成功商人使用的姆提的身体部位。第三，
对恶魔的工资限制男人购买奢侈品，以及这种工资作为投资的积极负面的
致命影响，人们如何看待呢？塞卡尔是曾使用的词。订立契约的男人的土
地和动物都会缺水而死。妇女不签订契约，因为这会阻碍孩子的成长。这
笔钱本质上是不能再生的。这显然不是资本，它不能增殖。

　　这些故事是伤痕，拥有破裂的迹象，在巴塔耶所谓的自主性的完满中接
近奇迹，意味着对非掌握的掌握。

　　这些财富和死亡、毁坏的尸体、被使用的婴儿和儿童的尸体、奢侈和贫
瘠的极端，都在诉说着一种难以言喻的过度的神秘，有用的东西被废除，感
官上的亲密关系不亚于逻辑上的亲密关系，在吸引和排斥的前行和后退的
移动中，将过度的东西与越界行为捆绑在一起，难以用语言表达——"推力
和反推力，双重运动的起伏和波动，在禁止和越界的剧烈运动中的统一"㉟。

　　在它蜕变的形式的多样性，它的隐秘性、不协调性和炽热的光辉中，恶
魔是这种吸引和排斥的双重运动的缩影。作为不纯洁的神圣的形象，他照
耀着这个旋涡的狂野能量。作为伟大的模仿者，他不仅反对上帝，而且反对
他不断在我们面前摇晃的坚定意义的本体论锚定的可能性。作为邪恶的最
高标志，他总是有点太有趣，有点太诱人，不会被基督教的无名怨愤困在一
个简单的关于他者的辩证法中。总是有这种坚定的犹豫不决的过度，因为
他是越界的健康形象——所以现在我们最好遵循黑格尔关于否定的动人陈

述,在著名的《精神现象学》(*Phenomenology of Mind*)序言中,他说[巴塔耶受到科耶夫(Kojève)的影响引用了这段话]:

> 精神的生活不是害怕死亡而幸免于蹂躏的生活,而是承担起死亡并在死亡中得以自存的生活。精神只有在绝对的支离破碎中把持住其自身时才赢得它的真理。精神之所以是这样的力量,不是因为它作为肯定的东西对否定的东西根本不加理睬,就像我们对某种否定的东西说这是虚无的或虚假的就算了事而随即转身他向那样;相反,精神之所以是这种力量,仅仅是因为它敢于面对面地正视否定的东西并停留在那里。这种停留就是把否定的东西颠转为存在的一种魔力。㊱

否定之否定

巴塔耶认为,像节日一样,耗费带来的不是对动物性的回归,而是对神性的通达,他提请我们注意他所认为的奇怪的越界的动力,他所谓的"否定之否定"——压抑增加了"十倍",将生活投射到一个更丰富的世界。作为否定之否定的一个典型例子,与上帝的敌人——恶魔——的亲缘关系表达了这个更丰富的世界,提出了巴塔耶"自主性"的幽灵——即"我们的存在是一个丰富的空洞,面临失去其全部的威胁,既渴望又害怕失去它……要求不确定性和暂停"㊲。

260 "这里还有上和下吗？难道我们不是在无边的虚无中迷失吗?"㊳当太阳在日复一日的流转中照射之时,带着尼采进入恶魔所在的阴间时,会发生什么？因为尼采如此想给予而不接受,就像太阳本身一样。或者更确切地说,他从太阳那里得到,然后想要给予,跟随太阳,没有任何回报的期望。㊴他只是想要给予——这句悬而未决的短语应该让我们想起巴塔耶的战友罗杰·卡洛伊斯(Roger Caillois)在他1935年关于模仿的文章中的那句令人不安的话,他在文章中写道,想要类似,而不是类似于某些东西,"只是类似"。㊵

尼采认为,"给予而不接受"(在这里,我们要做的是真正的激进,礼物可能带来的真正奇妙的飞跃)暗示了一种特殊的表象理论,既包含了生成的喜悦,也包含了毁灭的喜悦,即释放"所有表象、模仿、变形、转化,各种模仿和表演的力量,结合在一起。⑪最重要的仍然是蜕变的能力,无能力不作出反应"。这样的人"进入每一个皮肤"。这就是酒神的冲动。但是恶魔,这位伟大的模仿者,最强调的是不会"给予而不求回报"。它达成了一项协议,并索取了一个价格。恶魔一定是那种肆无忌惮的聪明的原则,是历史上的胜利者,它占有酒神赐予而不求回报的天赋,以及其中的模仿力量。⑫这是另一种冲动,它同样极端——它的终极和邪恶的欺骗,当然,是实现了真正越界的幻觉。但是"这个非凡事件还在半路上走——它还没有灌入人类的耳中"⑬。

后　果

　　如果我的故事能让我们把耗费看作比需求更重要的东西——基本的或文化上促进的,如果真的有什么不同的话——并表明耗费有时还带有神秘的甚至神圣的力量,那么我们应该回到我对这些故事的耗费上来。

　　这些故事与它们所描绘的事件的关系,让人想起巴塔耶对拉斯科(Lascaux)洞穴中的动物狩猎的绘画所作的反功利主义解释,它不是作为确保狩猎成功和满足需求的神奇力量的图像,而是作为违反禁止杀戮的暴力行为所带来的对神圣事物的开放所要求的图像。这使得图像的地位就像恶魔一样,处于见证、神圣和义务的奇怪真空中——这与礼物本身没有什么不同,让人想起本雅明对"真正意义上的经验"的唤起方式——是通过集体仪式和节日来促进的,它将记忆中的自主和非自主的元素结合在一起。因此,我们可以说,这些故事是在向上帝诉说,向世界诉说,而不是为了具有社会功能,满足某种需求,甚至泄露某种目标。它们是在事件发生之后才来的。作为关于礼物的礼物,它们通过我沿着一长串匿名的故事讲述者来到你身边,以一种至高无上而非有用的方式发挥作用——换句话说,在他们内心作为仪式艺术在否定的风暴中被消耗掉。毕竟,这就是我们历史学和人类学学科的命运,它们的根本力量在于储存超额的东西。没有这些东西,意义和表象就不可能存在。也就是说,相信隐喻的字面基础——曾有段时间,或者在遥远的地方,人类的祭祀、灵魂附体和奇迹确实发生过,鬼魂和幽灵、巫师和女巫、神和订立恶魔契约的人确实在行地球上行走。历史学和人类学,与民间故事和某种大众智慧一起,成为了那些不可思议的行为的存放地和证据。现在语言需要这些不可思议的行为除去它们的参考、比喻和数字的技巧。如果耗费的游戏已经从人的神圣本性转移到宇宙中物的拜物教力量,而这种力量是与有用的物的表象联系在一起的,那么,我们更要感谢这些恶魔故事的疯狂繁荣,像太阳一样给予而不求回报。对纯粹耗费的认可——就像在蔗糖厂的工厂系统的"规模效率"和它造成的不亚于毁灭的贫困之前,地球将自己掏空,灰烬漂浮在平静的湖面上。

注 释

① 这篇文章的早期版本发表于《历史与社会比较研究》(*Comparative Studies in Society and History*,37,no.2,1995.4)。这篇论文最初写于 1993 年 3 月,是作为向维多利亚·德·葛拉齐亚(Victoria de Grazia)在罗格斯大学历史分析中心每周组织的"历史视野中的消费文化"研讨会投稿的文章,我曾在该研讨会担任一个学期的研究员。没有她在理智上的同情和分析中心的支持,这篇文章不会写出来。我感谢研讨会的所有成员,主要是历史学家,他们给研讨会注入了生命和活力,特别是吉姆·利文斯顿(Jim Livingston)和艾琳·戴蒙德(Elin Diamond)的评论和兴趣。

② Walter Benjamin,"Some Motifs in Baudelaire,"in *Charles Baudelaire:A Lyric Poet in the Era of High Capitalism* (London:New Left Books,1973),107–54,quotation on 113.

③ Georges Bataille,"The Notion of Expenditure,"in *Visions of Excess:Selected Writings, 1927–1939*,edited by Allan Stoekl(Minneapolis:University of Minnesota Press,1985),116–29,quotation on 118 (first published in *La Critique Saddle* 7 [January 1933]).

④ Georges Bataille,*The Accursed Share*,translated by Robert Hurley (New York:Zone Books,1988;first published,Paris:Éditions de Minuit,1967),vol.1.

⑤ 有关书目信息的更详细描述,请参见 Michael Taussig,*The Devil and Commodity Fetishism in South America* (Chapel Hill:University of North Carolina Press,1980)。

⑥ Benjamin,"Some Motifs in Baudelaire,"141.

⑦ Walter Benjamin,"Theoretics of Knowledge,Theory of Progress,"in *The Philosophical Forum* 15 (fall-winter,1983–84),1–40,quotation on 6 (Convolut N in *Das Passagen-Werk*,Frankfurt am Main:Suhrkamp,1982,Band 2,571–611).

⑧ 比较 Jeffrey Mehlman 最近的工作,*Walter Benjamin for Children:An Essay on His*

Radio Years (Chicago: University of Chicago Press, 1993), 28 - 30。在这本书中，Mehlman 提请人们注意本雅明为孩子们讲的关于 1755 年里斯本大地震的广播故事——本雅明驳斥了关于地震是由地心的压力引起的旧理论，而赞成地球表面不断移动的理论，即地球表面不断移动是永久不稳定的构造板块的张力造成的结果。

⑨ Benjamin, "Theses on the Philosophy of History," in *Illuminations*, edited and with an introduction by Hannah Arendt, translated by Harry Zohn (New York: Schocken, 1968), 253 - 64, quotation on 255.

⑩ Benjamin, "Theses," 263.

⑪ Bataille, *Consumption*, vol. 1 of *The Accursed Share*, 21.

⑫ 1992 年，在那里一公升百草枯要花 5000 比索(约合 6 美元)，两天的劳动就能覆盖大约 1.5 英亩土地，大约需要 6000 比索，而在同样的土地和地区用大砍刀或铁铲工作可能需要 20 天的劳动，大约需要 60000 比索。

⑬ Benjamin, "Some Motifs in Baudelaire," 139 - 40.

⑭ Michael Taussig, "Coming Home: Ritual and Labor Migration in a Colombian Town" (Working Paper Series, 30, Centre for Developing Area Studies, McGill University, Montreal, 1982).

⑮ Michael Taussig, *The Magic of the State* (New York: Routledge, 1992).

⑯ Michael Taussig, *Shamanism*, *Colonialism*, *and the Wild Man*: *A Study in Terror and Healing* (Chicago: University of Chicago Press, 1987).

⑰ 这篇文章大部分是在这里写的。感谢 Mfete 家族和 Adam Ashforth 的热情款待。

⑱ 参见注释①。

⑲ Bataille, *Nietzsche and Communism*, in *Sovereignty*, vol. 3 of *The Accursed Share*, 365 - 71, quotation on 367; Friedrich Nietzsche, *Twilight of the Idols* (*or How to Philosophise with a Hammer*), translated by R. J. Hollingdale (Harmondsworth: Penguin, 1990), 86.

⑳ Friedrich Nietzsche, *The Gay Science*, translated with commentary by Walter Kaufmann (New York: Vintage, 1974), 275. 关于"永恒轮回"的概念，巴塔耶在他生命的早期，即 1937 年写道："在所有赋予尼采生命撕裂和人类生存的喘息性战斗的戏剧表现中，永恒轮回的概念无疑是最难以接近的。"这段话载于 "Nietzsche and the Fascists," in *Visions of Excess*, edited by Allan Stoekl (Minneapolis: University of Minnesota Press, 1985), 182 - 96, quotation 191。

㉑ Bataille, "The Notion of Expenditure," 118.

㉒ Bataille, in *Consumption*, vol. 1 of *The Accursed Share*, 106.

㉓ Bataille, in *Consumption*, 9.

㉔ 当我写下"经济学"的时候，我当然想到了现代资本主义经济已经不再简单地代表商品和价格、生产、分配和交换，而是像莱昂内尔·罗宾斯(Lionel Robbins)所说的那样，代表了一种理性的综合思维方式，将经济学定义为一门将稀缺资源合理分配给

263

不同目的的科学——因此，理性的定义不亚于效率。巴塔耶之所以引人入胜，是因为他也将经济学定义为一种逻辑，只是在这种情况下，用罗宾斯勋爵等人的话来说，逻辑是目的，而不是手段，因此他强烈反对资本主义手段和目的模式的工具理性。因此，在这里人们看到了消费科学为消费本身带来的根本可能性。

㉕ Bataille, in *Sovereignty*, vol. 3 of *The Accursed Share*, 209.

264 ㉖ 参见 Michael Taussig, "The Genesis of Capitalism amongst a South American Peasantry: Devil's Labor and the Baptism of Money," *Comparative Studies in Society and History* 19, no. 2 (1977): 130 – 55。也可参见 Marc Edelman, "Landlords and the Devil: Class, Ethnic, and Gender Dimensions of Central American Peasant Narratives," *Cultural Anthropology* 9, no. 1 (1994): 58 – 93, 和 Taussig, *Devil and Commodity Fetishism*。使用价值和交换价值的术语可以追溯到亚里士多德在《政治学》中对家政经济的讨论。在此基础上，马克思将其与黑格尔哲学的基础联系在一起，即具体的个别物如何与普遍物（如货币和现代国家）相协调的逻辑和历史问题。

㉗ Marcel Mauss, *The Gift: Forms and Functions of Exchange in Archaic Societies* (New York: Norton, 1967; first published as *Essai sur le don, forme archaique de l'echange*, Paris, 1925).

㉘ Claude Lévi-Strauss, *The Elementary Structures of Kinship* (Boston: Beacon, 1969).

㉙ 雅克·德里达（Jacques Derrida）最近以极大的热情和洞察力阐述了这一点，参见 *Counterfeit Money* (Chicago: University of Chicago Press, 1992)。

㉚ Mauss, *The Gift*, 1.

㉛ Bataille, *Sovereignty*, vol. 3 of *The Accursed Share*, 347. 在关于礼物的文章的结尾，莫斯在这方面做了两个有趣的举动。一个是指出，除了欧洲中世纪，他所有的礼物的例子都来自被构造成对称的"群体"的社会，在这些"群体"中，"个体，即使是最有影响力的个体，也都不像今天的我们那么阴险、苛刻和贪婪、自私。至少从外面来看，他们都要比我们更加乐于付出，更加慷慨大方"（79）。下一步是将这种"夸张的慷慨"与这种社会中和平的脆弱联系起来，换句话说，将这种礼物视为由在迫在眉睫的暴力阴影下永远脆弱的和平所构成的礼物。由此，莫斯得出了现代欧洲社会主义的自然性（如果不是必要性的话）的教训：礼物的社会主义在于"财富集中后的再分配，在于教育所倡导的彼此的尊重和互惠的慷慨"（81）。卡尔·波兰尼在人类学上对互惠、再分配和市场这三种基本经济形式进行了明智的区分，尤其是他的再分配社会主义方程（其模型是罗布里恩德群岛的酋长权威！）。例如，参见 Karl Polanyi, *The Great Transformation: The Political and Economic Origins of Our Time* (Boston: Beacon Press, 1957), chap. 4, 和 Marshall Sahlins 在 *Stone Age Economics*
265 (Chicago: Aldine-Atherton, 1972)中关于战争和礼物的论述。像莫斯和波兰尼一样，巴塔耶认为解决世界经济秩序的关键问题需要资本主义国家"以理性的方式考虑礼物"（载于 *Sovereignty*, vol. 3 of *Accursed Share*, 429）。

㉜ 巴塔耶在 20 世纪 30 年代后期关于尼采的文章中强烈地提到了政治压迫，这篇文章被转载于 *Visions of Excess*（参见注释⑳）。

㉝ Georges Bataille，*The Impossible* (1962，first published as *The Hatred of Poetry*)。

㉞ "Too-muchness" 是我取自 Norman O. Brown 文章中的一个术语，"Dionysus in 1990"，载于他的 *Apocalypse and/or Metamorphoses* (Berkeley：University of California Press，1990)，179 – 200，引自第 183 页。

㉟ Bataille，*The History of Eroticism*，vol. 2 of *The Accursed Share*，94。

㊱ G. W. F. Hegel，*Phenomenology of Mind* (New York：Harper & Row，1967)，93；Alexandre Kojève，*Introduction to the Reading of Hegel：Lectures on the Phenomenology of Spirit*，assembled by Raymond Queneau，edited by Allan Bloom (Ithaca：Cornell University Press，1969)。

㊲ Bataille，*The History of Eroticism*，vol. 2 of *Accursed Share*，101。

㊳ Nietzsche，*The Gay Science*，no. 125，"The Madman，"181。

㊴ Nietzsche，*The Gay Science*，no. 342，"Incipit Tragoedia，"275 (end of book 4，introduction to the concept of "the eternal return")。

㊵ Roger Caillois，"Mimicry and Legendary Psychasthenia，"*October* 31 (winter 1984)：17 – 32，引自第 30 页，(首次出版于巴黎，题名为"Mimetisme et psychasthenie legendaire，"in *Minotaure* 7 [1935])。对此的广泛讨论，参见 Taussig，*Mimesis and Alterity：A Particular History of the Senses* (New York：Routledge，1993)。

㊶ Nietzsche，*Twilight of the Idols*，84。

㊷ 尼采在 *Twilight of the Idols*，87 中的辩论，在他的整个作品中，模仿是贯穿历史的重要的力量武器，正如它是思考和现实本身的文化建构的武器一样。此外，他建立了两种模仿：一方面是酒神狄俄尼索斯，另一方面是计算和掩饰，自我控制和说谎。这就提出了一个有趣的问题：两种形式在历史上是如何相互联系的，对于理解与资本主义相关的天赋有什么意义？这个问题现在可以被看作是 20 世纪对社会理论最重要的贡献之一，即马克斯·霍克海默和西奥多·阿多诺《启蒙辩证法》(*Dialectic of Enlightenment*，New York：Continuum，1987)。对于恶魔的身份，尼采有一个 266 迅速的回应：基督教从狄俄尼索斯中提炼出了邪恶——这一点在 *The Anti-Christ*，123 – 199，第 129 页的 *Twilight of the Idols and The Ant-Christ* (Harmondsworth，Middlesex：Penguin，1990)中有所探讨。

㊸ Nietzsche，"The Madman，"in *The Gay Science*，182。

参 考 文 献

267 Acosta, Father Joseph de

1880   *The Natural and Moral History of the Indies.* (Published, 1588.) Reprinted from the English edition, 1604. Translated by Edward Grimston. Edited by C. R. Markham. 2 vols. London: Hakluyt Society.

Acosta Saignes, Miguel

1962   *Estudios de folklore Venezolano.* Estudios de etnología de Venezuela. Caracas: Ediciones de la Biblioteca Hespérides.

1967   *Vida de los esclavos negros en Venezuela.* Caracas: Ediciones de la Biblioteca Hespérides.

Adams, Richard N.

1952   *Un analisis de las creencias y prácticas médicas en un pueblo indigena de Guatemala.* Guatemala: Editorial del Ministerio de Educación Pública.

Alberti, Giorgio, and Mayer, Enrique

1974   Reciprocidad andina: ayer y hoy. In *Reciprocidad e intercambio en los andes peruanos*, edited by Giorgio Alberti and Enrique Mayer, pp. 13 – 36. Lima: Instituto de Estudios Peruanos.

Albo, Javier

1972   Dimánica en la estructura inter-comunitaria de Jesús de Machaca. *América Indigena* 32 :773 – 816.

1974 – 76   La paradoja aymara: solidaridad y faccionalismo? *Estudios Andinos* 4: 67 – 110.

268 Arboleda, Gustavo

1956   *Historia de Cali.* 3 vols. Cali, Colombia: Biblioteca de la Universidad del Valle.

Arboleda, J. R.

1950   The Ethnohistory of the Colombian Negroes. M. A. thesis, Northwestern University.

Arboleda, Sergio

1972   *La republica en américa española.* Bogotá: Biblioteca Banco Popular.

Ardener, Edwin

1970   Witchcraft, Economics, and the Continuity of Belief. In *Witchcraft, Confes-*

sions and Accusations, edited by Mary Douglas, pp. 141 – 60. London: Tavistock.

Arguedas, José María

1966   *Dioses y hombres de Huarochirí : narración quechua recogida por Francisco de Avila*. Translated by J. M. Arguedas. Lima.

1975   *Formación de una cultura nacional indoamericana*. Mexico, D. F. : Siglo Veintiuno.

Aristotle

1962   *The Politics*. Translated by T. A. Sinclair. Harmondsworth : Penguin Books.

Arriaga, Pablo José

1968   *The Extirpation of Idolatry in Peru*. (Published, 1621.) Translated by L. Clark Keating. Lexington : University of Kentucky Press.

ASOCAÑA (Associación Nacional de Cultivadores de Cana de Azúcar)

1965   *Development of the Colombian Sugar Industry*. Cali, Colombia.

Bandelier, Adolph F.

1910   *The Islands of Titicaca and Koati*. New York : Hispanic Society of America.

Bastide, Roger

1971   *African Civilizations in the New World*. Translated by P. Green. New York : Harper and Row.

Bastien, Joseph W.

1978   *Mountain of the Condor : Metaphor and Ritual in an Andean Ayllu*. American Ethnological Society. Monograph 64. St. Paul : West Publishing.

Baudin, Louis

1961   *A Socialist Empire : The Incas of Peru*. Princeton : D. Van Nostrand.

Benjamin, Walter

1969   Theses on the Philosophy of History. In *Illuminations*. Edited by Hannah Arendt, pp. 253 – 64. New York : Schocken Books.

Bergquist, Charles

1976   The Political Economy of the Colombian Presidential Election of 1897. *Hispanic American Historical Review* 56 : 1 – 30.

Berlin, Isaiah

1977   *Vico and Herder : Two Studies in the History of Ideas*. New York : Vintage Books.

Blake, William

1968   *The Poetry and Prose of William Blake*. Edited by David V. Erdman. Commentary by Harold Bloom, 4th printing, revised. Garden City, N. Y. : Doubleday.

Borrego Pla, Maria del Carmen

1973　　　　*Palenques de negros en Cartagena de Indias a fines del Siglo XVII*. No. 216. Seville；Escuela de Estudios Hispano-Americanos de Sevilla.

Bosmian，William

1967　　　　*A New and Accurate Description of the Coast of Guinea*. (Published，1704.) New York；Barnes &. Noble.

Bowser，Frederick P.

1974　　　　*The African Slave in Colonial Peru*. Stanford；Stanford University Press.

Briceño，Manuel

1878　　　　*La revolución 1876 - 1877；recuerdos para la historia*. Vol. 1. Bogotá；Imprenta Nueva.

Brinton，Daniel G.

1968　　　　*The Myths of the New World*. Reprint of 3rd edition，1896. New York；Haskall House Publishers.

270 Buechler，Hans C. ，and Buechler，J. M.

1971　　　　*The Bolivian Aymara*. New York；Holt，Rinehart，and Winston.

Burtt，Edwin Arthur

1954　　　　*The Metaphysical Foundations of Modern Science*. Garden City，N. Y. ；Doubleday，Anchor Books.

Cardenal，Ernesto

1973　　　　The Economy of Tahuantinsuyu. In *Homage to the American Indians*，translated by Monique and Carlos Altschul，pp. 35 - 43. Baltimore；Johns Hopkins University Press.

Carrasco，Pedro

1957　　　　Tarascan Folk Religion. In *Synoptic Studies of Mexican Culture*. Middle American Research Institute，Publication No. 17，pp. 1 - 63. New Orleans；Tulane University Press.

Castro Pozo，H.

1924　　　　*Nuestra comunidad indígena*. Lima；Editorial El Lucero.

Chandler，David Lee

1972　　　　Health and Slavery；A Study of Health Conditions among Negro Slaves in the Vice-Royalty of New Granada and its Associated Slave Trade，1600 - 1810. Ph. D. dissertation，Tulane University.

Chardon，Carlos E.

1930　　　　*Reconocimiento agropecuario del Valle del Cauca*. San Juan，Puerto Rico.

Chayanov，A. V.

1966　　　　*The Theory of Peasant Economy*. Edited by D. Thorner，B. Kerblay，and R. E. F. Smith. Homewood，111. ；Irwin.

Cobo, Bernabé

1890 – 95　　*Historia del nuevo mundo*. (Published, 1653.) 4 vols. Seville: Imprenta de
E. Rasco.

Codazzi, Augustin

1959　　*Jeografía física i politica de las provincias de la Nueva Granada*; *provin-
cias de Cordoba*, *Popayán*, *Pasto*, *y Tuquerres i segunda parte*, *informes*.
Bogotá: Banco de la Republica.

Cornblit, O.　　　　　　　　　　　　　　　　　　　　　　　　　　　　　271

1970　　Society and Mass Rebellion in Eighteenth-Century Peru and Bolivia. In *Latin
American Affairs*, edited by R. Carr, pp. 9 – 14. St. Anthony's Papers, No.
22, London: Oxford University Press.

Correa, Gustavo

1960　　El espíritu del mal en Guatemala. In *Nativism and Syncretism*. Middle
American Research Institute, Publication No. 19, pp. 41 – 103. New Orleans:
Tulane University Press.

Costas Arguedas, José Felipe

1961　　*Diccionario del folklore Boliviano*. 2 vols. Sucre, Bolivia: Universidad Mayor
de San Francisco Xavier de Chuquisaca.

CSF (Community Systems Foundation)

1975　　Community Experiments in the Reduction of Malnourishment in Colombia:
First Year Progress Report (June 30, 1974 – June 30, 1975). Mimeographed.
Ann Arbor: Comunity Systems Foundation.

Demetz, Peter

1978　　Introduction to *Walter Benjamin. Reflections*: *Essays*, *Aphorisms*, *Autobio-
graphical Writings*. Edited by Peter Demetz. New York: Harcourt Brace
Jovanovich.

Dix, Robert

1967　　*Colombia*: *The Political Dimensions of Change*. New Haven: Yale Universi-
ty Press.

Douglas Mary

1966　　*Purity and Danger*. Harmondsworth: Penguin Books.

Dumont, Louis

1977　　*From Mandeville to Marx*: *The Genesis and Triumph of Economic Ideolo-
gy*. Chicago: University of Chicago Press.

Durnin, J. V. , and Passmore, R.

1967　　*Energy*, *Work*, *and Leisure*. London: Heineman Educational Books.

Duviols, Pierre

1971   *La Lutte contre les religions autochtones dans le Pérou colonial*. Paris：Institut français d'Etudes andines.

272 Earls，John

1969   The Organization of Power in Quechua Mythology. *Journal of the Steward Anthropological Society* 1：63 – 82.

Eder，Phanor J.

1913   *Colombia*. New York：Charles Scribner's Sons.

1959   *El Fundador*. Bogotá：Antares.

Eliade，Mircea

1959   *Cosmos and History：The Myth of the Eternal Return*. New York：Harper and Row，Harper Torchbooks.

1971   *The Forge and the Crucible*. New York and Evanston：Harper and Row，Harper Torchbooks.

Estado del Cauca

1859   *Mensaje del gobernador del estado del Cauca a la legislatura de 1859*. Popayán，Colombia.

Estados Unidos de Colombia

1875   *Anuario estadístico de Colombia*. Bogotá：Medardo Rivas.

Evans-Pritchard，E. E.

1933   The Intellectualist (English) Interpretation of Magic. *Bulletin of the Faculty of Arts* (University of Egypt)1：282 – 311.

1934   Lévy-Bruhl's Theory of Primitive Mentality. *Bulletin of the Faculty of Arts* (University of Egypt) 2：1 – 36.

1940   *The Nuer*. Oxford：Oxford University Press.

1965   *Theories of Primitive Religion*. Oxford：Oxford University Press.

Fals Borda，Orlando

1969   *Subversion and Social Change in Colombia*. New York：Columbia University Press.

Fanon，Frantz

1967   *The Wretched of the Earth*. Translated by C. Farrington. Harmondsworth：Penguin Books.

Fedesarrollo

1976   *Las industrias azucareras y panaleras en Colombia*. Bogotá：Editorial Presencia.

273 Forbes，David

1870   On the Ayrnara Indians of Bolivia and Peru. *The Journal of the Ethnological Society of London*，new series，2：193 – 305.

Foster, George

1960 – 61　Interpersonal Relations in Peasant Society. *Human Organization* 19:174 – 78.

1965　Peasant Society and the Image of the Limited Good. *American Anthropologist* 67:293 – 315.

García, Evaristo

1898　*El platano en Colombia y particularmente en el Valle de Cauca*. Cali, Colombia: República de Colombia, Impr. de E. Palacios.

Garcilaso de la Vega

1966　*Royal Commentaries of the Incas and General History of Peru*. (vol. 1 first published, 1609; vol. 2 first published, 1616 – 1617.) Translated by H. V. Livermore. Austin: University of Texas Press.

Genovese, Eugene D.

1974　*Roll, Jordan, Roll: The World the Slaves Made*. New York: Pantheon Books.

Gilhodes, Pierre

1970　Agrarian Struggles in Colombia. In *Agrarian Problems and Peasant Movements in Latin America*, edited by R. Stavenhagen, pp. 407 – 52. Garden City, N. Y.: Doubleday, Anchor Books.

Gilmer, Nancy Caldwell

1952　Huarochirí in the Seventeenth Century: The Persistence of Native Religion in Colonial Peru. M. A. thesis, Department of Anthropology, University of California.

Gilmore, Robert L.

1967　Nueva Granada's Socialist Mirage. *Hispanic America Historical Review* 36, no. 2:190 – 210.

Giménez Fernandez, Manuel

1947　*Las doctrinas populistas en la independencia de Hispano-América*. Seville: Escuela de Estudios Hispano-Americanos de Sevilla.

Gobernador del Cauca

1915　*Informe del gobernador del Cauca a la asamblea departmental*. Popayán, Colombia.

1919　*Informe del gobernador del Cauca a la asamblea departmental*. Popayán, Colombia.

1922　*Informe del gobernador del Cauca a la asamblea departmental*. Popayán, Colombia.

Hamilton, Colonel John Potter

274

1827   *Travels through the Interior Provinces of Colombia*. 2 vols. London：J. Murray.

Hanke，Lewis

1956   *The Imperial City of Potosí*. The Hague：Nijhoff.

Harrison，J. P.

1951   The Colombian Tobacco Industry from Government Monopoly to Free Trade：
            1778－1876. Ph. D. dissertation，University of California.

1952   The Evolution of the Colombian Tobacco Trade to 1875. *Hispanic American
            Historical Review* 32：163－74.

Helguera，J. Leon

1971   Coconuco：datos y documentos para la historia de una gran hacienda caucana，
            1832，1842，y 1876. *Anuario colombiano de historia social y de la cultura* 5：
            189－203. Bogotá.

Helguera，J. Leon，and Lee López，Fray Alberto

1967   La exportación de esclavos en la Nueva Granada. *Archivos* 1：447－59. Bogotá.

Hernando Blamori，Clemente

1955   *La conquista de los españoles y el teatro indígena americano*. Tucumán，Ar-
            gentina：Universidad National de Tucumán.

Herskovits，Melville J.

1958   *The Myth of the Negro Past*. Boston：Beacon Press.

Hesse，Mary

1963   *Models and Analogies in Science*. London and New York：Sheed and Ward.

275 Hill，Christopher

1969   *Reformation to Industrial Revolution*. 2nd ed. Harmondsworth：Penguin Books.

1975   *The World Turned Upside Down*. Harmondsworth：Penguin Books.

Holmer，Nils M.，and Wassén，S. Henry

1953   The Complete Mu-Igala in Picture Writing：A Native Record of a Cuna Indian
            Medicine Song. *Etnologiska Studier* 21.

Holton，Isaac

1857   *New Granada：Twenty Months in the Andes*. New York：Harper and Broth-
            ers.

Hook，Sidney

1933   *Towards an Understanding of Karl Marx：A Revolutionary Interpreta-
            tion*. London：Victor Gollancz.

Instituto de Parcelaciónes，Colonización，y Defensa Forestal

1950   *Informe del gerente*，1949－50. Bogotá.

Isbell，Billie Jean

1974   Parentesco andino y reciprocidad. Kukaq：los que nos aman. In *Reciprocidad e intercambio en los andes peruanos*, edited by Giorgio Alberti and Enrique Mayer, pp. 110 - 52. Lima: Instituto de Estudios Peruanos.

Jacob, Margaret C.

1976   *The Newtonians and the English Revolution*: 1689 - 1720. Ithaca: Cornell University Press.

Jameson, Fredric

1971   *Marxism and Form*. Princeton: Princeton University Press.

Jaramillo Uribe, Jamie

1968   *Ensayos sobre historia social colombiana*. Bogotá: Biblioteca Universitaria de Cultura Colombiana.

Jayawardena, Chandra

1968   Ideology and Conflict in Lower Class Communities. *Comparative Studies in Society and History* 10:413 - 46.

Katz, Friederich

1972   *The Ancient American Civilizations*. Translated by K. M. Lois Simpson. New York: Praeger.

King, James Ferguson

1939   Negro Slavery in the Viceroyalty of New Granada. Ph. D. dissertation, University of California.

Klein, Herbert

1969   *Parties and Political Change in Bolivia*: *1880 - 1952*. Cambridge: Cambridge University Press.

Knight, Rolf

1972   *Sugar Plantations and Labour Patterns in the Cauca Valley, Colombia*. Department of Anthropology, University of Toronto Anthropological Series, No. 12.

Korsch, Karl

1971   Introduction to Capital. In *Three Essays on Marxism*, edited by Karl Korsch, pp. 38 - 59. London: Pluto Press.

Kubler, George

1963   The Quechua in the Colonial World. In *Handbook of South American Indians*, edited by Julian Steward. Vol. 2; pp. 331 - 410. New York: Cooper Square Publishers.

LaBarre, Weston

1948   *The Aymara Indians of the Lake Titicaca Plateau, Bolivia*. Memoir series, No. 68. Menasha, Wisconsin: American Anthropological Association.

LaFarge, Oliver

276

1947　　　　*Santa Eulalia : The Religion of a Cuchumatan Town*. Chicago : University
　　　　　　of Chicago Press.

Lea, Henry Charles

1908　　　　*The Inquisition in the Spanish Dependencies*. New York : Macmillan.

Lévi-Strauss, Claude

1964　　　　Reciprocity : The Essence of Social Life. In *The Family : Its Structure and
　　　　　　Function*, edited by R. L. Coser. New York : St. Martin's Press.

1967a　　　*Structural Anthropology*. Garden City, N. Y. : Doubleday, Anchor Books.

1967b　　　*Scope of Anthropology*. London : Jonathan Cape.

Lockhart, James

1968　　　　*Spanish Peru : 1532 – 1560*. Madison : University of Wisconsin Press.

277 Lombardi, J. V.

1971　　　　*The Decline and Abolition of Negro Slavery in Venezuela*, *1820 – 1854*.
　　　　　　Westport, Conn. : Greenwood Publishing.

Lukács, Georg

1971　　　　*History and Class Consciousness*. Translated by Rodney Livingstone. London :
　　　　　　Merlin Press.

Madsen, William

1960　　　　Christo-Paganism : A Study of Mexican Religious Syncretism. In *Nativism
　　　　　　and Syncretism*. Middle America Research Institute, Publication No. 19, pp.
　　　　　　105 – 79. New Orleans : Tulane University Press.

1969　　　　*The Virgin's Children : Life in an Aztec Village Today*. New York : Green-
　　　　　　wood Press.

Malinowski, B.

1965　　　　*Coral Gardens and Their Magic*. 2 vols. Bloomington : Indiana University Press.

Mancini, S.

1954　　　　Tenencia y uso de la tierra por la industria azúcarera del Valle del Cauca. *Acta
　　　　　　Agronomica* (Facultad de Agronomía Palmira, Colombia) vol. 4, no. 1.

Marcuse, Herbert

1978　　　　*The Aesthetic Dimension : Toward A Critique of Marxist Aesthetics*. Bos-
　　　　　　ton : Beacon Press.

Mariategui, José Carlos

1971　　　　*Seven Interpretive Essays on Peruvian Reality*. Austin : University of Texas
　　　　　　Press.

Marx, Karl

1967　　　　*Capital : A Critique of Political Economy*. 3 vols. New York : International
　　　　　　Publishers.

1973　　　　*Grundrisse* : *Foundations of the Critique of Political Economy*. Translated by Martin Niclaus. Harmondsworth : Penguin Books in association with New Left Review.

Marx, Karl, and Engels, F.

1970　　　　*The German Ideology*. New York : International Publishers.

Mauss, Marcel　　　　　　　　　　　　　　　　　　　　　　　　　　278

1967　　　　The Gift. Translated by Ian Cunnison. New York : Norton.

Medina, José Toribio

1889　　　　*Historia del tribunal del santo oficio de la inquisitión en Cartagena de las Indias*. Santiago, Chile : Imprenta Elzeviriana.

Meiklejohn, Norman

1968　　　　The Observance of Negro Slave Legislation in Colonial Nueva Granada. Ph. D. dissertation, Columbia University.

Mercado, Ramon

1853　　　　*Memorias sobre los acontecimientos del sur de la Nueva Granada durante la administratión del 7 de marzo de 1849*. Bogotá : Imprenta Imparcial.

Métraux, Alfred

1934　　　　Contribution au folk-lore Audin. *Journal de la Société des Américanistes de Paris* 26 : 67 – 102.

1969　　　　*The History of the Incas*. New York : Schocken.

Michelet, Jules

1971　　　　*Satanism and Witchcraft*. New York : Citadel Press.

Millones Santa Gadea, Luis

1964　　　　Un movimiento nativista del Siglo XVI : el Taki Onqoy. *Revista peruana de cultura* 3 : 134 – 40.

Mishkin, Bernard

1963　　　　The Contemporary Quechua. In *Handbook of South American Indians*, edited by Julian Steward. Vol. 2, pp. 411 – 70. New York : Cooper Square Publishers.

Molina de Cuzco, Cristóbal de

1943　　　　*Relatión de las fabulas y ritos de las Incas*, *1573*. Los Pequeños Grandes Libros de Historia Americana. Series I, vol. 4. Lima : D. Miranda.

Monast, J. E.

1969　　　　*On les croyait Chrétiens* : *les aymaras*. Paris : Les Editions du Cerf.

Monsalve, Diego

1927　　　　*Colombian cafetera*. Barcelona : Artes Graficas.

Moore, Barrington, Jr.　　　　　　　　　　　　　　　　　　　　279

1967   *Social Origins of Dictatorship and Democracy*. Boston:Beacon Press.

Morúa,Martin De

1946   *Historia del origin y geneologia real de los reyes Incas del Peru*. (Published,1590.) Biblioteca Missional Hispánica. Madrid:C. Bermeto.

Mosquera,Tomas Cipriano de

1853   *Memoir on the Physical and Political Geography of New Granada*. New York:T. Dwight.

Murra,John

1956   The Economic Organization of the Inca State. Ph. D. dissertation,University of Chicago.

1968   An Aymara Kingdom in 1567. *Ethnohistory* 15 :115 – 51.

Nachtigall,Horst

1966   Ofrendas de llamas en la vida ceremonial de los pastores de la puna de Moquegua (Peru) y de la puna de Atacama(Argentina) y consideraciónes historico-culturales sobre la ganaderia indígena. *Actas y Memorias* 36 Congreso Internacional de Americanistas,Seville,1964.

Nash,June

1970   Mitos y costumbres en las minas nacionalizadas de Bolivia. *Estudios Andinos* I,no. 3 :69 – 82.

1972   The Devil in Bolivia's Nationalized Tin Mines. *Science and Society* 36,no. 2: 221 – 33.

1976   Basilia. In Dos *mujeres indigenas*. June Nash and Manuel María Rocca. Antropología Social Series, vol. 14, pp. 1 – 130. Mexico, D. F. : Instituto Indigenísta Interamericano.

Needham,Joseph

1956   *Science and Civilization in China*. Vol. 2, *History of Scientific Thought*. Cambridge:Cambridge University Press.

Neruda,Pablo

1974   *Toward the Splendid City*:*Hacia la ciudad espléndida*. Nobel Lecture. New York:Farrar,Strauss and Giroux.

280 Nuñez Del Prado,Oscar

1965   Aspects of Andean Native Life. In *Contemporary Cultures and Societies of Latin America* ,edited by D. B. Heath and R. N. Adams,pp. 102 – 21. New York:Random House.

1968   Una cultura como respuesta de adaptación al medio Andino. *Actas y Memorias* 37 Congreso Internacional de Americanistas,Buenos Aires,1966.

Nuñez Del Prado B. ,Juan Victor

1974 The Supernatural World of the Quechua of Southern Peru As Seen from the Community of Qotobama. In *Native South Americans*, edited by P. Lyon, pp. 238 – 50. Boston: Little, Brown.

Ollman, Bertell

1971 *Alienation: Marx's Concept of Man in Capitalist Society*. Cambridge: Cambridge University Press.

Ortega, Alfredo

1932 *Ferrocarriles Colombianos*. Vol. 3. Biblioteca De Historia Nacional, vol. 47. Bogotá: Imprenta Nacional.

Ortiz, Fernando

1921 Los cabildos Afro-Cubanos. *Revista Bimestre Cubana* 16: 5 – 39.

Ossio A. , Juan

1973 *Ideología mesiánica del mundo andino: antología de Juan Ossio A.* Colección Biblioteca de Antropología. Lima: Imprenta Prado Pastor.

Otero, Gustavo Adolfo

1951 *La piedra mágica*. Mexico, D. F. : Instituto Indigenista Interamericano.

Palau, E.

1889 *Memoria sobre el cultivo del cacao, del café, y del té*. Bogotá.

Palmer, Colin

1975 Religion and Magic in Mexican Slave Society. In Stanley L. Engerman and Eugene Genovese, *Race and Slavery in the Western Hemisphere: Quantitative Studies*, pp. 311 – 28. Princeton: Princeton University Press.

Palomino Flores, S.

1970 El sistema de oposiciónes in la comunidad Sarahua. Tesis Bachiller, Ciencias Antropologicas, Universidad Nacional de San Cristobal de Huamanga, Ayacucho, Peru.

Paredes, M. Rigoberto

1920 *Mitos, supersticiónes y supervivencias populares de Bolivia*. La Paz: Arno Hermanos.

Parsons, James

1968 *Antioqueño Colonization in Western Colombia*. 2nd edition, revised. Berkeley and Los Angeles: University of California Press.

Patiño, Hernando

1975 La lucha por la democracía y la nueva cultura en el seno de las facultades de agronomía e instituciónes académicas similares. In *La tierra para él que la trabaja*. Bogotá: Asociación Colombiana de Ingenieros Agronomos, Editorial Punto y Coma.

281

Pavy, David

1967   The Negro in Western Colombia. Ph. D. dissertation, Tulane University.

Pérez, Felipe

1862   *Jeografía física i política del estado del Cauca*. Bogotá: Imprenta de la Nación.

Phelan, John Leddy

1967   *The Kingdom of Quito*. Madison: University of Wisconsin Press.

Polanyi, Karl

1957   *The Great Transformation*. Boston: Beacon Press.

Pons, François de

1806   *A Voyage to the Eastern Part of Terra Firma or the Spanish Main in South America during the Years 1801, 1802, 1803 and 1804*. Vol. 1 New York: I. Riley.

Posada, Eduardo, and Restrepo Canal, Carlos

1933   *La esclavitud en Colombia, y leyes de manumisión*. Bogotá: Imprenta nacional.

Price, Thomas J., Jr.

1955   Saints and Spirits: A Study of Differential Acculturation in Colombian Negro Communities. Ph. D. dissertation, Northwestern University.

Quispe M., Ulpiano

1968   La Herranza de Choque-Huarcaya y Huancasancos. Tesis Bachiller, Universidad Nacional de San Cristobal de Huamanga, Ayacucho, Peru.

Radin, Paul

1957   *Primitive Man as a Philosopher*. New York: Dover.

Reichel-Dolmatoff, Gerardo

1961   Anthropomorphic Figurines from Colombia: Their Magic and Art. In *Essays in Pre-Colombian Art and Archaeology*, edited by Samuel K. Lothrop, pp. 229 - 41, 493 - 95. Cambridge: Harvard University Press.

Rippy, J. Fred

1931   *The Capitalists and Colombia*. New York: Vanguard.

Robbins, Lionel

1935   *An Essay on the Nature and Significance of Economic Science*. 2nd ed. London: Macmillan.

Rojas, Juan, and Nash, June

1976   *He agotado mi vida en la mina: una historia de vida*. Buenos Aires: Ediciónes Nueva Visión.

Roll, Eric

282

1973　　　*A History of Economic Theory*. London：Faber and Faber.

Rothlisberger, Ernst

1963　　　*El Dorado*. Bogotá：Publicaciónes del Banco de la Republica.

Rowe, John

1957　　　The Incas under Spanish Colonial Institutions. *Hispanic American Histori-
　　　　　cal Review* 37, no. 2：155 – 99.

1960　　　The Origins of Creator Worship amongst the Incas. In *Culture and History*：
　　　　　Essays in Honour of Paul Radin, edited by Stanley Diamond, pp. 408 – 29.
　　　　　New York：Columbia University Press.

1963　　　Inca Culture at the Time of the Spanish Conquest. In *Handbook of Southern
　　　　　American Indians*, edited by Julian Steward. Vol. 2, pp. 183 – 330. New
　　　　　York：Cooper Square Publishers.

Rudwin, Maximilian

1959　　　*The Devil in Legend and Literature*. La Salle, Illinois：Open Court.

Ruskin, John

1925　　　*The Stones of Venice*. 3 vols. London：George Allen and Unwin.

Safford, Frank

1965　　　Foreign and National Enterprise in Nineteenth Century Colombia. *Business
　　　　　History Review* 39：503 – 26.

1972　　　Social Aspects of Politics in Nineteenth Century Spanish America：New Gra-
　　　　　nada, 1825 – 1850. *Journal of Social History* 5：344 – 70.

Sahlins, Marshall

1972　　　*Stone Age Economics*. Chicago：Aldine Atherton.

Sandoval, Alonso de, S. J.

1956　　　*De Instauranda aethiopum salute*：*el mundo de la esclavitud negra en
　　　　　America*. (Published, 1627.) Bogotá：Empresa Nacional de Publicaciones.

Schenck, Freidrich von

1953　　　*Viajes por Antioquia en el año de 1880*. Bogotá：Archivo de la economía na-
　　　　　cional.

Schmidt, Alfred

1971　　　*The Concept of Nature in Marx*. London：New Left Books.

Sébillot, Paul

1894　　　*Les Traveaux publics et les mines dans les superstitions de tous les pays*.
　　　　　Paris：J. Rothschild.

Sender, Ramón J.

1961　　　*Seven Red Sundays*. New York：Macmillan, Collier Books.

Sendoya, Mariano

283

n. d.　　　*Toribio*:*Puerto Tejada*. Popayán,Colombia:Editorial del Departamento.

Sharon,Douglas

1972　　　The San Pedro Cactus in Peruvian Folk Healing. In *Flesh of the Gods*,edited by Peter T. Furst. New York:Praeger.

284　Sharp,William Frederick

1970　　　Forsaken But for Gold:An Economic Study of Slavery and Mining in the Colombian Choco,1680 – 1810. Ph. D. dissertation,University of North Carolina. (Published as *Slavery on the Spanish Frontier*:*The Colombian Chocó*, *1680 – 1810*. Norman:University of Oklahoma Press,1976.)

Shaw,Carey,Jr.

1941　　　Church and State in Colombia As Observed by American Diplomats,1834 – 1906. *Hispanic American Historical Review* 21:577 – 613.

Siegel,Morris

1941　　　Religion in Western Guatemala:A Product of Acculturation. *American Anthropologist* 43,no. 1:62 – 76.

Smith,Adam

1967　　　The History of Astronomy. In *The Early Writings of Adam Smith*,edited by J. Ralph Lindgren,pp. 53 – 108. New York:A. M. Kelley.

Spalding,Karen

1967　　　Indian Rural Society in Colonial Peru:The Example of Huarochirí. Ph. D. dissertation,University of California.

Spurr,G. B. ; Barac-Nieto,M. ; and Maksud,M. G.

1975　　　Energy Expenditure Cutting Sugar Cane. *Journal of Applied Physiology* 39:990 – 96.

Stein,William

1961　　　*Hualcan*:*Life in the Highlands of Peru*. Ithaca:Cornell University Press.

Stocking,George W. ,Jr.

1968　　　*Race*,*Culture*,*and Evolution*:*Essays in the History of Anthropology*. New York:Free Press.

Tambiah,S. J.

1973　　　Form and Meaning of Magical Acts:A Point of View. In *Modes of Thought*, edited by Robin Horton and Ruth Finnegan,pp. 199 – 229. London:Faber and Faber.

Tawney,R. H.

1958　　　Foreword to *The Protestant Ethic and the Spirit of Capitalism*,by Max Weber. Translated by Talcott Parsons,pp. 1 (a) – 2. New York:Charles Scribner's Sons.

Tejado Fernandez, Manuel   285

1954   *Aspectos de la vida social en Cartagena de Indias durante el seiscientos*.
            No. 87. Seville: Escuela de Etudios Hispano-Americanos de Sevilla.

Thompson, Donald

1960   Maya Paganism and Christianity. In *Nativism and Syncretism*. Middle American
            Research Institute, Publication No. 19, pp. 1 – 35. New Orleans: Tulane Uni-
            versity Press.

Thompson, E. P.

1967   Time, Work-Discipline, and Industrial Capitalism. *Past and Present* 38 : 56 –
            97.

Thompson, J. Eric

1970   *Maya History and Religion*. Norman: University of Oklahoma Press.

Thorndike, Lee

1936   Magic, Witchcraft, Astrology, and Alchemy. In *The Cambridge Medieval
            History*. Planned by J. B. Bury. Vol. 8, pp. 660 – 87. New York: Macmillan.

Trimborn, Herman

1969   South Central America and the Andean Civilizations. In *Pre-Colombian
            American Religions*, edited by W. Krickberg et al. , pp. 83 – 146. Translated
            by Stanley Davis. New York: Holt, Rinehart and Winston.

Tschopik, Harry, Jr.

1968   Magía en Chucuito: los Aymara del Peru. Translated by Ávalos de Matos
            (from the English edition, 1951, The Aymara of Chucuito, Peru, vol. 1, Mag-
            ic. Anthropological Papers of the American Museum of Natural History, vol.
            44, part 2). Ediciónes Especial, no. 50. Mexico, D. F. : Instituto Indígenista
            Interamericano.

Tschudi, Johann J. von

1852   *Travels in Peru during the Years 1838 – 1842*. Translated by T. Ross. New
            York: George P. Putnam.

Turner, Victor

1967   *The Forest of Symbols*. Ithaca: Cornell University Press.

Valcarcel, Luis E.   286

1967   *Etnohistoria del Peru antiguo*. Lima: Universidad Nacional Mayor de San
            Marcos.

Vázquez de Espinosa, Antonio

1948   *Compendium and Description of the West Indies*. Translated by Charles
            Upson Clark. Washington, D. C. : Smithsonian Institute.

Vico, Giambattista

1970   *The New Science of Giambattista Vico*. Translated by T. J. Bergin and M. H. Fisch from 3rd ed. , revised and abridged. Ithaca: Cornell University Press.

Vogt, Evon

1969   *Zinacantan: A Maya Community in the Highlands of Chiapas*. Cambridge: Harvard University Press.

Wachtel, Nathan

1977   *The Vision of the Vanquished: The Spanish Conquest of Peru through Indian Eyes, 1530 – 1570*. New York: Barnes and Noble.

Wassén, S. Henry

1940   An Analogy between a South American and Oceanic Myth Motif, and Negro Influence in Darien. *Etnologiska Studier* 10: 69 – 79.

Watts, Alan W.

1968   *Myth and Ritual in Christianity*. Boston: Beacon Press.

Weber, Max

1927   *General Economic History*. Translated by Frank H. Knight. New York: Greenberg.

1958   *The Protestant Ethic and the Spirit of Capitalism*. Translated by Talcott Parsons. New York: Charles Scribner's Sons.

Webster, Steven

1972   The Social Organization of a Native Andean Community. Ph. D. dissertation, University of Washington, Seattle.

West, Robert Cooper

1952   *Colonial Placer Mining in Western Colombia*. Louisiana State University Social Science Series, no. 2. Baton Rouge, Louisiana: Louisiana State University Press.

287 White, Robert Blake

1884   Notes on the Aboriginal Races of the Northwestern Provinces of South America. *Journal of the Anthropological Institute of Great Britain and Ireland* 13: 240 – 55.

Whitehead, Alfred North

1967   *Adventures of Ideas*. New York: The Free Press.

Williams, Raymond

1973   *The Country and the City*. New York: Oxford University Press.

Wisdom, Charles

1940   *The Chorti Indians of Guatemala*. Chicago: University of Chicago Press.

Wolf, Eric

1955　　　　Types of Latin American Peasantry: A Preliminary Discussion. *American Anthropologist* 57:452 – 71.

1958　　　　The Virgin of Guadalupe: A Mexican National Symbol. *American Journal of Folklore* 71:34 – 39.

Wood,G. P.

1962　　　　*Supply and Demand of Cacao in Colombia*. Mimeographed. Bogotá: Universidad Nacional de Colombia,Facultad de Agronomía.

Wray,Joseph,and Aguirre,Alfredo

1969　　　　Protein-Calorie Malnutrition in Candelaria: 1. Prevalence,Social and Demographic Causal Factors. *Journal of Tropical Pediatrics* 15:76 – 98.

Zuidema,R. T.

1964　　　　*The Ceque System of Cuzco: The Social Organization of the Capital of the Inca*. Leiden: E. J. Brill.

1968　　　　A Visit to God. *Bidragen Tot De Tall ,Land en Volkenkunde* 124:23 – 39.

索　引

（索引页码为原书页码，即本书边码）

图书在版编目(CIP)数据

南美洲的恶魔和商品拜物教/(澳)迈克尔·陶西格著；
马晨译.—北京:商务印书馆,2023
(汉译人类学名著丛书)
ISBN 978-7-100-21087-4

Ⅰ.①南… Ⅱ.①迈… ②马… Ⅲ.①拜物教—研
究—南美洲 Ⅳ.①B933

中国版本图书馆 CIP 数据核字(2022)第 220125 号

汉译人类学名著丛书
南美洲的恶魔和商品拜物教
〔澳〕迈克尔·陶西格　著
马晨　译

商 务 印 书 馆 出 版
(北京王府井大街 36 号　邮政编码 100710)
商 务 印 书 馆 发 行
北京市白帆印务有限公司印刷
ISBN 978 － 7 - 100 - 21087 - 4

2023 年 2 月第 1 版　　　开本 710×1000　1/16
2023 年 2 月北京第 1 次印刷　　印张 18¾
定价:86.00 元